新时代乡村振兴路径研究书系

西南山区乡村地域系统演变
及乡村振兴路径研究

苏 艺/著

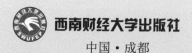

西南财经大学出版社

中国·成都

图书在版编目(CIP)数据

西南山区乡村地域系统演变及乡村振兴路径研究/苏艺著.—成都:西南财经大学出版社,2024.5
ISBN 978-7-5504-5746-1

Ⅰ.①西… Ⅱ.①苏… Ⅲ.①山区—农村—社会主义建设—研究—西南地区 Ⅳ.①F327.7

中国国家版本馆 CIP 数据核字(2023)第 071484 号

西南山区乡村地域系统演变及乡村振兴路径研究
XINAN SHANQU XIANGCUN DIYU XITONG YANBIAN JI XIANGCUN ZHENXING LUJING YANJIU
苏 艺 著

策划编辑:石晓东
责任编辑:石晓东
责任校对:陈何真璐
封面设计:墨创文化
责任印制:朱曼丽

出版发行	西南财经大学出版社(四川省成都市光华村街 55 号)
网　　址	http://cbs.swufe.edu.cn
电子邮件	bookcj@ swufe.edu.cn
邮政编码	610074
电　　话	028-87353785
照　　排	四川胜翔数码印务设计有限公司
印　　刷	郫县犀浦印刷厂
成品尺寸	170 mm×240 mm
印　　张	14.75
字　　数	254 千字
版　　次	2024 年 5 月第 1 版
印　　次	2024 年 5 月第 1 次印刷
书　　号	ISBN 978-7-5504-5746-1
定　　价	78.00 元

前言
QIANYAN

实施乡村振兴战略是以习近平同志为核心的党中央在深刻认识我国城乡关系变化规律和中国特色社会主义建设规律的基础上提出的重大战略,对于促进城乡融合发展、缩小城乡差距、实现农民农村共同富裕、全面建设社会主义现代化强国具有十分重大而深远的意义。乡村振兴贯穿区域经济和社会发展全过程,是一个多维度、多层次、多主体协同参与的地域系统演进过程,乡村振兴的实质就是乡村地域系统的要素重组、空间重构和功能提升。西南山区地形条件复杂、资源环境脆弱、巩固拓展脱贫攻坚成果任务繁重,是全面推进乡村振兴的难点区域。西南山区特殊的自然社会经济特征使其地域系统演变具有复杂性和差异性,山区内部的复杂性使其乡村振兴面临多重挑战,巨大差异使其乡村振兴不能以同一个路径推进。

本研究以面积较大、战略地位突出的西南山区作为研究对象,以乡村发展演变与振兴为主题,基于"过程—行为—机理—路径"的研究逻辑,按照"要素—结构—功能"关联的研究视角,遵循"要素演变—结构演变—功能演变—机理探究—类型识别—路径选择"的研究思路,从多个维度探究了 1990—2020 年西南山区乡村地域系统发展演变过程、演变规律、动力机制、地域类型及乡村优化调控路径,以期通过乡村地域系统的优化与重构推动西南山区乡村全面振兴。本研究的主要观点和结论如下:

(1)西南山区乡村地域系统人口要素演变呈现"缓慢减少→加速减少→大量减少"的阶段性演变特征和"东部稠密、西部稀疏"的整体分布特征,区域人口密度差异在逐渐缩小,人口的空间分布更加均衡,但空间集聚性趋势增强。乡村人口空间分布呈现显著的正相关特征。

(2)西南山区乡村地域系统土地要素变动呈现草地面积减少最多、耕地次之,建设用地面积增加最多、林地次之,林地、草地、耕地之间相互转化突出,耕地单向向建设用地转化等特征。城镇用地和乡村居民点用地以原有用地扩张为主,均呈现集聚发展态势。耕地的破碎化趋势加剧,旱地表现尤为明显。

（3）西南山区乡村地域系统的经济结构演变呈现农林牧渔业总量持续增长、结构不断调整、多业融合发展、乡村休闲旅游快速发展、新型经营主体逐渐发展壮大、经济组织更加多元化等特征；社会结构呈现出从熟人社会逐渐走向没有主体的熟人社会演变，农民越来越依赖于亲缘、血缘和地缘之外的社会组织和公共生活，农村家庭规模趋向小型化，少数民族人口数量不断增加，其占比逐渐提高；乡村文化从封闭向开放转变，多元性不断增强，乡村居民的市场意识、契约精神显现；乡村治理正在从二元主体治理向多元主体协同治理演变；乡村聚落结构也从分割到融合，乡村人居环境更加宜居。

（4）生态功能是西南山区乡村地域系统的优势功能，但生活功能提升最为显著，而生产功能优化提升速度相对较慢。西南山区乡村地域系统"三生"功能耦合协调度相对较低但呈上升趋势，且空间分异性加强，生产功能和生活功能的协同发展作用最差。

（5）西南山区乡村地域系统演变经历了加快分化阶段、快速转型阶段和有序转型阶段。影响西南山区乡村地域系统演变的因素众多，这些因素形成了支撑力、供给力、拉动力、需求力和管控力。西南山区乡村地域系统演变就是五力协同作用的过程。

（6）西南山区乡村地域系统演变形成了八种乡村类型，分别是：城镇带动型、人地分离持续收缩型、特色农业发展型、农旅融合发展型、生态康养型、特色文化传承型、高原农牧结合型和发展动力匮乏型。

（7）西南山区全面推进乡村振兴，必须要正视其耕地资源匮乏，生态环境脆弱，乡村劳动力向城镇和非农转移的速度相对较慢，小农户仍然是乡村振兴的主体，巩固拓展脱贫攻坚成果任务重、难度大等状况，但同时也要看到其生态资源、文化资源优势突出，山地气候资源独特等。

（8）西南山区全面推进乡村振兴，总体而言要走城乡融合发展之路、新型城镇化驱动之路、特色农业产业化带动之路、农商文旅深度互动之路、绿色发展引领之路、文化昌盛之路、共同富裕之路。不同类型的乡村应根据其演变规律和发展特征，按照乡村发展问题导向和乡村振兴目标指向，差异化选择乡村振兴路径。

苏艺

2024 年 4 月

M目录

MULU

第一章　导论

第一节　研究背景及意义

一、研究背景

中国自古以来就是农业大国，乡村一直以来都是中国社会不可或缺的组成部分。乡村是城市发展的基石（Liu Y S，2021），为城市发展提供资源、劳动力、农副产品、生态功能等一系列重要支撑。同时，城市向乡村辐射扩散的过程涉及资本、技术和服务的转移，也是重新塑造乡村人与自然互动方式的过程。城市和乡村既是相互关联的"有机体"，又是共担命运的"共同体"，相互支撑、相互依存、相互促进、相互融合是现代城乡发展的客观规律。改革开放以来，我国经济社会结构发生了翻天覆地的变化，最突出的表现之一就是在工业化和城镇化的推动下，城乡互动作用显著增强。但我国长期以来实行城乡二元结构体制，在城市偏向的发展战略、市民偏向的分配制度、重工业偏向的产业结构作用下（赵海林，2010），城市对要素的吸引力不断加强，农村作为城市的资源储备基地，成为城市劳动力、土地、资金等要素的供给者（敖丽红等，2016）。然而在城市地域及功能不断扩展、集聚效应和极化效应不断增强的同时，城市对乡村的辐射带动效应并没有最大限度地发挥出来（何仁伟，2018），乡村因为生产要素向城市单向流动、要素价格扭曲导致发展长期不足且乏力（刘彦随等，2016）。在这一过程中，城乡地域系统都经历着快速发展和重构，城乡关系也不断发生变化。随着城镇化速度加快，乡村人口向城市聚集已成为不可逆转的趋势，城乡二元发展态势必然加剧城乡发展不平衡，城乡矛盾日益凸显。虽然乡村整体发展水平在明显提升，但大量乡村劳动力离乡进城，农民市民化、农业碎片化、农村空心化等"新三农"问题不断凸显，耕地"非农化"和"非粮化"、耕地撂荒、宅基地空废、生态环境恶化等一系列"乡村病"日趋严重（Liu Y S 和 Li Y H，2017；廖彩荣和陈美球，2017）。为此，党的十九大作出实施乡村振兴战略的重大决策部署，推进乡村社会、经济和空间为主体的乡村重构（居尔艾提·吾布力等，2021），从根本上解决城乡发展不平衡、乡村发展不充分的问题。在党的十九大之后乡村振兴初见成效的基础上，党的二十大进一步提出全面推进乡村振兴，进一步解决城乡发展不平衡、乡村发展不充分问题，实现农民农村共同富裕。

推进乡村振兴的过程实际就是破除城乡二元结构、实现城乡融合发展的过程。城乡融合发展是城乡关系演变的高级形态，是对传统城乡关系认知的历史超越，这一过程既不是城市与乡村资源要素的简单重合叠加，也不是在城市化主导下乡村转型升级发展的过程，而是基于城乡要素平等自由交换、均衡高效配置、充分平衡发展的城镇化与乡村化"双轮驱动"的融合发展新局面。这就要求对城乡关系要有新的认知，其本质就是对乡村地域系统转型及城乡交互作用过程的再认识（刘彦随等，2021）。我国人地关系复杂、区域差异悬殊、地域分异明显，在一定地域空间内的城乡关系的演变形成了既具有国情特点又具有区域特色的城乡发展模式。乡村振兴的关键就是要立足于区域发展的差异性，以现代城乡关系和乡村人地系统的科学认知为基础，从城乡关系的视角分析乡村地域系统演变过程中存在的问题和矛盾，通过建立城乡融合发展的体制机制和政策体系，推动乡村转型发展，促进乡村全面振兴。

中国是一个山地大国，山区是农村的重点分布区，约有41%的村庄分布在山区。但是，由于山区生态环境脆弱、资源环境承载力有限，工业化和城镇化水平低，人口、资金、土地等乡村发展所需的要素大量涌进非农产业、城市和条件较好的平原地区，山区乡村发展缺乏足够的内在动力，村庄空废化、发展衰微等问题日益凸显。特别是占我国西南地区土地面积2/3的西南山区，是我国地理环境最复杂、地理差异最显著的区域之一，不仅生态环境十分脆弱、交通可达性差，而且少数民族集中分布、革命老区较多、社会经济发展程度低下，曾经是脱贫攻坚的主战场，全国11个集中连片特困区中西南山区就占6个，是我国相对贫困面较广、程度较深、分布集中的区域，是集老、少、边、穷等于一体的特殊地区。西南山区还是我国重要的生态屏障，是许多大江大河的发源地，其生态功能的水平对全国生态安全具有十分重要的影响。山高谷深、垂直差异显著的自然地理特征造就了经济地理结构的差异性，乡村数量多、类型丰富，乡村发展不平衡、不充分，既是我国乡村振兴战略实施与实现的重点区域，也是难点区域。因此，选择具有典型性和代表性的西南山区乡村作为研究区域，探讨西南山区乡村地域系统的演变过程、特征及机理，探索西南山区乡村振兴的差异化路径，是推动乡村转型发展、破解城乡发展不平衡不充分问题的重要手段，也是面向国家战略，更好地服务科学决策的重要现实任务。

二、研究意义

（一）理论意义

"三农"问题是事关我国国民经济和社会发展全局的根本性问题，自2004年起，历年中央一号文件都是以"三农"问题为主题。只有农业、农村、农民的问题得到妥善解决，才能筑牢全面建设社会主义现代化国家的坚实基础（顾益康和邵峰，2003；叶兴庆，2018）。继统筹城乡发展、推进社会主义新农村建设之后，乡村振兴是党中央关于乡村发展理论又一重大创新和乡村发展实践的重大飞跃（刘彦随，2018）。但是在实施乡村振兴战略的过程中，乡村该走何种发展道路，如何健康可持续地推进，已成为亟待解决的重大理论问题。乡村地域系统是由乡村各种要素组合形成的有机整体，是乡村振兴的作用对象和空间基础，只有深入了解乡村地域系统的运行机理，遵循城乡互动的动态性、乡村转型的规律性和系统演进的过程性，才能破解这一重大理论问题。本研究通过对西南山区乡村地域系统内各要素的演变特征进行解析，探究乡村地域系统功能的阶段性特征，揭示乡村的演变过程和规律，从多维度和多层面进行核心驱动力识别，同时注重从重视外部影响因素分析转向"内外并重"分析，强调对农民个体行为的分析，充分考虑少数民族特殊的宗族血缘社会关系和自治基础，重视政策制度的改变和城市文明与乡村文明的对接中的冲突与融合对乡村地域系统演变的影响与驱动，并体现到乡村优化重组和资源配置过程中，构建多尺度的优化重构路径，丰富乡村演变机理及优化重组的理论框架和方法体系。同时，对西南山区乡村地域系统演变过程及机理分析，弥补山区乡村发展理论研究的不足，对系统深入认识山区人地关系，为面临"发展与保护"矛盾日趋紧张的山区乡村高质量发展提供重要依据。

（二）现实意义

乡村发展是一个多尺度、多层次、多主体协同参与的复杂的地域系统演进过程，贯穿区域经济发展和社会发展的始终。山区特殊的自然社会经济特征使得山区乡村振兴面临多重挑战，山区内部的巨大差异也使山区乡村振兴不能以同一个模式推进。对西南山区乡村振兴路径的研究，必须全面认识该区域乡村地域系统的特征，只有在充分把握西南山区乡村地域系统演变和分异规律的基础上，科学识别新时代背景下乡村发展过程中的主要因素，包括资源、环境、经济和社会效应等，厘清乡村衰落的原因和规律，因地制宜推进乡村社会经济形态重构和地域空间格局优化，才能实现山区乡村的振兴之路。到目前为止，已有大量学者开展了与乡村振兴相关的研究，并涌现出大量有理论价值和实践意义的成果，但大部分研究都是总括性的定性分析和思路探讨，亟待分区域、分类型的系统性研究，提出有针对性的政策建议。本研究以资源环境脆弱、乡村振兴任务艰巨的西南山区作为研究区域，通过对西南山区乡村地域系统演变过程、驱动机制和演变机理的探讨分析，准确把握西南山区乡村的发展特征，找出乡村衰退的主导因素；通过对西南山区乡村地域系统分异规律的识别和类型的划分，制定更科学的、精准的乡村振兴措施和政策指引。本研究不仅对西南山区乡村振兴具有重要的指导意义，也为全面推进乡村振兴提供了新的研究视角和研究方法，对实施乡村振兴具有较高的实践应用价值和政策参考价值。

第二节　研究目的与研究内容

一、研究目的

在全面推进乡村振兴的背景下，本研究以西南山区为研究空间，以乡村地域分异的认识为研究基础，以提升西南山区乡村地域系统可持续发展能力和竞争力为目标，以激活乡村人口、土地、产业等要素活力和内生动力为抓手，从多维度探究西南山区乡村地域系统要素、结构、功能的时空演变过程和特征，乡村地域系统驱动因素、驱动机理及分异类型；识别特定时期不同类型乡村发展的主要矛盾和突出问题；在遵循乡村发展规律的基础上，探索提出不同类型乡村优化发展与振兴的路径，为西南山区乡村转型、城乡关系重塑、城乡融合发展和乡村有效振兴提供理论依据和实践指导。

二、研究内容

本研究基于西南山区乡村地域系统的演变规律，着眼于快速城镇化过程中乡村衰微这一现实问题以及对乡村传统发展模式的反思，面向乡村振兴的战略需求，融贯地理学、经济学、社会学等多学科，综合研究西南山区乡村发展与振兴的理论与现实问题。具体研究内容包括以下八个方面：

1. 乡村地域系统演变的理论框架构建

对乡村发展与乡村地域系统演变研究的相关文献进行梳理，基于乡村发展演变的相关理论基础，建立乡村地域系统演变和乡村振兴路径选择的理论分析框架，为本研究奠定理论基础。

2. 西南山区乡村地域系统人口要素演变分析

以乡村地域系统的作用主体"乡村人口"作为研究对象，定量分析1990—2020年西南山区乡村地域系统人口数量、人口密度、人口分布的集聚与均衡性等方面的演变过程和特征，揭示乡村人口的演变规律及发展趋势。

3. 西南山区乡村地域系统土地要素利用演变分析

利用高分辨率遥感影像解译的乡村土地利用数据，定量分析1990—2020年西南山区乡村地域系统土地利用的时空变化特征、土地利用时空转化特征、土地利用景观格局的时空变化特征，揭示西南山区乡村土地利用的演变规律。

4. 西南山区乡村地域系统结构演变分析

利用"定量+定性"相结合的方法，结合统计数据和调研数据，分析1990—2020年西南山区乡村地域系统的经济结构、社会结构、文化结构、治理结构、聚落结构等方面的演变过程和特征。

5. 西南山区乡村地域系统功能演变分析

建立西南山区乡村地域系统生产功能、生活功能、生态功能评价指标体系，定量分析西南山区乡村地域系统各功能的时空演变特征和多功能耦合协调状态，识别乡村发展的功能优势和功能短板，明晰乡村地区的发展过程和发展方向。

6. 西南山区乡村地域系统演变的阶段特征、驱动因素及演变机理探究

基于西南山区乡村地域系统的演变过程总结其演变的阶段特征，并采用综合分析法，从自然地理环境、基础设施和公共服务、科学技术、城镇化和工业化、

市场机制、政策、乡村文化、农民思想观念等方面进行西南山区乡村地域系统演变的驱动因素解析，探究在各因素的不同组合和作用力下所形成的演变机理，揭示西南山区乡村地域系统演变的内在规律。

7. 西南山区乡村地域系统演变的分异结果分析

在对西南山区乡村地域系统演变特征分析的基础上，综合考虑西南山区乡村发展的实际，识别西南山区乡村地域系统演变分异下形成的乡村类型，解析不同类型乡村的演变特征、演变规律和演变机制。

8. 西南山区不同类型乡村振兴的路径选择

在分析国内外已有乡村振兴做法和启示、明确西南山区全面推进乡村振兴的逻辑基点的基础上，提出西南山区乡村振兴的总体路径，并根据不同类型乡村的发展优势、潜力及演变规律，提出不同类型乡村振兴的实现路径。

第三节　研究思路与研究方法

一、研究思路

本研究以人地关系地域系统理论为指导，以面积较大、战略地位突出的西南山区作为研究对象，以乡村地域系统演变为研究视角，以乡村发展演变与振兴为主题，基于"过程—行为—机理—路径"的研究逻辑，按照"要素—结构—功能"关联的研究视角，遵循"要素演变—结构演变—功能演变—机理探究—类型识别—路径选择"的研究思路，从多个维度探究了中国经济社会快速转型的30年时间里，西南山区乡村地域系统发展的演变过程、演变规律、动力机制、地域类型及乡村优化调控路径，以期通过乡村地域系统的优化与重构推动西南山区乡村全面振兴。本研究的技术路线图见图1-1。

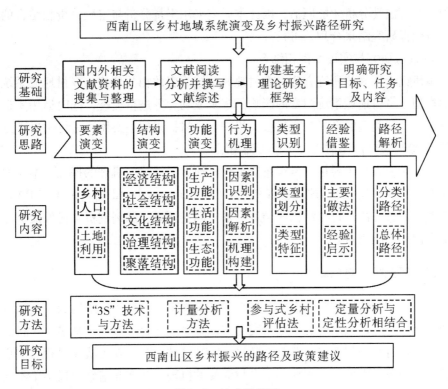

图 1-1　技术路线图

二、研究方法

1. 学科整合的综合性集成研究

本研究为跨学科交叉的综合性集成研究，汲取经济学、地理学、社会学、人口学、生态学、管理学等多学科的研究方法和手段，重点采用人地关系、地域分异原理、可持续发展、现代区位选择、区域空间结构、社会网络等理论与方法，依托"3S"技术和分析方法、SPSS 分析、计量分析等方法与手段，进行客观判断、综合分析、科学提炼。

2. 定量分析与定性分析相结合

本研究对于西南山区乡村人口、土地等要素的时空演变特征采用定量分析，对于乡村文化、社会观念等采用定性分析。定量分析为探究西南山区乡村地域系统演变机理提供数据支撑，以确保研究的科学性和准确性，但对演变机理的解释仍需要结合定性分析才能厘清，因此本研究采用定量分析与定性分析相结合的方法，以确保研究结果合理、可行。

3. 规范研究与实证案例相结合

本研究运用规范研究方法对乡村地域系统演变的相关理论、乡村地域系统演变的类型、乡村地域系统演变的影响因素及驱动力等进行梳理，同时运用实证研究方法对不同类型的乡村演变过程、机理、乡村振兴的主要做法进行讨论研究。

4. 参与式乡村评估法与专家咨询相结合

这一研究方法主要用于微观角度上乡村地域系统演变机理的探究。本研究选取典型的村落，运用参与性农村评估法（Participatory Rural Appraisal，PRA）等人文实证调查方法进行半结构式访谈与农户问卷调查，深刻剖析乡村发展演变的外部和内部影响因素。

三、研究特色与创新点

本研究创新性地从西南山区乡村地域系统演变视角切入，采用宏观与微观相结合、定性与定量相结合、规范研究与实证案例相结合等方法，从多个学科、多个维度、长时间序列探讨了西南山区这一特殊区域的乡村发展演变过程、演变规律及形成的乡村类型，深刻揭示了乡村演变的机理，并在此基础上提出了不同类型乡村振兴的路径。本研究的特色和创新之处主要包括以下三点：

1. 从乡村地域系统演变视角探寻乡村振兴的路径

乡村发展是特定地域范围内人类与自然环境相互作用、不断协调的动态演变过程，乡村振兴的实质就是其要素重组、空间重构和功能提升的系统过程。当前关于乡村振兴的研究多基于"五大"振兴开展，对于乡村地域系统类型识别和乡村地域系统分异规律的综合研究仍处于初级探索阶段，着眼于自然环境、资源禀赋、区位条件、社会经济文化发展等综合视角进行乡村地域系统的深入研究亟须补充。本研究立足于西南山区乡村地域系统的综合演变过程，提出了不同类型乡村振兴的路径，为乡村振兴战略在西南山区落地落实提供了科学决策支持。

2. 跨尺度多要素综合研究

乡村地域系统是一个十分复杂的开放系统，现有研究多从县域和省域单一维度探讨乡村地域系统的演变及其类型，从多维度探讨乡村地域系统演变及其类型的研究更是鲜有，难以把握乡村地域系统演变的空间分异规律。本研究充分考虑了多个维度乡村地域系统的演变过程，从"宏观和微观"角度探讨了乡村地域系统的驱动机理，通过访谈、问卷调查、案例分析等形式，在演变机理探究和振兴路径的解析中增加了对"村域和农户个体"的研究，这在学术观点上将对已有研究成果进行补充。

3. 融合多学科理论与方法

本研究吸收了经济学关于产业、制度等领域的研究成果，对特定制度背景下的村域和农户行为进行了深入剖析；吸收了社会学在研究农村问题时的田野调查方法、参与式研究方法，以座谈、问卷调查、深度访谈等形式，全面、系统、深入地描述和认识真实世界及其动态；充分发挥地理学的综合性、区域性分析优势，加强了对不同类型区域的比较研究。本研究从多学科融合的视角，提出不同类型乡村的振兴路径，为实现乡村振兴提供了新动力和新理念，从而使研究结论更加全面、政策参考性更强。

第四节 研究区域与数据来源

一、研究区域概况

本研究的区域范围是广义上的西南山区，即包括西南地区的山地和丘陵地区。为了保证空间特征的连续性，成都平原也在空间统计与分析之中，但不作为重点讨论内容。此外，由于研究对象是乡村地域系统，因此城镇化率高于80%的区县不在研究范围内。

西南地区地理环境复杂、地貌类型多样，以山地地貌为主，整体呈现"西高东低、北高南低"的格局特征。该区域以亚热带季风气候为主，少数区域属于热带季风气候及山地温带、寒带气候，是我国气候变化的敏感区和脆弱区之一。该区域动物、植物资源十分丰富，林木、牧草资源广布，特有物种集中、生物多样性丰富。特殊的地形地貌条件使得乡村数量众多、类型丰富，少数民族分布十分广泛。西南山区是世界上生态环境多样性、生态系统多样性、生物多样性、景观多样性、族群多样性、文化多样性最为丰富的地区之一，也是我国重要的生态屏障。与此同时，西南山区也是发展不平衡、不充分，矛盾最凸显的区域之一，大部分地区的交通等基础设施条件较为落后，公共服务水平较低，乡村发展滞后。

西南山区曾经是脱贫攻坚的主战场，包括全国 11 个集中连片特困区中的 6 个，虽然现都已脱贫摘帽，但西南山区相对贫困面较广、程度较深，是我国乡村振兴战略实施与目标实现的难点区域。

二、数据来源及处理

1. 数据来源

本研究采用的数据源于两个方面：一是统计数据，包括西南山区的相关统计年鉴、国民经济与社会发展统计公报等，相关政府网站统计数据，以及中国统计信息网、地理国情监测云平台、中国科学院资源环境科学与数据中心等相关网站的自然、人文和行政区划矢量数据、遥感影像数据等；二是实地调研数据，主要包括课题组成员在四川、重庆、贵州、云南等地的乡村实地调研获取的相关数据，如调研问卷、访谈数据及搜集到的相关文献和参考资料等。

2. 数据处理

本研究主要是在 Arcgis、Erdas、SPSS、Fragstats 等软件平台上，采用 GIS 分析、遥感影像解译、地理空间计量分析等多种方法分析并处理数据。由于本研究的时间序列较长，在该过程中个别县域行政区划有所调整，为了便于对比研究，本研究的四个时间节点的行政区划范围均以 2020 年为准，笔者也对其属性特征进行了相应调整。

第二章　国内外相关研究进展

第一节　乡村研究历程及乡村发展理论

一、乡村研究历程

（一）国外乡村研究的历程

西方国家由于工业化和城镇化起步较早，对乡村问题的系统性研究也开始得较早。19 世纪初，以法国和德国学者为首拉开了乡村系统研究的序幕，该研究大致经历了以下四个发展阶段：

（1）19 世纪至 20 世纪初为萌芽起步阶段，研究重点在于探索自然地理环境与乡村发展之间的关系。这一时期，杜能提出的"农业区位论"为开展乡村聚落的区位研究奠定了基础。

（2）20 世纪 20 年代至 20 世纪 60 年代为初步发展阶段。第二次世界大战结束后的城市重建，在推动城市地理学发展的同时也促进了乡村地理学的发展。乡村聚落研究逐渐开始盛行，研究内容主要包括乡村聚落的形成和发展过程分析、从不同视角对乡村聚落的类型和功能进行划分等方面。同时，城市化驱动下乡村地区的快速发展使得乡村规划成为该时段的研究重点，研究视角也从单纯地关注自然环境向关注社会环境转变。

（3）20 世纪 60 年代至 20 世纪 80 年代为拓展与变革阶段。"计量革命"和"行为主义革命"的快速发展丰富了乡村聚落的研究方法，定量研究成为主流，定性分析与定量分析相结合的研究方法逐渐取代了传统以定性描述为主的研究，研究内容体系更加充实，研究领域明显扩大，包含了乡村地区自然、社会、政治、经济、人口、文化等各个方面的内容（张小林和盛明，2002），学者们开始关注乡村土地利用、空间结构及其未来发展趋势。

（4）20世纪80年代以后为转型重构阶段。乡村聚落的研究进入了一个新的时代，研究方法和研究内容更加多元化，GIS技术成为研究的一个重要手段，研究内容主要聚焦在乡村聚落演变、乡村政策、乡村可持续发展、乡村基础设施建设、乡村人口与就业、乡村规划、乡村重构和乡村冲突等方面（Brendan McGrath，1998；Turnock D，1998），研究范式更加关注乡村聚落的社会和人文特征研究。

（二）国内乡村研究的历程

与国外相比，我国近代乡村聚落地理研究起步较晚，开始于20世纪30年代，大致分为以下四个阶段：

（1）20世纪30年代初至新中国成立前，是我国乡村聚落研究的兴起阶段。此阶段深受国外乡村聚落研究思想的影响，研究的重点是探究乡村聚落与环境之间的因果关系，研究对象多为较小维度的具体聚落，以定性描述为主。

（2）新中国成立后至20世纪70年代末，我国乡村聚落研究处于缓慢发展阶段。随着我国的土地改革逐步推进，学者们开始关注农业规划和村镇规划。

（3）20世纪70年代末至20世纪末期，我国乡村聚落在经历了缓慢发展之后进入了一个比较繁荣的稳步发展阶段。随着乡村地区的快速发展变化，研究内容日益丰富、深入，研究视野逐渐开阔且多与当时的乡村建设实践紧密结合，主要研究内容包括乡村聚落的形成及空间分布特征、乡村聚落类型划分、乡村聚落系统演变及可持续发展等方面，在研究方法上也从定性描述转向定量分析。

（4）进入21世纪，我国乡村聚落研究进入了多元并进的繁荣发展阶段。随着国家对"三农"问题的重视和对新型城镇化发展提出的要求，以及社会主义新农村建设迅速开展和乡村振兴战略的实施，乡村聚落研究的实践意义日渐凸显，迎来了新的研究浪潮，农户与环境的关系、聚落空心化及其机理、乡村人居环境、新农村建设与调控、聚落空间格局、城中村、乡村生态环境、乡村振兴等成为学者研究的新焦点，研究方法和研究视角都更加多元化，研究内涵更加丰富，更注重对非物质因素的探讨和人地关系的研究。

二、乡村发展理论

自20世纪中期以来，外生式乡村发展理论和内生式乡村发展理论作为乡村发展模式中的经典理论，引发了国内外诸多学者的学术争鸣。

（一）外生式乡村发展理论

外生式乡村发展理论认为城市和工业是区域发展的主要动力和增长极，乡村发展要靠城市化和工业化带动，乡村的定位与功能主要是粮食等农产品的生产，并通过持续的现代化与工业化，追求经济持续增长这一主要目标（Ilbery B 和 Bowler I，1998）。该理论强调的是乡村发展的动力源于其外部，通过将外部的科技、人才、资本等引入乡村地区，并辅以国家政策支持，进而提升农业生产技术和农村经济水平。其具体的途径包括：通过国家财政投入和补贴，优化乡村发展的物质环境，主要包括乡村基础设施建设和公共服务设施供给等；将城市的产业、资本等要素引入乡村，包括发展乡村工业、建设乡村产业园区等，丰富乡村的经济活动并提供就业岗位；引进先进的生产技术和方法，包括农业新品种、农业机械化、农业数字化等（张环宙等，2007），提高农业劳动生产率；通过自上而下的土地改革对土地产权进行重新分配，优化乡村土地和社会治理结构，进而保持农村社会阶层的稳定并不断提高土地生产率（李承嘉，2005）；优化农业农村发展的制度环境，如农业税收制度、余粮低价收购等，从政策层面深化对农业的扶持。该理论的代表有增长极理论、中心-外围论、农业区位论、刘易斯二元经济结构理论等。20 世纪 80 年代以后，学者们逐渐认识到，外生式乡村发展理论过于强调外部要素对乡村发展的作用，忽视了乡村本身的重要性，可能会导致乡村地区丧失文化、经济的独立性，而且还可能会导致资源与环境系统的崩溃（Slee B，1994）。

（二）内生式乡村发展理论

20 世纪 60 年代末，随着以人为本发展观逐渐得到重视，以及外生模式的弊端逐渐显露，社会学领域首先提出了内生式乡村发展理论。该理论提出初期，学者关注的重点在于乡村外生式发展与内生式发展的差异，更加强调人作为主体在乡村发展过程中的重要作用。20 世纪 80 年代，越来越多的学科，如社会学、民俗学、环境和区域经济学等开始关注乡村发展的内生动力，内生式乡村发展理论研究进入了一个多学科协同研究的时期，理论体系逐步完善。该理论认为，乡村应当按照自己想要的方式发展，即发展过程以"自我"为导向。该理论还强调要重视乡村土地资源的价值，主张乡土资源所创造出来的总价值应当重新分配在乡村地区。内生式乡村发展理论的内涵主要体现在四个方面：把培育乡村人才作为乡村发展的出发点，挖掘人的潜力，推动人的全面发展；把发展本地优势产业作为乡村发展的重要抓手，强调要充分发掘利用本地资源，在自主发展经济的基础上要注重区域间的产业关联与合作；把调动群众参与乡村建设的积极性作为乡村发展的动力，强调国家权力不断下放，推动地方参与乡村建设的全过程，强调通过治理制度的完善和社区组织形式的优化保障农民的主体地位和自治权利；把乡村的可持续发展作为终极目标，注重乡村综合能力的提升，保护乡村文化的多样性，保护乡村生态环境的可持续性。典型的内生式乡村发展理论有社区主导下的乡村发展理论、Bryden 理论等。从 20 世纪 80 年代起，随着该理论的不断深入，以欧洲和东亚为代表的国家率先以计划或运动的方式积极进行了探索，内生式乡村发展理论内涵也逐步泛化为"以地方为基础的发展"或"本地化的发展"。但学术界也存在一些质疑，包括理论基础模糊、地方行动者的利益分歧问题、乡村发展的内源动力问题，以及实践方法可操作性等问题（方劲，2018）。

（三）综合式乡村发展理论

随着理论与实证研究的不断深入，越来越多的学者开始认识到内外对峙的二元论的局限，学者们开始探索乡村发展的"第三条路"，即内生和外生发展相结合的综合式乡村发展理论。该理论的着力点在于强调乡村内部与外部的连接与平衡，以及内力与外力相互作用的过程。Murdoch 认为，乡村发展是一个复杂的网络编织过程（Murdoch J，2000），在该网络中，资源是可流动的，网络的发展受乡村内部力量和外部力量的共同控制。

第二节　乡村地域系统演变研究进展

一、乡村地域系统演变的内涵

作为一个动态、开放的空间体系，乡村地域系统不能独立于其他系统而单独存在，即乡村地域系统与城市地域系统相互交织并相互作用（李玉恒等，2019），实质是工农关系与城乡关系的根本转变（刘彦随，2007）。乡村地域系统演变是系统打破自身稳定状态的过程，在"自上而下"和"自下而上"的多元行为主体干预下，乡村地域系统内部要素重新整合、外部环境发生改变，乡村地域的空间格局、经济形态和社会关系被不断重塑（Hoggart K 和 Paniagua A，2001；Woods M，2010；龙花楼和屠爽爽，2017），乡村地域系统在"协调—失衡—再协调"的动态演变和变异之中不断调整（刘玉等，2011），经历不同程度的重构历程（龙花楼和屠爽爽，2018）。乡村地域系统每一个要素的变化都可能引起系统内部其他要素的变化，甚至导致整个系统发生改变（陆大道，2002）。乡村地域系统各要素的组合形式及结构状况决定了该系统的功能属性和功能强度。乡村地域系统最原始的功能是生产功能和居住功能，即承载一定数量的农业人口，并为自身和城市的发展需求供给农产品（Long H L 等，2016）。受快速全球化、工业化、城镇化和信息化的影响，城乡要素流动速度加快，新科学、新技术不断向乡村渗入，市场、政策、制度对乡村的作用力持续加强，共同驱动广大乡村的"要素—结构—功能"发生正向或负向演变，不仅意味着物理产出和土地结构的变化，还意味着系统内的文化、观点和能力的变化（Lobley M 和 Potter C，2004）。这一变化过程在给乡村发展带来机遇的同时也形成了一系列挑战，这就要求地方政府对系统"内部"和"外部"发生的变化做出适时的响应与调整（龙花楼，2012）。

二、乡村地域系统演变的影响因素

在现代社会中，城市化、工业化、市场化与信息化对乡村地域系统的影响愈发深刻（杨忍和潘瑜鑫，2021）。工业化和城镇化是人口流动和空间集聚的重要动力，加速了城市与乡村之间人口、资金、土地、技术等生产要素的交换与流动，在改变城乡关系的同时，推动了乡村地域系统要素的重组和功能的重构。快速发展的工业化和城镇化推动了农业产业结构优化升级，改变了乡村就业结构和土地利用格局，有效提高了农业生产的效率与效益（Long H L 等，2011）。城镇化形成的村镇网络以及网络间交通、信息的易达性不仅会影响乡村演变的方向，而且会影响乡村演变的速度（MarcAntrop，2004）。但也有学者指出，城镇化和工业化所带来的乡村人口持续外流引致了乡村空心化、农业边缘化和主体老弱化（刘彦随等，2019），乡村工业化在促进当地经济发展的同时，也会破坏乡村的自然生态环境，增加乡村地域系统协调与可持续发展的风险（Aprinku I M，1999）。乡村基础设施和公共服务的布局能够改变乡村居民点的空间集聚性，乡村聚落空间分布受交通的影响逐步增强，交通条件的改善提高了乡村聚落空间用地的集约度（李红波和张小林，2015）。先进科学技术颠覆了乡村传统的发展方式，在网络经济和数字经济高速发展的推动下，乡村也主动或被动地融入了全球生产体系、消费体系之中（刘彦随等，2021）。居尔艾提·吾布力等（2021）的研究表明，农业机械总动力、大中型农用拖拉机数、农林牧渔业生产总值等与村庄数量变化有直接关系。

也有学者指出，市场机制是乡村地域系统演变的基础动力，政府调控是核心动力，只有两种动力共同发挥作用才能推动系统向积极有序的方向发展（曾菊新等，2009）。李伯华等（2018）指出，旅游市场蓬勃发展的刺激、政府政策的强力引导以及农户行为和自组织反应力的转变等内外双重因素驱动了乡村的转型，内在驱动力主要影响了农户生活空间结构特征的延续与转化，外在驱动力则主要作用于乡村生产和生态空间的转型与更替。杨忍等（2022）研究了珠三角都市边缘区典型传统村落，发现乡村内部的社会关系和外部的社会环境、市场需求和国家政策驱动了该村多维空间演变。Wasilewski 和 Krukowski（2003）的研究表明，受产权制度等政府政策的影响，农村土地所有者、地方政府、土地开发者等主体的利益博弈推动了乡村地区土地利用的变化。

还有学者提出，乡村地域系统的内核要素是驱动系统演变的根本动力。农业自然条件、开发历史决定了乡村的初始布局（蔡为民等，2004），农民自身发展的需求和自我调适是乡村地域系统演变的主要推动力（Lopez-Carra 等，2012；李阳兵等，2018），此外，生产方式、文化背景、宗教、思想观念、宗族实力、邻里关系等都在乡村地域系统演变的过程中发挥了不同的驱动作用。

三、乡村地域系统的优化调控路径

乡村地域系统优化调控的过程即乡村地域系统重构的过程，是乡村地域系统为了适应内部要素和外部环境的变化，在行为主体的作用下对系统要素进行优化配置和有效管理，实现乡村地域系统内部结构优化、功能提升以及城市与乡村两个地域系统之间结构协调、功能互补（杨忍等，2015；Long H L 等，2016）。乡村地域系统的优化调控包括空间重构、经济重构和社会重构三个方面（龙花楼和屠爽爽，2017）。通常，经济重构是乡村地域系统优化的起点和乡村发展变迁的主线（龙花楼，2012），起到引领作用，能够推动乡村空间重构和社会重构（Liu Y S 和 Li Y H，2017）。经济发展产生的旺盛土地需求可能引起生产空间和生活空间的重构与整合，但在这个过程中必须要有正确的价值取向，并及时采取人为干预措施引导乡村地域系统的空间重构、经济重构、社会重构相协调且符合时代发展的要求（龙花楼，2013）。

当前，我国乡村正在发生一系列功能、结构、作用的转变，包括村庄职能转变、农村经济结构转变、乡村空间系统建设密度转变以及乡村生产方式转变等，在转变过程中乡村也出现了空心化、土地利用低效化和无序化、宜居性差、公共设施使用效率低下等一系列问题，因此，亟须在快速工业化、城镇化背景下找到乡村地域系统的优化调控策略、转型升级方式和重构路径，保障乡村地区的可持续发展。许多学者从不同角度提出乡村重构、优化的调控路径，李裕瑞等（2013）认为，乡村建设及资源环境效应调控要着眼于机制调控，既要创新内发响应机制又要优化外源干预机制，还要增强各方面机制的协同耦合作用，从而形成效应合力。谭林和陈岚（2022）认为，乡村地域系统调控的关键是推动土地利用类型转型，需要在满足空间规划约束、实现生态文明价值、推动产业结构升级、保障多元主体利益、创新土地政策的基础上，全方位探寻土地利用优化转型的多维路径。陈小卉（2007）提出，乡村地域系统的优化体现在乡村组织核心的培育、乡村居民点的空间重构、村镇网络的优化、促进城乡要素的自由流动及合理配置等方面。唐承丽等（2014）认为，可以通过调整乡村地域系统内部空间类型组合形式与比例关系来优化系统空间结构，并强调乡村公路是优化乡村空间结构的重要载体和链接。刘彦随等（2010）提出了基于"空间重构、组织重建、产业重塑"的"三整合"调控理论，用于调控农村空心化的问题。

实施乡村振兴战略的本质是根据乡村地域系统中人地关系发生的改变，通过乡村地域系统的空间重构、经济重构、社会重构，进而实现系统结构和功能的优化。这个过程需要从两个层面进行考虑：一是对乡村发展状态较差的区域，需要通过人为干预迫使系统从非良性状态向良性状态转变，实现质的飞跃；二是对乡村发展状态较好的区域，可以通过综合调控内外部环境要素，进一步优化乡村地域系统的结构和功能。

第三节　乡村振兴研究进展

一、乡村振兴战略的科学内涵

实施乡村振兴战略是继中国新农村建设战略后着眼于农业农村优先发展和着力解决中国"三农"问题的又一重大战略，战略核心是解决城乡发展不平衡和农村发展不充分的矛盾，其关键是正确处理好"城市"与"乡村"的关系，以遵循乡村形态和变化规律为基础，以广大农民为中心，通过构建城乡融合发展的体制机制，以城带乡、以城兴乡、以工哺农、以智助农、城乡互动，促进人口、土地、资金等要素在城乡之间平等交换，推动公共资源在城乡之间均衡配置，实现乡村"产业振兴、人才振兴、文化振兴、生态振兴、组织振兴"（黄祖辉，2018）。乡村振兴战略的总目标是实现农业农村现代化，总要求是"产业兴旺、生态宜居、乡风文明、治理有效、生活富裕"。其中，"产业兴旺"是乡村振兴的经济基础，是乡村振兴战略的首要任务（姜长云，2018）和实施要点，也是解决农村一切问题的前提；"生态宜居"是乡村振兴的环境基础，是城乡居民对美好生活向往的具体载体，更是乡村可持续发展的重要保障；"乡风文明"是乡村振兴的文化基础，是激发乡村振兴内生动力的重要源泉；"治理有效"是乡村振兴的社会基础，是乡村"善治"的必然要求；"生活富裕"是乡村振兴的民生目标，也是根本奋斗目标和终极奋斗目标。同时，乡村振兴战略"二十字"总要求是一个有机整体，不可分割（杜志雄，2021）。

二、乡村振兴的实现路径

产业、人才、文化、生态和组织五大振兴是推进乡村振兴的多重有效路径（雷明和于莎莎，2022）。产业振兴的关键是通过产业融合重拾农业多功能性，具体路径包括重构乡村生产空间（龙花楼和屠爽爽，2018），促进乡村产业创造新供给（周立等，2018），培育乡村一二三产业深度融合的新业态（温铁军等，2018），实现多功能现代农业目标（刘海洋，2018）。实施乡村振兴战略，人才振兴是关键（钱再见和汪家焰，2019），加强乡村人才队伍建设，大力培育和开发乡村本土人才（蒲实和孙文营，2018），鼓励、吸纳返乡就业创业人员积极参与乡村振兴（李博，2020），通过加强各类技能学校建设促进乡村人才队伍的专业技能培训和素质提升（赵秀玲，2018），培育新乡贤、专业技术人才和"两委会"干部人才。文化振兴的实现路径包括：以尊重客观规律为基础重构乡村文化再生长的空间（高静和王志章，2019）；优化乡村公共文化服务体系（欧阳雪梅，2018）；完善乡村农耕文化传承体系，如挖掘民间手艺、民俗节日文化内涵等（龙文军等，2019）；建构乡村现代文化产业体系，如保护村落遗产等；创新乡村现代文化治理体系（吴理财和解胜利，2019）。生态振兴要坚持贯彻落实新发展理念，推进经济社会与生态环境协调发展（文丰安，2022）；优化农业生产方式，构建促进农村生态资源价值实现的"三级市场"制度体系，创新生态资源价值实现形式（温铁军等，2018）；加强乡村生态环境保护与整治，制定与完善乡村生态环境保护与整治规划，强化生态环境保护的法律法规建设，完善立法体系和执法体系（温暖，2021）；培养与增强农民生态意识，提高农民参与生态环境保护的意识，充分发挥农民在乡村环境保护与建设中的主体地位（于法稳，2019）；强化现代信息技术在生态环境保护中的应用，推进生态环境保护与治理现代化。组织振兴要健全村党组织领导的村级组织体系，把提升政治领导力、内部管理力和外部功能力作为重要抓手（尤琳和魏日盛，2022），加强对城乡优秀人才资源的吸收，提升农村党组织的组织力和队伍素质（林星和王宏波，2019）；构建复合型乡村组织体系，实现纵向乡村关系与横向社区组织关系之间责权、利益、角色等方面的明确分工、功能互补以及组织关系的协调统一（马良灿和哈洪颖，2021）；将村民、乡村自治组织、乡镇政府三个层面"增能"与"赋能"相结合，形成和谐健康的乡村关系，实现乡村自治组织振兴（周明和许珂，2023）；以集体经济组织与合作经济组织推进组织振兴（孔祥智和魏广成，2021）等。

三、乡村振兴的制度与机制构建

有效的制度供给是乡村振兴战略顺利实施的前提和重要保障。当前，乡村振兴还存在许多制度性难题亟待破解，如乡村的从属地位、农民的城市权利被忽视、金融资本进入乡村存在障碍、现行农地制度与农业发展方式不相适应、宅基地制度改革滞后等（刘守英和熊雪锋，2018）。破解这些难题必须依靠改革和制度创新（黄祖辉，2018；范和生和郭阳，2021）。学者们提出，要稳步推进土地制度改革，以产权关系明晰化、产权保护平等化、农地权能完整化、农地管理法治化、流转交易市场化、收益分配公平化为改革方向（陈坤秋等，2019），建立城乡统一的建设用地市场，深化农村集体产权制度改革，完善宅基地管理使用制度等（刘振伟，2018），激发乡村发展活力，优化乡村功能和结构。同时，还有学者认为，应该加快农村金融体制改革和创新，围绕农村金融消费新主体和新需求，规范和发展新型农村金融服务组织，提高其服务组织能力，还应从供给侧推进农业保险制度创新，构建农村金融风险分担与补偿机制、农村金融市场资金回流机制等（陈放，2018）；完善人才评价和流动机制，探索"引进+培育+配备+

机制"的乡村人才供给模式，畅通城乡人才双向流动通道（朱启臻，2018）。

四、关于西南山区乡村振兴的研究

西南山区乡村振兴研究主要围绕"五大振兴"中某一方面在特定区域开展。吴新叶（2022）以贵州省乌蒙山县的乡土企业为研究对象，提出从产业扶贫到乡村产业振兴的关键是要处理好企业、政府、社会的关系，实现多元角色的互动。熊肖雷和张慧芳（2021）以贵州省为例，通过对 315 个行政村的实地调查，探究了山地农业现代化的影响因素，认为农业基础设施、乡村产业振兴配套支持政策、产学研农战略合作、小农户参与、龙头企业带动、新型职业农民素质都对山地农业现代化具有显著影响。何仁伟等（2019）以四川省凉山彝族自治州为研究区域，提出乡村人力资本和劳动力转移是促进农户生计转型的重要影响因素。何田等（2021）研究西南贫困山区劳动力资源和劳动力转移与乡村振兴的关系，从空间、经济、社会三个方面构建劳动力转移的乡村振兴响应策略。陈彧（2021）以武陵山地区民族村镇为例，从文化线路的视角提出民族村镇区域联动发展的路径，包括拓展武陵山区民族村镇地理过程的空间整体性、挖掘其历史过程的时间整体性、将散落在民族村镇各个角落的物质和非物质文化遗产进行系统串联等。吴桃和沙建华（2020）认为培育民族文化"精神高地"是文化助力乡村振兴的实践范式。李松睿和曹迎（2019）认为，乡村生态宜居程度对农村经济转型具有显著影响，在对四川都江堰精华灌区 103 个林盘调研分析的基础上，从新型乡村功能拓展、乡村多元功能协同和乡村生态经济体系建设三个方面提出了促进农村经济转型发展的具体措施。王久齐和肖杨飞英（2022）分析了西南民族地区传统"乡政村治"治理模式存在的问题，提出了构建以德治为基础、法治为保障、自治为核心的"三治融合"的治理体系，引导乡村社会治理走协同善治之路。此外，学者们还从不同视角对西南山区乡村振兴的类型划分进行了探讨。李东麟等（2022）发现，乡村经济韧性较高和较低水平的区县在地理空间上都倾向于集聚分布，应针对各区县的功能定位分级分类施策，以乡村振兴为契机促进城乡多要素融合。韩贵锋等（2021）以重庆市巫溪县为例，将其划分为搬迁撤并、城郊融合、集聚提升、特色保护四种类型。何田等（2022）按照乡村振兴与劳动力资源耦合协调关系进行分类，将贵州省望谟县划分为劳动力资源滞后型、乡村振兴滞后型和乡村振兴同步型三种类型，并提出同步型是乡村振兴的重难点区域。

第四节　研究评述

"三农"问题越来越受到社会各界关注，其深层次的学理探求和历史追索已成为国内外学术界不容回避的研究课题（王先明，2011），且在历史发展的不同阶段有不同的研究主题和研究重点。21 世纪以来，我国学者愈发关注乡村发展演变，这既是学术发展内在理路的必然结果，也是学术对现实问题关怀的具体体现。中国正处于社会经济转型发展的关键时期，补齐乡村发展短板成为缓解新时代社会主要矛盾的重要路径之一。乡村是一个多要素组成的有机体，其动态性、开放性、综合性、多功能性要求学者们必须从系统的角度、融合多个学科进行研究，面向新时代乡村振兴战略的需要，综合解析乡村地域系统发展演变的过程、格局、机理和优化路径。应当承认，学者们对乡村发展的演变及转型重构研究做了丰富探讨，对本研究具有重要借鉴价值，但在以下方面仍待探讨和深入研究：

（1）研究对象开始转向"乡村地域系统"，但对乡村地域系统的理论认知不足。随着城乡人口、土地、资金、技术等各种要素的流动速度加快，城市与乡村的关系、乡村内部的空间结构和社会经济结构都发生了显著改变，学术界研究视角也逐步从"农业"扩展到"乡村"，研究对象和重点也从"乡村问题"转向"乡村地域系统"（刘彦随等，2019）。以往的研究多关注乡村发展的某一种要素或者某一种功能，较少研究乡村地域系统要素间的交互作用与系统运行机制。接下来的研究应着眼于乡村系统的复杂性，立足于乡村地域系统的要素、结构和功能，深化理论认知，结合复杂系统理论探究乡村这一复杂有机系统演变的过程与机理。

（2）已有研究多集中在乡村地域系统演变的外源驱动因素分析，内源因素驱动作用的研究较少。当前，我国农村发展正受到城镇化、工业化、区域化、全球化以及国家和区域政策等外部因素的深刻影响，但诸多成功实践证明，乡村演变逐步成为广大乡村地区的人文主导过程（杨忍等，2015），内源因素也是促进乡村转型发展的重要驱动力。但目前我国乡村地域系统演变的内生驱动力研究较少，基于综合性研究视角的乡村发展演变机理的理论和方法还有待完善，缺乏多学科理论与方法的交叉与融合分析，缺少对"社会网络中村域和个体"的关注。

（3）已有关于乡村地域系统发展演变机理的研究多针对发达地区，欠发达地区的研究尚须加强。我国当前关于乡村发展演变机理的研究注重对发达地区、工业化带动型乡村的剖析，对欠发达地区尤其是地理区位欠佳的传统农区的研究较少，而对于发展落后的山区乡村地域系统演变机理的研究更不多见，且已有研究以各级行政区为主，对西南山区的系统研究较少，亟须加强对这一区域的研究。

（4）在新时代背景下对乡村优化调控的内涵、方法亟须扩展和提升。在新时代背景下提出了乡村振兴战略，虽然其本质是对乡村资源进行优化重构，但在内涵上需要有所扩展和提升，而且乡村优化重构和要素配置研究的思路和方法也需要拓展创新，亟须构建多维度、多要素的乡村优化调控基础理论和综合模型，进一步推进乡村振兴理论探讨与典型示范、学术研究与国家战略等内容的有机结合。

第三章　乡村地域系统演变的
理论基础与理论框架

第一节　乡村地域系统演变的理论基础

一、农业农村发展相关理论

与农业和农村发展相关的经典理论主要包括：农业区位论、中心地理论、比较优势理论、要素禀赋理论、产业结构变迁规律理论、二元经济理论、改造传统农业理论等（见表3-1）。在这些经典理论的指引下，我国也涌现了许多关于农业和农村发展的重要理论成果。例如，社会学家费孝通对乡镇企业发展、小城镇建设、农村发展模式、城乡一体化发展等提出了深刻的理论见解。经济学家林毅夫在中国农村改革、国民经济发展与转型等方面提出了许多独到的理论见解。近年来，李小建对农户地理论的贡献十分突出；刘彦随（2011）提出的农村整谐发展理论在构建农村可持续发展模式等方面具有重要价值。上述理论对深入认识理解农业农村发展问题皆具有重要价值，也是本研究的重要理论基础。

表 3-1　与农业和农村发展相关的经典理论

理论名称	代表人物	理论要点	理论价值
农业区位论	杜能	分析了农业生产方式的配置与距离城市的关系,揭示了农业土地利用类型及集约化程度不仅受到土地自然属性的制约,也受到其周围经济发展情况的影响,特别是与农产品市场的距离密切相关,揭示了农业生产布局的圈层规律及其内在机制	从空间视角探讨了农业生产布局、城乡关系,强调了农业生产布局必须考虑农产品差异性因素,对乡村产业结构调整、功能拓展及其空间格局优化具有重要指导价值
中心地理论	克里斯泰勒	基于市场、交通以及行政区划原则构建六边形模型系统,抽象概况了不同原则下的城镇体系空间结构,阐明了特定区域内城镇体系的理想位置以及城镇的等级、规模、职能之间的关系	
比较优势理论	亚当·斯密、大卫·李嘉图	国际贸易的基础是生产技术、劳动力成本的相对差别以及由此产生的相对成本的差别。每个国家都应专注于生产和出口具有相对优势和效率的产品,在国际市场获得更大的竞争优势、市场份额和贸易收益;进口那些自身生产相对劣势和低效的产品,提高资源配置效率	基于要素禀赋的比较优势理论对优化区域产业结构、提高区域比较优势具有重要指导意义
要素禀赋理论	赫克歇尔、俄林	各国应该发挥资源优势,出口本国相对丰富的生产要素所生产的价格低廉的产品,获得竞争优势;进口相对稀缺的生产要素所生产的产品,弥补产能不足和市场空缺	
产业结构变迁规律理论	威廉·配第、科林·克拉克、西蒙·库兹涅茨、钱纳里	揭示了经济增长过程中产业结构变化与就业结构、收入水平的变动关系:产业结构与人均国民收入具有相关性,提高人均国民收入能够促进劳动力从农业产业向工业和服务业转移。商品的收入弹性差异决定了商品的相对需求;随着人均收入的增加,其对产品的需求也从农产品转向工业品和服务产品	对乡村产业结构分析、区域发展判断、乡村产业振兴路径选择具有重要参考价值

表3-1(续)

理论名称	代表人物	理论要点	理论价值
二元经济理论	刘易斯、费景汉、拉尼斯、乔根森、哈里斯和托达罗	揭示了在发展中国家，由于农业劳动力超过了实际需求，存在着边际生产率为零的剩余劳动力，无法继续提高农业产出，促进了剩余劳动力向非农产业转移，进而逐步消减二元经济结构	为深刻认识城乡关系、优化城乡融合发展的体制机制和政策体系提供重要依据
改造传统农业理论	西奥多·舒尔茨	对传统农业的改造主要依赖于"新的生产要素"的投入，这就需要通过增强教育和培训来提高农民的素质和能力，因此增加人力资本是农业经济增长的主要来源	为制定农业和农村发展政策提供理论依据

二、人地关系地域系统理论

人地关系地域系统理论是本研究的理论基石。人类与自然之间存在密不可分的关系，是一个相互作用、相互依存的整体，人类在利用自然资源的同时，也会对自然环境产生影响，这种影响又会反过来影响人类的活动和发展。人类和自然之间这种关系简称为"人地关系"。在人类社会和自然环境长期作用的过程中形成的要素众多、结构复杂、功能综合、动态变化的巨大系统就是人地关系系统（吴传钧，1991）。在这个系统中，人类社会和地理环境是两个相互作用与依存的子系统，二者通过能量的转化、物质的交换相互影响和支撑着系统的运行，形成了人地系统发展演变的机制。该理论是识别乡村地域系统发展过程、功能特征、机理形成、发展演变趋向、优化调控方向的理论基础，是合理配置城乡资源、重构乡村空间、优化乡村治理体系、推进乡村振兴、加快城乡融合发展的理论指导。人地关系协同理论指出了人类与自然环境和谐共存的内在机制和路线方针，认为人地关系地域系统是人类对自然环境选择的结果，亦是人类与自然环境和谐共生的产物，该系统的变化也是人类对自然环境变化的再适应过程。因此，在这个过程中对乡村地域系统演变的评价与分析要遵循人地关系协同理论，注重格局与功能的耦合协调关系。人地关系异化理论则认为，人类社会发展的历程就是人与自然环境关系不断变化的过程，在这个过程中，资源环境问题从无到有，从小到大，从区域性到全球性，即处于不断异化的过程。乡村地域系统的演变亦使乡村居民的生存发展与当地的资源环境之间的矛盾产生了新的变化。因此，本研究以人地关系地域系统理论作为支撑，探讨西南山区乡村地域系统演变的过程、机理与效应，并总结提炼不同乡村发展的优化模式。

三、可持续发展理论

可持续发展理论是 20 世纪 80 年代末提出的人地关系理论之一，是对经济、环境和社会三者关系认识的不断深化，其核心是强调经济、社会文化、环境三条底线，这三者是各个要素相互作用、相互影响形成的一种复杂的包含与互补关系，但在不同的历史时期，三者的作用强度又在不断地发生调整。当前正在从以经济发展为主导向以社会发展为主导嬗变，可持续发展理论以建立更为持久、包容、可持续的社会为重点，强调自然与社会的有机融合和互相强化；强调人的重要性，首先满足人类的基本需求，再进一步从提升社会福祉的角度突出公平正义、生活质量和人的全面发展（郑红娥，2005）；强调经济发展应当服务社会发展，围绕人的发展进行经济社会治理，培育人的内生发展动力，围绕人的发展进行经济社会治理（高培勇等，2020）。因此，可持续发展的目标是实现人口、资源、环境和发展之间的协调。在理解乡村地域系统演变过程及乡村重构的过程中，本研究应以可持续发展理论为指导。

四、区域经济理论

区域经济理论是研究在一定空间范围内，如何有效利用有限的区域资源，通过优化其组合和配置方式，以达到最大化产出的目标。该理论的核心思想是在特定区域内寻求资源配置的最优解，以实现经济增长。区域经济理论强调区域内资源的相互作用和协调，以及资源的合理配置和配置方式对经济绩效的影响。与经济学研究的三个中心问题"生产什么""如何生产""为谁生产"有所区别，区域经济学弥补了经济学长期以来忽视的空间问题，以空间资源配置的合理性为基础，并逐渐形成了系统的理论体系（见表3-2）。

表 3-2　区域经济理论体系

理论名称	代表人物	理论要点	理论价值
平衡发展理论	罗森斯坦·罗丹	强调在投资过程中要注重在各个产业和地区之间实现平衡，注重产业间和地区间的关联互补性，主张资源的投入和生产力的发展应该根据各个产业和地区的需求和潜力进行均衡地分配，以缩小地区发展差距，实现协调发展	对明确乡村主导产业、指导乡村产业发展、推动乡村产业振兴，具有重要指导意义
不平衡发展理论	赫希曼	强调经济增长的不平衡性，应集中有限的资源和资本投入到具有较高潜力和竞争力的产业和部门，通过这些主导产业的扩张和优先增长，协同带动整个产业链和其他相关产业的联动发展，提高资源配置效率和利用效率，使有限的资源得到最大限度的利用	
增长极理论	佛朗索瓦·佩鲁、汉森	认为经济空间中存在着若干个具有一定优势和竞争力的中心或极，要优先把它们培育成区域经济的增长极，通过极化效应（生产要素聚集）和扩散效应（生产要素扩散），辐射带动周边地区和其他产业发展	有助于优化"城-镇-村"空间结构，推动城市化进程中的村镇空间结构重组，重构乡村发展的有序结构，促使形成具有科学层级关系、引领作用突出的"中心地"
点轴理论	萨伦巴、马利士	强调交通干线作为不同经济节点的连接轴线，是经济活动和资源流动的主要通道。经济增长轴能够提高连接地区的人流和物流运输速度，方便地区之间的贸易往来，降低生产和运输成本，增加就业机会，更有利于区域经济的协调发展	该理论是最有效的区域空间结构模式，能够有效优化空间布局
竞争优势理论	迈克尔·波特	认为一个国家能否持续并不断提高自身生产力，关键在于拥有先进产业或重要产业环节的基地，纵横交织的产业集群能提供竞争优势	对乡村振兴产业发展战略、产业结构调整、产业园区建设等具有指导意义

表3-2(续)

理论名称	代表人物	理论要点	理论价值
累积因果理论	缪尔达尔、卡尔多、迪克逊和瑟尔沃尔	累积效应有两种相反的效应：回流效应和扩散效应。回流效应指在发达地区强大的吸引作用下，落后地区的资金、劳动力向发达地区流动，导致落后地区要素短缺，限制了其发展潜力和机会，从而发展更慢。扩散效应指发达地区的资金和劳动力向落后地区转移，为落后地区注入了新的资源和机遇，促进落后地区的发展。两种效应的强度取决于政府的有效干预	为区域间经济社会均衡发展政策和路径提供了理论指导

五、社会网络理论

任何经济组织或个人都无法独立存在，或多或少都与外界存在一定的"社会关系"，即"联结"，这些关系相互交织、相互嵌入，形成了一系列错综复杂的社会网络。处在同一个网络中的人或组织由于相互之间的联结影响着彼此的行为和决策，形成了一种相似的思维模式和行事方式。通过社会网络，各种信息和资源可以进行传递，而社会网络中各节点之间的联系决定了所传递信息和资源的质量。Granovetter（1973）认为，不同的社会网络中的联结强度可以分成强联系和弱联系，这两者在社会互动中所起的作用有所不同。在同一个组织或群体内部通常出现强联系，主要是由于组织或群体内的个体具有相似的属性，信息在其中的传递和获取具有较高的重复性，并且信息在内部可以迅速传播和共享；相比之下，弱联系通常存在于不同组织或群体之间，不同组织或群体之间的个体属性差异性强，信息在这些联系中更加异质，重复性较小，因此弱联系往往在社会网络中起到更大的作用。Burt（1992）进一步提出的结构洞理论认为，大部分社会网络并不是完全联通的网络，网络中的个体之间可能存在直接联系，也可能存在间接联系。这些联系间断所形成的洞穴就是"结构洞"。在结构洞中，第三方因为将两个没有直接联系的个体连接起来，就获得了信息优势和控制优势，并且通过阻断两者的联系来保持优势。对于每一个村域来讲，其内部成员之间、内部成员与外部个体之间以及村域与村域之间都存在着各种联结，要素或资源通过这些联结在社会网络中流动，从而促进个体或者村域组织的发展。社会网络理论能够帮助解析村域发展主体的社会交往和社会联系对村域发展的作用和影响，揭示村域发展演变的动力，同时也能够为不同村域增加社会资本提供实现路径。

六、马斯洛需求层次理论

马斯洛认为，个体有动机去满足特定需求，并且一些需求比其他需求更为优先。他将个人的需求分成了五个层次，从低到高依次为生理需求、安全需求、社交需求、尊重需求和自我实现需求。这五种需求被认为是最基本且与生俱来的需求，激发和引导着个体的行为。低级需求也被称作缺失需求，是个体生存与发展的最基本需求；高级需求并非维持个体生存所必需的，但能够促使其健康、长寿和活力，故而也被称作生长需求。该理论认为，低级需求比高级需求具有更大的力量和潜力，需求层次越高，需求的力量越弱。高级需求的实现建立在低级需求得到满足的基础上，且相比低级需求更为复杂，需要更好的外部条件支持，包括社会条件、经济条件、政策条件等。该理论可以帮助理解微观视角下农户生计响应选择，并更好地提出相关的政策建议来优化农户的生产生活环境，提高农户的安全感、幸福感和满足感。

第二节　乡村地域系统的内涵特征及演变阐释

一、乡村地域系统的内涵特征

乡村地域系统作为人地关系地域系统的一部分（杨忍、刘彦随等，2015），是在特定乡村范围内，由自然环境、资源禀赋、经济基础、文化习俗等要素组成的乡村综合体（刘彦随等，2019）。乡村地域系统是一个复杂、开放、整体、动态的地域多体系统，其内部要素相互联系、相互作用，形成了系统特定的结构和功能（刘彦随等，2019）。按照作用方式，乡村地域系统可划分为内核系统和外缘系统，乡村人口、土地、产业等属于内核系统，工业化与城镇化、科学技术、政策制度、市场等属于外缘系统。内核系统与外缘系统既相互促进又相互制约，二者通过物质、能量、信息交换推动乡村地域系统的人口、产业、土地等要素发生改变，在动态平衡中推动乡村地域系统结构与功能优化或衰退（刘彦随等，2015）。乡村地域系统还可按照行政区划组成划分为县域及县域内城关镇、中心镇、集镇、中心村、行政村和自然村等一系列村镇集合（刘彦随，2018）。

二、乡村地域系统的要素、结构和功能

乡村地域系统内的各要素既是其重要组成部分，其分化整合也是转型期乡村社会发展与功能演进的根本动力（刘玉等，2011），推动了系统的演变。

在乡村地域系统中，"人"与"地"是两个核心要素，二者通过物质循环和能量流动不停地产生交互作用。人可以主动认识、利用并改造地理环境。有序的、适度规模的人口集聚有利于提高资源利用效率，促进乡村人居环境优化提升，增强地域人地协调。同时，乡村人口向城镇流动与空间集聚，是工业化和城镇化的主导过程，也是推动乡村土地资源、产业与资本等要素流动和再配置的关键。土地资源是支撑人类生存和发展最重要的物质基础（张甘霖等，2019），是乡村生产生活的重要载体，土地利用是区域一切经济社会活动的外在表现，土地利用方式与强度大小客观反映了一定乡村地域系统内人类活动的强度、方向及其对自然生态环境累积作用的程度。

乡村地域系统的结构可以分为经济结构、社会结构、文化结构、治理结构、聚落结构等（刘彦随，2018）。经济结构是乡村地域系统发展水平的体现，既受人类活动、自然环境的制约，又反过来作用于人类活动，驱动自然环境变化。社会结构是乡村居民适应行为与制度变革相互适应的结果。文化结构是乡村文化各种表现形式的内在有机连接体。治理结构是乡村治理形态的外在表现。聚落结构是乡村居民居住形态的具体体现，乡村地域系统要素的状态和组合形式决定了其结构是否合理。

乡村地域系统的功能是社会经济发展到一定阶段的产物，也是特定阶段乡村与城市在互动过程中形成的稳定存在的功能（徐凯和房艳刚，2019）。乡村地域系统的功能在不同阶段具有不同的特征，存在动态性和阶段性。随着城镇化和工业化的快速推进，城市经济在向乡村地域进行渗透的同时，促进了乡村地域系统的转型发展和重构（龙花楼等，2012），也使其功能日趋多元化（刘玉和冯健，2017）。乡村地域系统具有生产、生活、生态功能，即"三生"功能，农业生产作为主要生产活动之一，是乡村聚落得以存在的原始基础。乡村是农民居住和生活的空间载体，随着新型城镇化的深入推进，居乡兼业是乡村居住功能的新内涵（房艳刚和刘继生，2015）。乡村的生态功能是其自我调节和提供公共生态服务和生态产品的功能。在转型发展时期，乡村地域系统的各种功能存在较复杂的互动

机理，特别是随着社会需求不断多样化和复杂化，当在有限的地域空间内各种功能相互重叠无法协调时，乡村地域系统内各功能之间可能存在潜在的冲突，一种功能的过度发挥会对其他功能的实现产生一定影响，在这一过程中有可能造成乡村多功能失衡和乡村发展空间紊乱（王成和唐宁，2018），但当乡村地域系统各功能处于良性耦合状态时，系统就会正向演替和协调发展（Yang Y Y 等，2020）。受到资源环境、经济基础、文化特征等因素的综合影响，乡村地域系统的功能特征往往呈现出显著的空间异质性（徐凯和房艳刚，2019），各功能之间的交互影响和平衡关系决定了地域系统的类型和发展模式（曲衍波等，2020）。因此，探究乡村地域系统各功能之间的相互作用关系，揭示其时空分异特征和演变规律，对协调乡村多元利益主体的发展需求和促进乡村资源的合理配置至关重要，也是指导乡村发展方向、实现乡村振兴的重要手段（房艳刚和刘继生，2015；王成和唐宁，2018）。

三、乡村地域系统演变的驱动因素

机理是指系统内各要素的结构关系和相互之间的运行方式。乡村地域系统的演变是系统内部因素和外部环境共同作用的结果，在不同的区域和不同的发展阶段，影响乡村地域系统演变的因素有所差异，演变机理也有所不同。乡村地域系统演变是各力博弈的结果，内部凝聚力与外部吸引力、发展的拉力与阻力、非农化的推动力共同作用于这一过程（宋金平等，1999）。乡村地域系统演变的驱动因素包括以下八个：

（1）自然地理环境。自然地理环境是人类所有活动的基础，为人类生存和发展提供了物质基础和空间载体，地形、气候、水文、耕地资源等自然地理要素框定了乡村聚落空间分布的历史性格局（马晓冬等，2012；杨忍，2017），决定了乡村的宜居性。自然地理要素及其组合的差异，使得山区内部乡村居民点的密度、规模、形态等呈现出不同的特征，海拔、坡度、地势起伏度、气温、降水等自然因素影响乡村的演变方向和演变速度，自然资源组合的独特性影响不同乡村的农业产业结构，自然资源的丰富程度也对乡村的发展演变具有重要影响。

（2）基础设施和公共服务。基础设施是经济发展的大动脉，是乡村发展的关键支撑，是改善农民生产生活条件最重要的物质基础，也是农民生活富裕和乡村振兴的重要保障。基础设施的发展水平和建设方向很大程度上决定了乡村演变的速度和人口迁移的方向。

（3）科学技术进步。科技创新是农业生产力提高的关键因素，推动乡村产业的优化与升级，不仅能改变农业生产方式，还会对农村生活产生十分广泛的影响。

（4）城镇化和工业化。城镇化和工业化是影响乡村地域系统转型发展的重要力量，对不同乡村的作用力不同，一般距离城市或城镇越近的乡村受到的辐射带动作用越明显。

（5）市场机制。生产的社会性和市场分工必然促使农业经济市场化，促进农村市场经济发展，推动农业科技进步，提高农业生产能力，在市场规律的作用下，必然会推动农村产业的结构调整和产业转型升级。市场不仅在产业发展中起决定性作用，而且在生态环境治理和乡村集体经济改革发展中起到重要作用。

（6）政策。农业政策对推动农村经济发展具有显著的效果。虽然政策不能直接增加农业资源，但可以通过调控市场价格和生产要素配置环境来对农业发展的效率、速度和方向进行改善，稳定乡村经济的发展。

（7）乡村文化。文化是乡村的灵魂。乡土文化是传统农业社会经年累月的积淀，蕴藏和承载着丰富的物质和精神资源，是中华优秀文化传承和发展的根脉。同时，乡村的各种文化习俗，是乡村居民在乡村环境的大背景下长期存在和传承的生产生活方式，在乡村社会形成了无形的自觉行为规范和道德标准，发挥着约束和教化功能，对乡村文化振兴具有重要的意义。

（8）农民思想观念与行为变化。农民是乡村发展的微观主体，其生产、经营、就业、消费、社会交往等行为是乡村经济发展的根本推动力量。从微观角度来看，乡村地域系统的变化就是农民多重行为作用下的外在表现（李伯华等，2012）。农民的行为取决于其思想观念，农民自主发展观念的强弱，直接关系其寻求发展机会愿望的高低，是带动乡村经济发展的重要力量。更新农民思想观念，比单纯强调宏观调控和政府组织行为更有效（倪叶颖，2021）。

四、乡村地域系统的演变机理

乡村地域系统始终处在不停的演变过程中，系统的外部环境与系统的内部要素相互作用打破了系统原有的稳定状态从而推动了乡村地域系统的演变。由于乡村自然环境的承载能力有限，在各种影响因素的驱动下，当乡村地域系统的各要素匹配、各结构合理、各功能适度耦合时，系统就会正向演替和协调发展，否则就会后退或衰落。

乡村地域系统的演变具有阶段性特征，在乡村地域系统的开发利用阶段，系统演变速度开始加快，通过利用各种资源、新机会来推动系统的发展，系统内各要素开始产生频繁联系和互动影响，在合理开发决策指导下，乡村的生产生活水平有所提高，但由于该阶段系统要素间的连通性仍较低，系统易受到外部环境因素的影响与制约。当人类的开发利用与乡村地域系统的承载力相匹配，系统则维持稳定发展，系统各要素的连接度和稳定性不断增强。当人类的开发利用超过了乡村地域系统的承载能力，乡村地域系统的稳定性被打破，乡村地域系统的结构、功能不断弱化，系统进入无序混乱发展阶段。新事物的出现，如先进的科学技术、制度创新，可以作用于混乱发展的乡村地域系统，抑制不合理的活动或行为，引导系统进行重新组织，推动要素合理流动，促进农业经济结构调整，带动乡村经济发展转型，让系统进入稳定和谐发展状态。因此，传统社会乡村地域系统演变的速度比较缓慢。近代以来，随着生产力快速发展，各种因素对乡村地域系统的作用力持续增强，乡村地域系统的演变速度也不断加快。

此外，乡村地域系统在面对干扰时，系统内部不同地域的抗干扰能力和适应力有所不同，因此其所处的发展阶段也不相同，这就使得乡村地域系统内部产生了分异，形成了不同类型的乡村。

第三节 基于乡村地域系统演变的乡村振兴逻辑框架

乡村振兴是乡村地域系统的全面振兴，乡村振兴的实质就是乡村地域系统要素重组、空间重构、功能提升的系统性过程（刘彦随，2018）。科学分析乡村地域系统要素、结构、功能演变的过程是深化对新时代乡村转型过程的认知，找出实施乡村振兴战略过程中乡村出现的新矛盾和新问题的基础。探究乡村地域系统的分异规律，识别乡村地域系统演变分异形成的不同类型，是乡村振兴分类施策的重要支撑。明确乡村地域系统中不同乡村类型的演变机理是识别乡村发展优势、破解短板制约，提出乡村振兴路径的重要手段。乡村地域系统优化提升、转型发展是实现乡村振兴的应有之义，而乡村振兴则是乡村转型发展的必然结果。

因此，本研究基于山区乡村地域系统演变机理提出全面推进乡村振兴的实现路径，就是通过科学把握乡村地域系统演变的过程，认识乡村地域系统的分异规律，掌握不同乡村类型的差异性、动态性特征，坚持乡村发展问题导向和乡村振兴目标导向，通过探究乡村地域系统的要素融合、结构耦合、功能契合的内在机理，推进乡村产业发展、人口流动、资源开发、环境治理、文化传承、制度创新，为乡村高质量发展寻找新动力，推动乡村地域系统正向演替、协调发展，从而促进城乡要素有效配置和自由流动，实现乡村有序全面振兴。基于乡村地域系统演变的乡村振兴逻辑框架如图 3-1 所示。

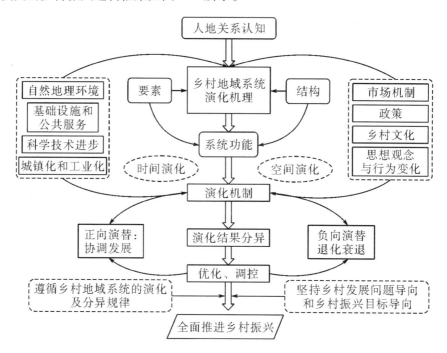

图 3-1　基于乡村地域系统演变的乡村振兴逻辑框架

第四章　西南山区乡村地域系统
人口分布演变分析

　　乡村人口是乡村地域系统的作用主体，广大农民群众是乡村振兴的"主力军"，其变化规律是揭示乡村地域系统演变的关键，亦是实现乡村人才振兴的关键。长期以来的城乡二元结构以及快速推进的城镇化，带来了人口的大规模迁移流动，深刻改变了乡村社会的人口结构和分布特征。但近年来，随着中国人口城镇化率历史性地跨过50%的门槛，人口城镇化进程不断趋缓，特别是随着中西部地区对人才的吸引力不断增加，西南地区人口的演变特征也呈现出了新的特征。人是社会发展的根本动力。掌握西南山区乡村人口的空间格局特征及演变规律是识别西南山区乡村地域系统演变的基础，也是破解西南山区乡村发展面临突出问题和短板的重要抓手，是实现西南山区乡村振兴的关键。只有科学掌握乡村人口的变化特征，关注乡村建设中的人口发展态势，才能真正做到以人为中心的乡村建设。

第一节　研究方法

一、核密度分析法

　　西南山区绝大多数的乡村聚落都位于山间盆地和谷地，使得乡村人口在一定区域分布相对集中。本研究采用核密度分析法，分析西南山区乡村人口的空间分布特征。核密度分析法是密度分析的分析方法之一，广泛应用于计算点状要素的空间分布密度，可反映点状要素在空间上的集聚或离散状态，具体计算公式如下：

$$f(x) = \frac{\sum_{i=1}^{n} K\left(\dfrac{x - x_i}{h}\right)}{nh} \qquad (4\text{-}1)$$

式（4-1）中，$f(x)$ 为核密度估计值，n 为县个数，K 为核密度函数，x_i 为点 i 的坐标，$(x-x_i)$ 为估值点 x 到点 x_i 的距离，h 为核密度估计搜索的带宽且大于 0。核密度估计值 $f(x)$ 越大，表示点越密集，点密集的区域事件发生的概率高，点稀疏的区域事件发生的概率低。

本研究以县为单位，利用 ArcGIS 软件的空间分析工具中的核密度分析对研究区域乡村人口核密度进行分析。

二、标准差椭圆模型

标准差椭圆模型能精确描述乡村人口空间分布整体特征及演变过程，其重心变化趋势能大致反映出研究区乡村人口在空间分布上的重心偏移，通过所绘椭圆曲线长轴、短轴的标准差比值可以反映其分布趋势和拓展方向。标准差椭圆参数包括椭圆中心、偏角、椭圆长轴和短轴，其计算公式如下：

$$E_x = \sqrt{\frac{\sum_{i=1}^{n} (x_i - X)^2}{n}} \qquad (4\text{-}2)$$

$$E_y = \sqrt{\frac{\sum_{i=1}^{n} (y_i - Y)^2}{n}} \qquad (4\text{-}3)$$

式（4-2）和式（4-3）中，E_x 和 E_y 表示椭圆的中心；(x_i, y_i) 表示像素 i 的空间坐标；(X, Y) 表示标准差椭圆重心的 X 和 Y 坐标；n 表示像元总数。

$$A = \sum_{i=1}^{n} x_i^2 W_i^2 - \sum_{i=1}^{n} y_i^2 W_i^2 \qquad (4\text{-}4)$$

$$B = \sum_{i=1}^{n} x_i y_i W_i \qquad (4\text{-}5)$$

$$\tan\theta = \frac{A + \sqrt{(A)^2 + 4(B)^2}}{2B} \qquad (4\text{-}6)$$

$$\sigma_x = \sqrt{\frac{2\sum_{i=1}^{n} (x_i W_i \cos\theta - y_i W_i \sin\theta)^2}{n}} \qquad (4\text{-}7)$$

$$\sigma_y = \sqrt{\frac{2\sum\limits_{i=1}^{n}(x_i\,W_i\sin\theta + y_i\,W_i\cos\theta)^2}{n}} \quad\quad (4-8)$$

式（4-7）和式（4-8）中，θ 表示椭圆由正北顺时针旋转的偏角，$\tan\theta$ 为椭圆方位角，W_i 为权重，σ_x 和 σ_y 分别为沿 X 轴和 Y 轴的标准差，即椭圆的长轴和短轴长度。

本研究运用 ArcGIS 软件的空间统计工具，绘制得到标准差椭圆重心移动路径和移动趋势图。西南山区乡村人口的分布方向以长半轴表示，分布范围则以短半轴的形式表示，扁率越大说明研究区域乡村人口的空间分布的方向性越明显。

三、空间自相关分析法

空间中的集聚状态能够直接表明乡村人口的空间集聚状况。空间自相关作为一种空间统计方法，其全局与局部空间自相关都能较好地描述地物间的空间关系，衡量地物空间要素属性间的聚合或离散的程度。空间自相关的 Moran's I 指数统计的计算公式如下：

$$z_i = x_i - X \quad\quad (4-9)$$

$$z_j = x_j - X \quad\quad (4-10)$$

$$I = \frac{n}{\sum\limits_{i=1}^{n}\sum\limits_{j=1}^{n}w_{i,j}}\frac{\sum\limits_{i=1}^{n}\sum\limits_{j=1}^{n}w_{i,j}z_i z_j}{\sum\limits_{i=1}^{n}z_i^2} \quad\quad (4-11)$$

式（4-9）、式（4-10）、式（4-11）中，x_i 和 x_j 分别为要素 i 和要素 j 各自的属性；z_i 为要素 i 的属性与其均值 X 的偏差；z_j 为要素 j 的属性与其均值 X 的偏差；$w_{i,j}$ 为要素 i 和 j 之间的空间权重；n 为要素总数。

空间自相关是评估某一要素是否与其相邻空间点要素存在相关性的重要指标，可分为全局自相关分析和局部自相关分析。全局自相关分析用于研究整个区域的空间关联和空间差异程度，用全局 Moran's I 指数表征。当该指数大于 0 时，表示存在正向空间相关性，且数值越接近 1，相关性越强；当指数等于 0 时，表示空间分布呈随机模式，不存在空间自相关；当指数小于 0 时，表示存在负向空间相关性。局部自相关分析则用于描述局部空间单元与其邻域的相似程度，并揭示空间异质性以及空间异质性随位置变化的特征。

第二节　西南山区乡村人口分布数量变化

一、西南山区整体性变化

西南山区 1990—2020 年[①]总人口和乡村人口变动的相关数据见表 4-1 和图 4-1。从表 4-1 和图 4-1 可以看出，西南山区总人口呈现先增加后减少的趋势，1990—2000 年为总人口增加阶段，且总人口年均变化率在 30 年间最大，为 0.59%；2000 年以后总人口开始减少，且总人口年均变化率不断增大。与总人口的变化趋势有所差异的是，西南山区乡村人口在 30 年间呈现持续减少的趋势，且乡村人口年均变化率不断增大。西南山区乡村人口从 1990 年的 14 299.56 万人下降到 2020 年的 8 522.61 万人，乡村人口占总人口的比重也从 1990 年的 88.06%下降到 2020 年的 54.44%。1990—2000 年，乡村人口共减少 561.65 万人，年均减少 0.39%，乡村人口占总人口的比重减少 8.19%；2000—2010 年，乡村人口减少 2 580.65 万人，年均减少 1.88%，乡村人口占总人口的比重减少 12.61%；2010—2020 年，乡村人口减少 2 634.65 万人，年均减少 2.36%，乡村人口占总人口的比重减少 12.82%。整体看来，西南山区乡村人口减少的速率明显快于总人口减少的速率，2010—2020 年是乡村人口减少最快的阶段。

西南山区人口城镇化率虽然快速增长，但与全国平均水平的差距呈现增大的趋势，1990 年研究区城镇化率仅比全国低 14.5 个百分点，2000 年增加到 16.1 个百分点，2010 年增加到 17.0 个百分点，2020 年增加到 18.3 个百分点。

表 4-1　1990—2020 年西南山区人口变化情况

年份	总人口 /万人	总人口年均 变化率/%	乡村人口 /万人	乡村人口年均 变化率/%	乡村人口占 总人口的比重 /%
1990 年	16 238.81	—	14 299.56	—	88.06

---

① 本书采用的数据为 1990—2020 年的相关数据。鉴于 30 年的数据展示需要占用大量篇幅，因此本书仅展示 1990 年、2000 年、2010 年、2020 年四个时间节点的数据，并以"1990—2020 年"作为文字说明。下同。

表4-1(续)

年份	总人口 /万人	总人口年均 变化率/%	乡村人口 /万人	乡村人口年均 变化率/%	乡村人口占 总人口的比重 /%
2000 年	17 200.17	0.59	13 737.91	-0.39	79.87
2010 年	16 588.96	-0.36	11 157.26	-1.88	67.26
2020 年	15 653.64	-0.56	8 522.61	-2.36	54.44

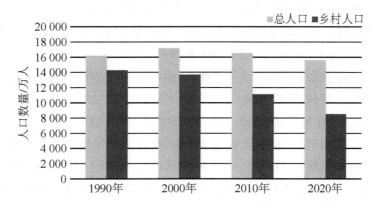

图 4-1　1990 年、2000 年、2010 年、2020 年西南山区人口变化情况

二、各省（市）变化

从各省份总人口和乡村人口的变化情况来看（见表 4-2 和图 4-2），四川省乡村人口亦呈现逐年递减的趋势，从 1990 年的 6 494.68 万人减少到 2020 年的 3 554.99 万人，共减少 2 939.69 万人。乡村人口占总人口的比重也不断降低，从 1990 年的 86.77% 下降到 2020 年的 49.39%。乡村人口年均变化率也呈逐渐增大趋势，1990—2000 年，乡村人口共计减少 481.62 万人，年均减少 0.74%，乡村人口占总人口的比重从 86.77% 减少到 78.76%，减少 8.01%；2000—2010 年，乡村人口共计减少 1 276.57 万人，年均减少 2.12%，乡村人口占总人口的比重减少了 12.84%；2010—2020 年，乡村人口共计减少 1 181.50 万人，年均减少 2.49%，乡村人口占总人口的比重减少 16.53%。2010—2020 年是四川乡村人口减少最快的阶段，乡村人口占总人口的比例也最为明显。

重庆市乡村人口也呈现逐年递减的趋势，从 1990 年的 2 031.11 万人，减少到 2020 年的 902.75 万人，1990—2020 年共减少了 1 128.36 万人。乡村人口占总人口的比重从 1990 年的 87.89% 下降到 2020 年的 41.58%。1990—2000 年，乡村人口减少 121.79 万人，年均减少 0.60%，乡村人口占总人口的比重减少 9.49%；2000—2010 年，乡村人口减少 673.66 万人，年均减少 3.53%，乡村人口占总人口的比重减少 20.63%；2010—2020 年，乡村人口减少 332.91 万人，年均减少 2.69%，乡村人口占总人口的比重减少 16.19%。2000—2010 年是重庆市乡村人口减少最快的阶段，乡村人口占总人口的比重变化也最为明显。

云南省乡村人口呈现先增加再减少的特征，且乡村人口总体有所减少。乡村人口从 1990 年的 3 101.62 万人减少到 2020 年的 2 320.14 万人，共减少 781.48 万人。乡村人口占总人口的比重从 1990 年的 89.79% 下降到 2020 年的 56.46%。1990—2000 年，乡村人口增加 81.81 万人，年均增加 0.26%，但乡村人口占总人口的比重却有所降低，从 1990 年的 89.79% 降低到 2000 年的 81.75%，减少 8.04%；2000—2010 年，乡村人口减少 228.99 万人，年均减少 0.72%，乡村人口占总人口的比重减小 11.12%；2010—2020 年，乡村人口共计减少 634.30 万人，年均减少 2.15%，乡村人口占总人口的比重减少 14.17%。2010—2020 年是云南省乡村人口减少最快的阶段，乡村人口占总人口的比例也最低。

贵州省乡村人口呈现逐年降低的趋势，从 1990 年的 2 672.15 万人，减少到 2020 年的 1 744.73 万人，共减少 927.42 万人。乡村人口占总人口的比重从 1990 年的 89.40% 下降到 2020 年的 53.28%。1990—2000 年，乡村人口减少 40.05 万人，年均减少 0.15%，乡村人口占总人口的比重减少 8.06%；2000—2010 年，乡村人口减少 401.43 万人，年均减少 1.53%，乡村人口占总人口的比重减少 8.96%；2010—2020 年，乡村人口共计减少 485.94 万人，年均减少 2.18%，乡村人口占总人口的比重减少 19.10%。2010—2020 年是贵州省乡村人口减少最快的阶段，乡村人口占总人口的比例也最低。

对比 4 个省（市）乡村人口的变化情况可以看出，1990—2020 年，4 个省（市）乡村人口都呈现出减少的趋势，除云南省呈现先增加再减少的特征以外，其余 3 个省（市）乡村人口均逐年降低，且占总人口的比例持续下降。从西南山区各省份乡村人口的绝对数量来看，四川省的乡村人口数量最多，重庆市的乡村人口数量最少。在 2020 年，从乡村人口减少的绝对数量来看，1990—2020 年，四川省乡村人口的数量减少最多，云南省乡村人口数量减少最少。从乡村人口占总人口的比例来看，云南省乡村人口占总人口的比例最大，重庆市乡村人口占总人口的比例最小。从乡村人口占总人口的比重变化情况来看，重庆市的比重变化最为明显，1990—2020 年，共减少了 46.31%；云南省的变化最小，共减少了 33.33%。从人口变化的阶段性特征来看，四川省、云南省、贵州省的乡村人口减少最快的阶段均出现在 2010—2020 年，而重庆市乡村人口减少最快的阶段出现在 2000—2010 年。1990—2000 年乡村人口年均变化率排序为：四川省>重庆市>云南省>贵州省；2000—2010 年乡村人口年均变化率排序为：重庆市>四川省>贵州省>云南省；2010—2020 年乡村人口年均变化率排序为：重庆市>四川省>贵州省>云南省。

表 4-2　1990—2020 年西南山区各省份乡村人口变化情况

省份	年份	总人口/万人	总人口年均变化率/%	乡村人口/万人	乡村人口年均变化率/%	乡村人口占总人口的比重/%
四川省	1990 年	7 484.55	—	6 494.68	—	86.77
	2000 年	7 634.45	0.20	6 013.06	−0.74	78.76
	2010 年	7 185.22	−0.59	4 736.49	−2.12	65.92
	2020 年	7 197.88	0.02	3 554.99	−2.49	49.39
重庆市	1990 年	2 310.92	—	2 031.11	—	87.89
	2000 年	2 435.40	0.54	1 909.32	−0.60	78.40
	2010 年	2 138.86	−1.22	1 235.66	−3.53	57.77
	2020 年	2 171.07	0.15	902.75	−2.69	41.58
云南省	1990 年	3 454.44	—	3 101.62	—	89.79
	2000 年	3 894.26	1.27	3 183.43	0.26	81.75
	2010 年	4 183.08	0.74	2 954.44	−0.72	70.63
	2020 年	4 109.32	−0.18	2 320.14	−2.15	56.46

表4-2(续)

省份	年份	总人口/万人	总人口年均变化率/%	乡村人口/万人	乡村人口年均变化率/%	乡村人口占总人口的比重/%
贵州省	1990 年	2 988.90	—	2 672.15	—	89.40
	2000 年	3 236.06	0.83	2 632.10	-0.15	81.34
	2010 年	3 081.80	-0.48	2 230.67	-1.53	72.38
	2020 年	3 274.68	0.63	1 744.73	-2.18	53.28

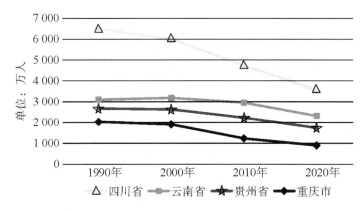

图 4-2　1990—2020 年西南山区各省份乡村人口数量

第三节　西南山区乡村人口分布密度变化

本书计算了西南山区 1990 年、2000 年、2010 年和 2020 年 4 个时间节点上西南山区乡村人口的核密度特征。在 4 个时间节点上，西南山区乡村人口密度极核位置没有明显改变，但极核覆盖的范围变化较大。从整体来看，西南山区乡村人口分布始终呈现"东部稠密、西部稀疏"的整体分布特征，乡村人口比较密集的区域主要集中在四川的东北部、重庆的北部、云南的东部以及贵州的中西部地区。重庆市的开州区和万州区、四川省的南部县乡村人口均在 50 万左右，人口密度超过 200 人/km^2；而四川省的色达县和壤塘县、云南省的沧源佤族自治县等，乡村人口仅 10 万人左右，人口密度不足 10 人/km²，区域人口分布差异显著。

从变化情况来看，乡村人口密度最高为 400~500 人/km²，该极核先后经历了"增大→减小→消失"的变化过程。1990 年，出现了 2 个较小的极核，为 400~500 人/km²，均位于四川省内，其中一个极核主要分布在四川省的三台县、中江县、金堂县、简阳市、资中县内，另外一个极核分布在蓬安县、南部县范围内。2000 年，400~500 人/km²的两个极核合并增长成为一个极核，覆盖范围增加了盐亭县、西充县、射洪市等。2010 年，该极核范围基本缩小至 1990 年的覆盖范围。2020 年，乡村人口在 400~500 人/km²的极核消失。1990 年，乡村人口密度为 300~400 人/km²的覆盖范围主要分布在 400~500 人/km²极核的外围，也基本位于四川省范围内，1990—2010 年，该覆盖范围并未发生明显变化，2020 年，该密度的覆盖范围亦消失。乡村人口密度为 200~300 人/km²的覆盖范围相对也较小，主要分布在四川省的盆周山区和贵州省的西北部地区。乡村人口密度为 100~200 人/km²的覆盖范围较为广泛，主要分布在四川、云南、贵州的交界处，以及重庆的北部地区，覆盖范围也呈现"先增大再减小"的分布特征。乡村人口密度小于 100 人/km²的覆盖范围最大，主要分布在四川、云南的西部和重庆的南部地区，2020 年扩展到贵州的东部地区。通过分析可以看出，随着乡村绝对人口数量的减少，乡村人口密度也在不断降低，且区域人口密度差异在逐渐缩小，人口的空间分布更加均衡。

整体来看，1990—2020 年，西南山区乡村人口的区域分异始终比较明显，呈现"东多西少"的分布格局，乡村人口数量与密度高值区主要分布在研究区域的东北部，即川渝的交界地区是乡村人口的高密度区。低值区主要分布在研究区域的西部，即四川省的西部和云南省的西部地区。西南山区乡村人口分布始终存在明显的乡村人口聚集区、过渡区和稀疏区，且分布基本稳定。

第四节　西南山区乡村人口分布重心变化

一、西南山区整体性变化

从生成的西南山区乡村人口标准差椭圆结果来看（见图 4-3），椭圆大致覆盖了研究区域40%的范围，主要包括四川省的东部地区、重庆市的南部地区、云南省的东南部地区和贵州省的西部地区，这表明这些区域是西南山区乡村人口的主要集聚地。对比4个年份标准差椭圆的变化，从标准差椭圆的面积来看，面积波动性增大，2020年标准差椭圆面积最大，表明研究区乡村人口集聚的核心区域有所扩张，外围乡村人口增长速度较快。从椭圆的分布方向来看，4个年份标准差椭圆均呈现"东北—西南"方向分布，旋转角的变化较小，呈现"增大→减小→再增大"的特征，其中2000年旋转角度最大，为49.97°（见表4-3），反映乡村人口分布主方向由"东北"向"东南"转移的趋势，这与四川、重庆乡村人口大量减少有关。从标准差椭圆的扁率来看，扁率先减小再增大，表明研究区乡村人口集聚的方向趋势性先减弱后增强。从标准差椭圆重心的移动轨迹来看，1990—2020年，西南山区乡村人口标准差椭圆的重心分布于四川宜宾市与云南昭通市之间。其中，1990—2000年，乡村人口的重心向西南方向（四川→云南）偏移了87.58km；2000—2010年，重心向东北方向（云南→四川）偏移了72.25km；2010—2020年，重心向西南方向（四川→云南）偏移了62.6km。整体看来，西南山区乡村人口的重心向西南方向偏移了82.38km，表明云南省乡村人口在整个区域的比重不断提高。

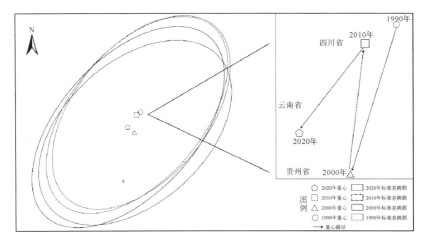

图4-3　1990—2020年西南山区乡村人口标准差椭圆与重心移动轨迹

表4-3　1990—2020年西南山区乡村人口标准差椭圆分析结果

年份	中心坐标X /度	中心坐标Y /度	长半轴 /km	短半轴 /km	扁率	旋转角 /度	面积 /km²
1990年	104.94	28.50	473.54	277.26	0.41	42.03	412 471.32
2000年	104.79	27.45	474.44	293.86	0.38	49.97	437 997.51
2010年	104.73	28.17	486.95	274.14	0.44	42.33	419 378.97
2020年	104.51	27.64	507.28	283.8	0.44	44.44	452 282.72

二、各省（市）变化

从四川省标准差椭圆的结果来看，椭圆主要覆盖了四川省的成都平原经济区、川东北经济区和川南经济区的大部分区域，这表明这些区域是四川乡村人口的主要集聚地。30年间椭圆覆盖范围波动性增大，表明四川省乡村人口集聚的核心区域有所扩张。4个年份的标准差椭圆均呈"东北-西南"方向分布，且相对稳定，旋转角有所增大，反映乡村人口分布主方向由"东北"向"东南"转移的趋势。标准差椭圆的标准距离呈现增加的趋势，表明外围乡村人口增长速度较快。椭圆扁率有所减小，见表4-4，表明四川省乡村人口分布的方向性趋于减弱。标准差椭圆的重心分布于四川省资阳市和眉山市，轨迹为资阳市→眉山市→资阳市→资阳市，1990—2000年、2000—2010年和2010—2020年重心移动方向和距离分别为西南71.02km、东北69km、西南20.26km，表明乡村人口分布重心移动较为强烈。整体来看，1990—2020年，四川省乡村人口分布的重心向西南方向移动了22.35km。

从重庆市标准差椭圆的结果来看，椭圆主要覆盖了重庆市东部的云阳县、奉节县、万州区、石柱县、忠县、丰都县、武隆县、彭水县、黔江区等，表明这些区域是重庆乡村人口的主要集聚地。1990—2020年间椭圆覆盖范围基本没有变化，表明重庆市乡村人口集聚的核心区域并未改变。4个年份的标准差椭圆均呈"东北—西南"方向分布，且非常稳定，旋转角略有减小，乡村人口分布方向并未有大的改变。标准差椭圆的标准距离变化不明显，椭圆扁率变化很小、略有增加，表明重庆乡村人口分布变化并未出现明显的扩散或者集聚效应。1990—2020年重庆市标准差椭圆的重心并不在重庆市内，而是在与之交界的湖北省恩施土家族苗族自治州内，并逐年向东南方向移动，1990—2000 年、2000—2010 年和 2010—2020 年重心分别移动了 1.69km、2.12km 和 2.12km，表明重庆市乡村人口演变的方向性相对较小。整体来看，1990—2020 年重庆乡村人口分布的重心向东南方向移动了 5.12km。

从云南省标准差椭圆的结果来看，椭圆主要覆盖了云南省的大部分区域，表明云南省乡村人口的分布较为均衡。1990—2020 年椭圆覆盖范围略有增加，表明乡村人口集聚的核心区域有一定扩张。4 个年份的标准差椭圆均呈"东—西"方向分布，旋转角有所增大，反映乡村人口分布主方向由"东北"向"东南"转移的趋势。标准差椭圆的标准距离呈现增加的趋势，表明外围乡村人口增长速度较快。椭圆扁率基本保持不变，表明云南省乡村人口分布未出现方向性扩散。1990—2020 年云南省标准差椭圆的重心分布于云南省楚雄彝族自治州和昆明市，轨迹为楚雄彝族自治州→楚雄彝族自治州→楚雄彝族自治州→昆明市，1990—2000 年、2000—2010 年和 2010—2020 年重心移动方向和距离分别为东北 5.33km、西南 5.89km、东南 4.7km，这表明乡村人口分布重心的变化不大。整体来看，1990—2020 年云南省乡村人口分布的重心向西南方向移动了 3.19km。

从贵州省标准差椭圆的结果来看，椭圆亦覆盖了贵州省的大部分区域，表明贵州省乡村人口的分布较为均衡。1990—2020 年椭圆覆盖范围逐渐增大，表明贵州省乡村人口集聚的核心区域在不断扩张。4 个年份的标准差椭圆均呈"东北—西南"方向分布，且相对稳定，旋转角不断增大，反映乡村人口分布呈现出由东北向东南转移的趋势。标准差椭圆的标准距离、椭圆扁率均呈现增加的趋势，表明外围乡村人口增长速度较快，且主要集中在长轴方向。1990—2020 年贵州省标准差椭圆的重心分布于贵州省贵阳市，并逐年向西南方向移动，1990—2000 年、2000—2010 年和 2010—2020 年重心分别向西南移动了 11.1km、13.37km 和 4.26km，表明东北部乡村人口减少的速度较快且趋势明显。1990—2020 年贵州省乡村人口分布的重心向西南方向移动了 28.49km。

对比 30 年间 4 个省（市）的变化情况，可以看出，标准差椭圆面积变化最明显的是四川省，表明四川省乡村人口的分布范围变化最为明显。椭圆旋转角和扁率变化最大的均是贵州省，表明贵州省乡村人口的分布方向变化最为明显，这与县域间的经济水平、人口迁移流动机会、民族结构、生育观念、政策变化有直接关系。表 4-4 为 1990—2020 年西南山区各省（市）乡村人口标准差椭圆分析结果。

表4-4　1990—2020年西南山区各省（市）乡村人口标准差椭圆分析结果

省份	年份	中心坐标 X /度	中心坐标 Y /度	长半轴 /km	短半轴 /km	扁率	旋转角 /度	椭圆面积 /km²
四川	1990 年	105.01	30.25	253.10	155.39	0.39	53.41	123 556.35
	2000 年	104.31	30.09	272.97	164.00	0.40	52.27	140 639.93
	2010 年	105.00	30.23	265.09	159.61	0.40	53.30	132 923.97
	2020 年	104.80	30.19	279.64	174.91	0.37	55.27	153 661.05
重庆	1990 年	108.59	30.31	145.66	88.11	0.40	23.98	40 319.52
	2000 年	108.60	30.30	145.93	88.39	0.39	23.67	40 522.63
	2010 年	108.60	30.28	147.64	88.20	0.40	22.10	40 909.34
	2020 年	108.62	30.27	148.53	87.56	0.41	22.24	40 857.31
云南	1990 年	102.16	25.07	298.92	237.37	0.21	75.94	222 910.57
	2000 年	102.19	25.10	300.37	236.24	0.21	75.87	222 925.55
	2010 年	102.14	25.07	305.70	235.81	0.23	76.00	226 468.35
	2020 年	102.19	25.06	305.57	241.08	0.21	78.38	231 431.12
贵州	1990 年	106.81	26.95	207.65	139.16	0.33	64.55	90 781.26
	2000 年	106.72	26.89	215.24	137.01	0.36	65.21	92 645.67
	2010 年	106.60	26.84	217.47	136.94	0.37	67.29	93 557.70
	2020 年	106.57	26.81	217.86	138.02	0.37	69.43	94 464.66

第五节　西南山区乡村人口分布集聚变化

一、全局自相关分析

（一）西南山区整体性变化

本书运用 ArcGIS 软件空间统计工具计算出西南山区乡村人口 1990 年、2000 年、2010 年、2020 年的全局 Moran′s I 指数，如表4-5 所示。可以看出，这 4 年的 Moran′s I 指数均大于 0，P 值均小于 0.01，表明通过显著性检验且西南山区乡村人口在空间集聚上存在正相关关系，且具有显著的聚集趋势。1990—2020 年，西南山区乡村人口的 Moran's I 指数波动性上升，说明在近 30 年时间里西南山区乡村人口空间分布出现小幅度波动，但总体集聚性趋势增强。

表 4-5　1990—2020 年西南山区乡村人口的全局 Moran's I 指数

年份	1990 年	2000 年	2010 年	2020 年
Moran's I 指数	0. 109 773	0. 132 019	0. 130 398	0. 152 75
Z 得分	8. 177 719	9. 819 614	9. 678 078	11. 305 489
P 值	<0. 01	<0. 01	<0. 01	<0. 01

（二）各省（市）变化

本书分别计算各年份 4 个省（市）乡村人口的全局 Moran's I 指数（见表 4-6）。计算结果显示，4 个年份所有省（市）的全局 Moran's I 指数均为正值，都通过了 0.01 的显著性水平检验，表明研究区相邻县域的乡村人口存在正向的地域相关性。

从各省（市）变化趋势来看，贵州省的 Moran's I 指数逐年减小，说明贵州省乡村人口的空间聚集度不断减弱。云南省和重庆市的全局 Moran's I 指数均呈现先减小再增大的趋势，表明这 2 个省（市）的乡村人口集聚性经历了先减弱再增强的变化特征，2010 年之后乡村人口集聚性显著增强。四川省乡村人口的全局 Moran's I 值表现为先减小后增大再减小的趋势，1990—2000 年四川省乡村人口的集聚性有所减弱，2000—2010 年的乡村人口的集聚性显著增强，2010—2020 年乡村人口的集聚性再次减弱，乡村人口集聚性表现出波动性特征。

表 4-6　1990—2020 年各省（市）乡村人口的全局 Moran's I 指数

年份	四川	重庆	云南	贵州
1990 年	0. 098 223	0. 397 721	0. 199 259	0. 422 802
2000 年	0. 068 837	0. 395 904	0. 196 215	0. 408 190
2010 年	0. 120 885	0. 394 169	0. 184 954	0. 344 994
2020 年	0. 095 055	0. 403 153	0. 238 790	0. 316 735

二、局部自相关分析

（一）西南山区整体性变化

局部自相关分析可以从局部尺度上对乡村人口的空间分布与空间关联特征进行分析。从聚集类型上来看，高-高聚集区表示该地区和邻近地区的乡村人口数量都较高，主要分布在川东北、渝东北的部分县以及川、滇、贵的交界处，且基本成片状分布。高-高聚集区数量变化呈现先增大再减小的趋势，从 1990 年的 29 个减少到 2000 年的 22 个再增加到 2010 年的 35 个和 2020 年的 37 个，表明西南山区乡村人口聚集高地在不断增加。低-低聚集区表示该地区和邻近地区的乡村人口数量都较少，主要分布在川西北地区、各省（市）的市辖区及其周边县，数量变化呈现先增加再减少再增加的波动性变化特征，从 1990 年的 67 个增加到 2000 年的 114 个，减少到 2010 年的 75 个，再增加到 2020 年的 106 个，从变化可以看出西南山区乡村人口的低值区有扩张的趋势。高-低聚集区表示该区域乡村人口数量较多但邻近区域乡村人口数量较少，低-高聚集区表示该区域乡村人口数量较少但邻近区域乡村人口数量较多，这两个聚集区数量较少，且零星分布，表明西南山区中相邻县域乡村人口数量差异较大的区域较少，乡村人口分布呈正相关的县明显高于呈负相关的县。高-低聚集区的个数持续增加，从 1990 年的 10 个减少到 2000 年的 8 个，再增加到 2010 年的 11 个和 2020 年的 14 个，表明县域乡村人口数量的两极化趋势增强，这与县域经济发展速度不均衡增强有重要关系，也凸显了近 10 年县域经济发展的不均衡性不断增大。低-高聚集区的个数从 1990 年的 25 个减少到 2000 年的 14 个，再增加到 2010 年的 21 个和 2020 年的 22 个（见表 4-7）。

（二）各省（市）变化

对比各个省（市）的变化情况，贵州省、云南省和重庆市的局部聚集情况并未发生明显的改变，而四川省的变化相对较大，特别是高-高聚集区和低-低聚集区的数量变化明显，数据见表 4-7。这表明四川省乡村人口的空间关联效应更明显，相邻县域乡村人口的变化速度相似，存在着关联性，表现出显著正相关性。

表 4-7　1990—2020 年西南山区各省（市）乡村人口各类聚集区个数

		1990 年	2000 年	2010 年	2020 年
四川	高-高聚集区个数	22	13	26	25
	低-低聚集区个数	36	92	40	63
	高-低聚集区个数	2	0	3	5
	低-高聚集区个数	18	7	15	14
重庆	高-高聚集区个数	4	5	4	4
	低-低聚集区个数	9	19	11	17
	高-低聚集区个数	1	1	1	2
	低-高聚集区个数	3	3	2	3
云南	高-高聚集区个数	2	3	3	5
	低-低聚集区个数	20	3	12	2
	高-低聚集区个数	5	5	6	6
	低-高聚集区个数	2	2	2	2
贵州	高-高聚集区个数	1	1	2	3
	低-低聚集区个数	2	0	12	24
	高-低聚集区个数	2	2	1	1
	低-高聚集区个数	2	2	2	3

第六节　本章主要结论

（1）西南山区乡村人口数量持续减少，城镇化速度持续加快，乡村人口减少的速率明显快于总人口减少的速率，城镇化的实现更多地依赖于本地乡村人口减少。城镇化率低于全国平均水平，且与全国平均水平差距呈现增大的趋势。

（2）西南山区乡村人口呈现"缓慢减少→加速减少→大量减少"的阶段性特征，2010—2020 年是乡村人口减少最快的阶段。四川、重庆的乡村人口总量减少更为明显但减少速度在放缓，云南、贵州的乡村人口减少的趋势在增强。

　　（3）西南山区乡村人口分布始终呈现"东部稠密、西部稀疏"的整体分布特征，乡村人口比较密集的区域主要集中在四川的东北部、重庆的北部、云南的东部以及贵州的中西部地区。乡村人口比较稀疏的区域主要分布在川西高原地区和云南省西部高原地区。四川省乡村人口空间分布的变化最为明显，川中丘陵地区和盆周山区乡村人口数量减少最为显著，该区域人地关系矛盾最为突出。

　　（4）随着西南山区乡村地域系统乡村人口数量的减少，乡村人口密度也在不断降低，且区域人口密度差异在逐渐缩小，乡村人口的空间分布更加均衡。四川、重庆乡村人口分布的不均衡性降低，高密度聚集区逐渐消失。云南、贵州两省的乡村人口分布的不均衡性有所提高，乡村人口分布出现了新的极点区域。

　　（5）西南山区乡村人口分布的重心向西南方向偏移，表明云南省乡村人口在整个区域的比重不断增加。四川省乡村人口的分布范围变化最为明显，贵州省乡村人口的分布方向变化最为显著。

　　（6）西南山区乡村人口空间分布总体呈现集聚性增强趋势，相邻县域的乡村人口存在正向的地域相关性。乡村人口高值聚集区在不断减少，低值区有扩张的趋势。县域乡村人口数量的两极化趋势有所增强，这与县域经济发展速度不协调有重要关系，也凸显了近10年县域经济发展的不均衡性在不断提高。四川省乡村人口的空间集聚效应更明显，相邻县域乡村人口的正向关联性显著。

第五章 西南山区乡村地域系统
土地利用演变分析

"土地者，民之本也。"土地是人类生产和发展最基本也是最重要的空间载体，是乡村地域系统的重要物质基础，也是助力乡村振兴的重要资源。土地利用变化是人类活动与环境变迁相互作用下产生的一种复杂转变（吴琳娜等，2014），能够深刻反映乡村人地关系变化和城乡格局变动。自改革开放以来，随着中国经济快速发展，城市化进程加快，建设用地大规模扩张，乡村土地利用本底格局发生巨大改变，加剧了人地矛盾的问题。本章通过识别1990—2020年西南山区乡村土地利用变化特征，揭示西南山区乡村地域系统中土地利用的演变规律。

第一节 研究方法

一、土地利用转移矩阵

土地利用转移矩阵能够描述各种土地利用类型①之间的转换情况，以反映研究时段内各土地利用类型的转移变化的结构特征和变化方向（朱会义和李秀彬，2003），也可以用来推测一些特定情景下区域土地利用的变化趋势。

土地利用转移矩阵公式如下：

---

① 本研究的土地利用类型分类采用国家土地利用数据30m精度二级分类标准，并结合实际研究需要对部分二级类型进行了合并。

$$S_{ij} = \begin{bmatrix} S_{11} & S_{12} & S_{13}\cdots S_{1n} \\ S_{21} & S_{22} & S_{23}\cdots S_{2n} \\ S_{31} & S_{32} & S_{33}\cdots S_{3n} \\ \vdots & \vdots & \vdots & \vdots \\ S_{n1} & S_{n2} & S_{n3} S_{nn} \end{bmatrix} \qquad (5-1)$$

式（5-1）中，S 为土地面积；n 为土地利用的类型数；i、j 分别为研究初期与研究末期的土地利用类型。

二、景观格局指数

景观格局指数是景观格局信息的高度概况，是反映景观结构组成、空间配置特征的量化指标。本研究通过对不同类型的土地景观格局指数进行分析，定量研究西南山区土地利用的空间异质性、空间相关性和空间规律性。本章采用斑块密度（PD）、最大斑块指数（LPI）和聚集度指数（AI）三个指标来反映西南山区土地利用的景观格局变化情况。

1. 斑块密度（PD）

斑块密度是指单位面积内某一土地类型的斑块数，可反映出景观整体的异质性与破碎度以及某一类型的破碎化程度，反映景观单位面积上的异质性。

$$PD = \frac{NP}{A} \qquad (5-2)$$

式（5-2）中，NP 为斑块数量，A 为斑块的总面积。

2. 最大斑块指数（LPI）

最大斑块指数是指各个类型中最大斑块占总面积的百分比。该指数值的大小可以帮助确定景观中的优势斑块类型，间接反映人类活动对不同类型土地干扰的方向和大小。

$$LPI = \frac{a_{max}}{A} \times 100 \qquad (0 < LPI \leqslant 100) \qquad (5-3)$$

式（5-3）中，a_{max} 指某一类型土地斑块类型中最大斑块的面积，A 为景观的总面积。

3. 聚集度指数（AI）

聚集度指数（AI）是指不同斑块类型的非随机性的聚集程度，反映了每一种景观类型斑块间的连通性，如果一个景观由许多离散的小斑块组成，聚集度的值较小；当景观中以少数大斑块为主或同一类型斑块高度连接时，聚集度的值较大。

$$AI = \left[1 + \sum_{i=1}^{m} \sum_{j=1}^{m} \frac{P_{ij}\ln(P_{ij})}{2\ln(m)} \right] \times 100 \tag{5-4}$$

式（5-4）中，m 为斑块类型总数，P_{ij} 为随机选择的两个相邻栅格单元属于类型 i 与 j 的概率。

第二节　西南山区土地利用格局演变

一、西南山区整体性变化

从西南山区各土地利用类型面积及占比来看（见表5-1），其排序为：林地>草地>耕地>未利用土地>建设用地[①]>水域。

从30年间各土地利用类型的变化面积情况来看，耕地、草地、未利用地的面积有所减少。其中，草地减少的面积最多，共计减少 10 005.15km²；其次是耕地，共计减少 6 319.07km²，水田和旱地分别减少 5 819.33km²、499.74km²，水田减少的面积更为显著；未利用地减少439.73km²。林地、建设用地和水域的面积有所增加，其中建设用地增加的面积最多，共计增加 8 284.23km²，其中城镇用地增加 2 665.37km²、乡村居民点用地增加 1 305.45km²、其他建设用地增加 4 313.41km²，其他建设用地增加的面积最多。林地增加的面积位居第二，共计增加 5 227.83km²；水域增加了 3 252.14km²。从各土地利用类型面积的变化比例来看，建设用地增加的比例最高，特别是其他建设用地的面积增加了 1 628.01%，城镇用地面积增加了 316.00%，乡村居民点用地增加了 41.22%。草地减少的比例最高，共计减少 3.30%。耕地中的水田减少比例也非常高，减少了 6.87%。

从不同时段西南山区乡村土地利用变化情况来看（见表5-2），1990—2000年，土地利用面积增加最多的是草地，共计增加 1 910.15km²，减少最多的是林

---

① 建设用地包括城镇用地、乡村居民点用地、其他建设用地。

地，共计减少 2 310.29km^2；土地利用变化率最大的是城镇用地，为 51.74%。2000—2010 年，土地利用面积增加最多的是林地，共计增加 2 459.18km^2，减少最多的是草地，共计减少 1 842.07km^2；土地利用变化率最大的是其他建设用地，为 71.18%。2010—2020 年，土地利用面积增加最多的是建设用地，共计增加 6 527.90km^2，减少最多的是草地，共计减少 10 073.24km^2；土地利用变化比率最大的是建设用地中的其他建设用地，为 721.86%。

整体来看，1990—2020 年，西南山区草地面积减少最为突出。建设用地的迅速扩张和草地、耕地的大量减少是西南山区土地利用类型变化的重要特征。建设用地扩张在 2010—2020 年这一时段最为明显，耕地的减少亦在该时段最为显著。城镇化的快速发展，使得大量耕地被建设用地所取代，乡村居民点的建设也占用了大量耕地特别是优质的水田。林地面积在 2000 年以后开始大量增加，这主要是由于国家开始实施退耕还林还草工程，林地得到了大面积的恢复，但草地生态系统退化较为严重。

表 5-1　西南山区各土地利用类型面积及比例

土地利用类型	1990 年		2000 年		2010 年		2020 年	
	面积/km^2	占比/%	面积/km^2	占比/%	面积/km^2	占比/%	面积/km^2	占比/%
水田	84 659.20	7.63	84 170.46	7.58	83 488.09	7.52	78 839.87	7.10
旱地	185 913.41	16.75	185 893.92	16.75	184 766.29	16.64	185 413.67	16.70
林地	504 836.52	45.48	502 526.23	45.27	504 985.41	45.49	510 064.35	45.95
草地	303 424.80	27.33	305 334.95	27.50	303 492.89	27.34	293 419.65	26.43
水域	7 292.69	0.66	7 426.05	0.67	7 653.27	0.69	10 544.83	0.95
城镇用地	843.48	0.08	1 279.90	0.12	1 790.57	0.16	3 508.85	0.32
乡村居民点用地	3 167.02	0.29	3 450.70	0.31	3 684.12	0.33	4 472.47	0.40
其他建设用地	264.95	0.02	325.44	0.03	557.07	0.05	4 578.36	0.41
未利用土地	19 725.66	1.78	19 720.08	1.78	19 710.02	1.78	19 285.93	1.74

注：受栅格数据特征以及数据四舍五入等误差的影响，各省份土地总计面积有较小差异，但误差在可接受范围。下同。

表 5-2　西南山区各土地利用类型变化面积及变化率

土地利用类型	1990—2000 年		2000—2010 年		2010—2020 年		1990—2020 年	
	面积/km²	变化率/%	面积/km²	变化率/%	面积/km²	变化率/%	面积/km²	变化率/%
水田	−488.74	0.58	−682.37	0.81	−4 648.22	5.57	−5 819.33	6.87
旱地	−19.50	0.01	−1 127.63	0.61	647.38	0.35	−499.74	0.27
林地	−2 310.29	0.46	2 459.18	0.49	5 078.95	1.01	5 227.83	1.04
草地	1 910.15	0.63	−1 842.07	0.60	−10 073.24	3.32	−10 005.15	3.30
水域	133.37	1.83	227.22	3.06	2 891.56	37.78	3 252.14	44.59
城镇用地	436.42	51.74	510.67	39.90	1 718.27	95.96	2 665.36	316.00
乡村居民点用地	283.68	8.96	233.42	6.76	788.35	21.40	1 305.44	41.22
其他建设用地	60.49	22.83	231.63	71.18	4 021.28	721.86	4 313.41	1 628.04
未利用土地	−5.58	0.03	−10.06	0.05	−424.09	2.15	−439.73	2.23

二、各省（市）变化

（一）四川省土地利用变化

从四川省各土地利用类型面积及占比来看（见表 5-3），其排序为：草地>林地>耕地>未利用土地>水域>建设用地。

从 30 年间四川省各土地利用类型的变化情况来看（见表 5-4），仅耕地和草地的面积有所减少，其中草地面积减少最多。建设用地、林地、水域、未利用地的面积均有所增加，建设用地增加的面积最大。变化率最大的是建设用地，未利用土地的变化率最不显著。

从各时段四川省的土地利用变化情况来看（见表 5-4），1990—2000 年，四川省土地利用面积减少最多的是林地，增加最多的草地；土地利用变化率最大的是城镇用地。2000—2010 年，土地利用面积减少最多的是旱地，增加最多的是城镇用地，土地利用变化率最大的是其他建设用地。2010—2020 年，土地利用面积减少最多的是草地，增加最多的是林地，土地利用变化率最大的是其他建设用地。

整体来看，四川省土地利用变化特征与整个西南山区土地利用变化呈现相同的特征，即草地退化严重，城镇用地大量增加。乡村居民点用地增加的比例较为显著，高于西南山区的整体水平。耕地减少相对突出，特别是水田被占用的比例较高。2010—2020 年，是四川省各类土地利用变化最显著的阶段，各类土地利用类型的变化速率在该时段均最大。

表 5-3 四川省各土地利用类型面积及比例

土地利用类型	1990 年		2000 年		2010 年		2020 年	
	面积 /km²	占比 /%	面积 /km²	占比 /%	面积 /km²	占比 /%	面积 /km²	占比 /%
水田	42 926.56	8.89	42 590.24	8.82	42 263.29	8.75	40 358.49	8.36
旱地	76 579.02	15.86	76 540.76	15.85	76 211.44	15.78	75 697.07	15.67
林地	165 812.46	34.33	165 079.29	34.18	165 251.01	34.22	168 674.69	34.93
草地	174 350.81	36.10	174 951.25	36.23	175 001.64	36.24	170 492.47	35.30
水域	3 620.20	0.75	3 719.54	0.77	3 721.37	0.77	4 643.77	0.96
城镇用地	408.71	0.08	600.55	0.12	798.27	0.17	1 482.78	0.31
乡村居民点用地	1 577.00	0.33	1 773.34	0.37	1 937.85	0.40	2 259.04	0.47
其他建设用地	131.89	0.03	157.53	0.03	225.89	0.05	1 660.88	0.34
未利用土地	17 549.53	3.63	17 543.70	3.63	17 545.43	3.63	17 687.07	3.66

表 5-4 四川省各土地利用类型变化面积及比例

土地利用类型	1990—2000 年		2000—2010 年		2010—2020 年		1990—2020 年	
	面积 /km²	变化率 /%	面积 /km²	变化率 /%	面积 /km²	变化率 /%	面积 /km²	变化率 /%
水田	−336.32	0.78	−326.96	0.77	−1 904.79	4.51	−2 568.07	5.98
旱地	−38.26	0.05	−329.32	0.43	−514.37	0.67	−881.95	1.15
林地	−733.17	0.44	171.72	0.10	3 423.68	2.07	2 862.24	1.73
草地	600.44	0.34	50.40	0.03	−4 509.17	2.58	−3 858.34	2.21
水域	99.34	2.74	1.83	0.05	922.40	24.79	1 023.56	28.27
城镇用地	191.84	46.94	197.72	32.92	684.51	85.75	1 074.07	262.79
乡村居民点用地	196.34	12.45	164.52	9.28	321.19	16.57	682.04	43.25
其他建设用地	25.64	19.44	68.35	43.39	1 434.99	635.27	1 528.99	1 159.29
未利用土地	−5.84	0.03	1.73	0.01	141.64	0.81	137.54	0.78

（二）重庆市土地利用变化

从重庆市各土地利用类型面积及占比来看（见表 5-5），其排序为：耕地>林地>草地>水域>建设用地>未利用土地。

从 30 年间重庆市各土地利用类型的变化情况来看（见表 5-6），仅耕地和草地的面积有所减少，其中草地面积减少最多。林地、建设用地、水域和未利用地均有所增加，林地增加面积最多。土地利用变化率最大的是其他建设用地，变化率最小的是旱地。

从各时段重庆市的土地利用变化情况来看，1990—2000 年，土地利用面积减少最多的是旱地，增加最多的是城镇用地；土地利用变化率最大的是城镇用地。2000—2010 年，土地利用面积减少最多的依旧是旱地，增加最多的是林地；土地利用变化率最大的其他建设用地。2010—2020 年，土地利用面积减少最多的是草地，增加最多的是其他建设用地；土地利用变化率最大的是其他建设用地。

整体来看，重庆市土地利用变化特征表现为建设用地的扩张和草地的萎缩。建设用地在 2010—2020 年扩张得最为明显，且以其他建设用地的扩张为突出特征，乡村居民点用地在三个时间段的变化相差不大。耕地的整体变化并不十分明显，在 2000—2010 年的阶段变化较为显著。未利用地增加的面积较大，表明土地石漠化特征显著。

表 5-5　重庆市各土地利用类型面积及比例

土地利用类型	1990 年		2000 年		2010 年		2020 年	
	面积/km²	占比/%	面积/km²	占比/%	面积/km²	占比/%	面积/km²	占比/%
水田	10 243.12	13.32	10 181.79	13.24	10 060.75	13.08	10 049.78	13.07
旱地	24 586.46	31.97	24 508.90	31.87	23 993.82	31.20	24 167.18	31.42
林地	29 351.54	38.17	29 391.58	38.22	29 944.55	38.94	32 597.43	42.39
草地	11 722.22	15.24	11 697.54	15.21	11 366.90	14.78	7 546.02	9.81
水域	765.77	1.00	767.64	1.00	907.83	1.18	1 170.37	1.52
城镇用地	77.67	0.10	148.95	0.19	338.47	0.44	457.07	0.59
乡村居民点用地	121.82	0.16	160.69	0.21	195.51	0.25	257.72	0.34
其他建设用地	22.35	0.03	33.86	0.04	86.19	0.11	640.53	0.83
未利用土地	13.75	0.02	13.74	0.02	10.67	0.01	18.66	0.02

表 5-6　重庆市各土地利用类型变化面积及比例

土地利用类型	1990—2000 年		2000—2010 年		2010—2020 年		1990—2020 年	
	面积 /km²	变化率 /%	面积 /km²	变化率 /%	面积 /km²	变化率 /%	面积 /km²	变化率 /%
水田	−61.34	0.60	−121.04	1.19	−10.97	0.11	−193.34	1.89
旱地	−77.56	0.32	−515.07	2.10	173.36	0.72	−419.28	1.71
林地	40.05	0.14	552.97	1.88	2 652.87	8.86	3 245.89	11.06
草地	−24.67	0.21	−330.64	2.83	−3 820.88	33.61	−4 176.20	35.63
水域	1.87	0.24	140.18	18.26	262.54	28.92	404.60	52.83
城镇用地	71.29	91.79	189.51	127.23	118.61	35.04	379.41	488.51
农村居民点用地	38.87	31.90	34.82	21.67	62.21	31.82	135.90	111.56
其他建设用地	11.51	51.52	52.33	154.54	554.34	643.16	618.18	2 766.13
未利用土地	−0.01	0.08	−3.07	22.35	7.99	74.83	4.90	35.65

（三）云南省土地利用变化

从云南省各土地利用类型面积及占比来看（见表 5-7），其排序为：林地>草地>耕地>建设用地>水域>未利用土地。

从 30 年间云南省各土地利用类型的变化情况来看（见表 5-8），耕地、草地和未利用地的面积均有所减少，其中，草地面积减少最多。建设用地、水域和林地的面积有所增加，其中，建设用地面积增加最多。土地利用变化率最大的是其他建设用地，旱地的变化率最小。

从各时段云南省的土地利用变化情况来看，1990—2000 年，土地利用面积减少最多的是林地，增加最多的是草地；土地利用变化率最大的是城镇用地。2000—2010 年，土地利用面积减少最多的是旱地，增加最多的是林地；土地利用变化率最大的其他建设用地。2010—2020 年，土地利用面积减少最多的是草地，增加最多的是其他建设用地；土地利用变化率最大的是其他建设用地。

整体来看，云南省土地利用类型的变化主要表现为建设用地的扩张和草地、耕地的萎缩，优质水田被大面积转化。2010—2020 年云南省土地利用变化最为显著，该时段各类土地的变化率均为最大，且显著超过其他时段。云南土地石漠化的趋势不断减缓。

表5-7　云南省各土地利用类型面积及比例

土地利用类型	1990年		2000年		2010年		2020年	
	面积/km²	占比/%	面积/km²	占比/%	面积/km²	占比/%	面积/km²	占比/%
水田	17 309.76	4.58	17 262.51	4.57	17 138.92	4.54	15 749.38	4.17
旱地	50 855.80	13.46	50 539.61	13.37	50 132.45	13.27	50 969.13	13.49
林地	216 807.24	57.38	216 296.23	57.24	216 652.44	57.33	217 323.74	57.51
草地	86 691.00	22.94	87 356.31	23.12	87 306.17	23.10	84 796.31	22.44
水域	2 538.24	0.67	2 557.97	0.68	2 569.90	0.68	3 571.80	0.95
城镇用地	224.90	0.06	362.97	0.10	464.59	0.12	1 072.30	0.28
乡村居民点用地	1 262.10	0.33	1 300.13	0.34	1 328.99	0.35	1 663.30	0.44
其他建设用地	65.61	0.02	78.62	0.02	161.29	0.04	1 177.83	0.31
未利用土地	2 122.06	0.56	2 122.34	0.56	2 121.94	0.56	1 552.93	0.41

表5-8　云南省各土地利用类型变化面积及比例

土地利用类型	1990—2000年		2000—2010年		2010—2020年		1990—2020年	
	面积/km²	变化率/%	面积/km²	变化率/%	面积/km²	变化率/%	面积/km²	变化率/%
水田	−47.24	0.27	−123.59	0.72	−1 389.54	8.11	−1 560.37	9.01
旱地	−316.18	0.62	−407.16	0.81	836.68	1.67	113.33	0.22
林地	−511.01	0.24	356.21	0.16	671.29	0.31	516.49	0.24
草地	665.32	0.77	−50.14	0.06	−2 509.86	2.87	−1 894.69	2.19
水域	19.73	0.78	11.93	0.47	1 001.91	38.99	1 033.57	40.72
城镇用地	138.07	61.39	101.62	28.00	607.71	130.81	847.41	376.80
乡村居民点用地	38.03	3.01	28.86	2.22	334.31	25.16	401.20	31.79
其他建设用地	13.01	19.83	82.67	105.15	1 016.54	630.27	1 112.22	1 695.27
未利用土地	0.28	0.01	−0.40	0.02	−569.01	26.82	−569.13	26.82

（四）贵州省土地利用变化

从贵州省各土地利用类型面积及占比来看（见表5-9），其排序为：林地>耕地>草地>建设用地>水域>未利用土地。

从30年间贵州省各土地利用类型的变化情况来看（见表5-10），林地、耕地、草地和未利用地的面积均有所减少，其中，林地面积减少最多。建设用地和水域的面积有所增加，建设用地面积增加最多。土地利用变化率最大的是其他建设用地，变化率最小的是草地。

从各时段贵州省的土地利用变化情况来看，1990—2000 年，土地利用面积减少最多的是林地，增加最多的是草地；土地利用变化率最大的是城镇用地。2000—2010 年，土地利用面积减少最多的是草地，增加最多的是林地；土地利用变化率最大的其他建设用地。2010—2020 年，土地利用面积减少最多的是林地，增加最多的是其他建设用地；土地利用变化率最大的是其他建设用地。

整体看来，贵州省土地利用类型的变化主要表现为建设用地的扩张和林地的萎缩，耕地减少的面积也相对较大，特别是优质水田减少的面积和比例都较为突出。2010—2020 年也是贵州省土地利用类型变化相对较大的时段，除未利用土地和草地在该时段的变化不是很明显之外，其他土地类型在该时段的变化率均为最大。

表 5-9　贵州省各土地利用类型面积及比例

土地利用类型	1990 年		2000 年		2010 年		2020 年	
	面积/km²	占比/%	面积/km²	占比/%	面积/km²	占比/%	面积/km²	占比/%
水田	14 179.73	8.23	14 135.83	8.20	14 025.17	8.14	12 682.55	7.36
旱地	33 891.96	19.66	34 304.44	19.90	34 428.57	19.97	34 578.50	20.06
林地	92 864.56	53.87	91 758.39	53.23	93 135.90	54.03	91 457.59	53.05
草地	30 660.32	17.79	31 329.45	18.17	29 818.14	17.30	30 586.33	17.74
水域	368.45	0.21	380.84	0.22	454.18	0.26	1 157.62	0.67
城镇用地	132.23	0.08	167.42	0.10	189.25	0.11	499.26	0.29
乡村居民点用地	206.06	0.12	216.55	0.13	221.79	0.13	295.07	0.17
其他建设用地	45.09	0.03	55.48	0.03	83.72	0.05	1 101.72	0.64
未利用土地	40.31	0.02	40.32	0.02	32.00	0.02	30.10	0.02

表 5-10　贵州省各土地利用类型变化面积及比例

土地利用类型	1990—2000 年		2000—2010 年		2010—2020 年		1990—2020 年	
	面积/km²	变化率/%	面积/km²	变化率/%	面积/km²	变化率/%	面积/km²	变化率/%
水田	-43.91	0.31	-110.66	0.78	-1 342.62	9.57	-1 497.18	10.56
旱地	412.48	1.22	124.13	0.36	149.94	0.44	686.54	2.03
林地	-1 106.18	1.19	1 377.51	1.50	-1 678.31	1.80	-1 406.97	1.52

表5-10(续)

土地利用类型	1990—2000 年		2000—2010 年		2010—2020 年		1990—2020 年	
	面积 /km²	变化率 /%	面积 /km²	变化率 /%	面积 /km²	变化率 /%	面积 /km²	变化率 /%
草地	669.14	2.18	-1 511.31	4.82	768.19	2.58	-73.99	0.24
水域	12.39	3.36	73.33	19.26	703.44	154.88	789.17	214.19
城镇用地	35.19	26.62	21.82	13.03	310.02	163.82	367.03	277.58
乡村居民点用地	10.49	5.09	5.25	2.42	73.28	33.04	89.01	43.20
其他建设用地	10.39	23.04	28.24	50.91	1 018.00	1 215.94	1 056.63	2 343.38
未利用土地	0.01	0.02	-8.32	20.64	-1.90	5.93	-10.21	25.33

第三节　西南山区土地利用的时空转化

一、西南山区整体土地利用转化

1990—2000 年，如表 5-11 所示，西南山区土地利用转化面积共计 9 064.73km²，占总面积的 0.82%。主要的土地转移类型为：林地转化为草地（3 470.41km²）、草地转化为林地（1 588.08km²）、林地转化为旱地（1 082.22km²）、旱地转化为林地（717.43km²）、旱地转化为草地（448.46km²）、草地转化为旱地（363.27km²）。从转出面积来看，林地的转出面积最大，为 4 682.08km²，主要转化成草地和旱地，分别占林地转出总面积的 74% 和 23%。草地的转出面积次之，为 2 035.88km²，有 78% 的草地转化成了林地。从转入面积来看，草地的转入面积最大，为 3 946.06km²，新增草地主要由林地和旱地转化而来，分别占草地转入总面积的 88% 和 11%。其次是林地的转入面积，为 2 371.78km²，主要由草地和旱地转化而来。总体来看，该时段各类型土地之间转化面积相对较少，其中林地与草地的相互转化最为活跃，面积约为 5 058.49km²，占总面积的 55.80%。林地和旱地的相互转化也较为活跃，面积约为 1 799.65km²，占总面积的 19.85%。耕地单向转换为建设用地的特征较为明显，共计转化 733.71km²，约占转化总面积的 8.09%，其中转向城镇用地的面积比较大，为 411.97km²，占耕地单向转化面积的 56.15%。该时段西南山区土地利用类型的相互转化并不十分活跃，主要表现为林地的开发与利用，城镇用地的扩张较为明显。

表 5-11　1990—2000 年西南山区土地利用转移矩阵　　　单位：km^2

土地利用类型	水田	旱地	林地	草地	水域	城镇用地	乡村居民点用地	其他建设用地	未利用土地	总计
水田	—	87.17	53.67	16.37	50.36	282.97	199.04	29.00	0.00	718.58
旱地	130.43	—	717.43	448.46	47.45	129.00	74.98	18.72	0.03	1 566.49
林地	56.42	1 082.22	—	3 470.41	35.44	13.48	14.11	8.38	1.61	4 682.08
草地	25.11	363.27	1 588.08	—	33.91	10.05	6.46	6.35	2.65	2 035.88
水域	11.67	10.48	6.43	5.00	—	0.87	0.70	0.57	0.11	35.83
城镇用地	0.89	0.52	0.02	0.09	0.03	—	0.01	0.00	0.00	1.57
乡村居民点用地	5.03	2.78	0.83	0.54	1.22	1.41	—	0.01	0.00	11.82
其他建设用地	0.25	0.53	0.40	0.39	0.76	0.20	0.00	—	0.00	2.53
未利用土地	0.00	0.01	4.92	4.79	0.04	0.00	0.20	0.00	—	9.96
总计	229.81	1 546.99	2 371.78	3 946.06	169.19	437.99	295.49	63.03	4.40	9 064.73

2000—2010 年，如表 5-12 所示，西南山区土地利用转化面积共计为 14 693.60km^2，占总面积的 1.32%。主要的土地转移类型为：草地转化为林地（3 214.02km^2）、旱地转化为林地（2 235.97km^2）、林地转化为草地（1 631.00km^2）、林地转化为旱地（1 445.10km^2）、草地转化为旱地（1 155.85km^2）、旱地转化为草地（1 010.93km^2）、水田转化为林地（615.63km^2）、旱地转化为水田（542.77km^2）、水田转化为旱地（474.84km^2）。从转出面积来看，草地的转出面积最大，为 4 745.68km^2，主要转化成林地和旱地，占草地转出总面积的 68% 和 24%；其次是旱地的转出面积，为 4 242.16km^2，主要转化类型依次是林地和草地。从转入面积来看，林地的转入面积最大，为 6 097.59km^2，主要由草地和旱地转入而来，分别占林地转入总面积的 53% 和 37%。旱地的转入面积次之，为 3 114.53km^2，主要由林地和草地转入而来。总体来看，该时段西南山区的土地利用转化强度增大，林地与草地、林地与耕地之间的转化都十分活跃。林地与草地的相互转化面积为 4 845.02km^2，约占转化总面积的 32.97%，林地与耕地的相互转化面积为 4 695.85km^2，约占转化总面积的

31.96%。耕地单向向建设用地转化的强度较大，单向转化面积为894.15km²，约占转化总面积的6.09%。该时段土地利用类型转化的多样性明显提高，建设用地扩张明显。

表5-12 2000—2010年西南山区土地利用转移矩阵 单位：km²

土地利用类型	水田	旱地	林地	草地	水域	城镇用地	乡村居民点	其他建设用地	未利用土地	总计
水田	—	474.84	615.63	178.24	45.17	247.80	194.53	80.78	0.21	1 837.19
旱地	542.77	—	2 235.97	1 010.93	80.58	225.93	69.11	76.00	0.87	4 242.16
林地	399.15	1 445.10	—	1 631.00	71.17	23.58	20.13	42.81	5.46	3 638.40
草地	171.68	1 155.85	3 214.02	—	85.30	12.86	9.00	33.69	63.29	4 745.68
水域	13.32	21.89	12.57	15.88	—	1.34	1.23	0.19	0.87	67.29
城镇用地	3.90	2.81	1.20	1.20	4.56	—	0.44	2.25	0.00	16.36
乡村居民点用地	23.03	10.57	4.19	2.83	4.51	15.43	—	0.54	0.01	61.12
其他建设用地	0.75	0.89	1.35	1.20	0.25	0.09	0.09	—	0.00	4.62
未利用土地	0.22	2.59	12.65	62.32	2.98	0.00	0.01	0.00	—	80.78
总计	1 154.82	3 114.53	6 097.59	2 903.58	294.52	527.04	294.55	236.25	70.72	14 693.60

2010—2020年，如表5-13所示，西南山区土地利用转化面积共计103 512.17km²，占总面积的9.32%。主要的土地转移类型为：草地转化为林地（21 724.56km²）、林地转化为草地（14 747.00km²）、林地转化为旱地（8 936.25km²）、旱地转化为林地（8 826.01km²）、水田转化为旱地（6 930.20km²）、草地转化为旱地（6 029.83km²）、旱地转化为水田（5 390.74km²）、旱地转化为草地（4 522.94km²）、未利用土地转为草地（3 274.18km²）、草地转化为未利用土地（2 900.08km²）、林地转化为水田（2 102.86km²）、水田转化为其他建设用地（1 376.69km²）。从转出面积来看，草地的转出面积最大，为33 852.20km²，主要转为林地和旱地，分别占草地转出总面积的64%和18%；其次是林地转化为草地和旱地。从转入面积来看，林地的转入面积最大，为33 294.88km²，新增林地主要由草地和旱地转入而来，分别占草地转入总面积的65%和27%。草地转入面积次之，为23 779.22km²，主要由林地和旱地转入而来。总体来看，该时段西南山区各土地利用类型之间的转化十分

活跃，相互转化面积较大。林地和草地之间的相互转化最为突出，共计转化面积为 36 471.56km²，占转化总面积的 35.23%。林地与耕地之间的相互转化也十分明显。该时段耕地单向转为建设用地的面积激增，共有 5 421.52km²，占总转化面积的 5.24%。值得一提的是，该时段未利用土地的面积激增，有 2 900.08km² 的草地转化成为了裸土地和裸岩石质地，生态环境退化的情况突出，乡村生态系统受到较大扰动。

表 5-13　2010—2020 年西南山区土地利用转移矩阵　　　　单位：km²

土地利用类型	水田	旱地	林地	草地	水域	城镇用地	乡村居民点用地	其他建设用地	未利用土地	总计
水田	—	6 930.20	2 249.23	956.67	491.18	963.61	837.81	1 376.69	9.26	13 814.65
旱地	5 390.74	—	8 826.01	4 522.94	803.91	520.44	453.56	1 269.41	30.75	21 817.76
林地	2 102.86	8 936.25	—	14 747.00	1 195.04	126.65	123.69	723.65	259.19	28 214.34
草地	1 127.35	6 029.83	21 724.56	—	1 079.32	112.47	183.85	694.75	2 900.08	33 852.20
水域	148.73	238.12	134.40	207.19	—	22.52	19.48	32.35	26.87	829.65
城镇用地	58.30	136.38	26.04	8.63	19.79	—	15.67	28.48	0.71	294.01
乡村居民点用地	314.63	144.73	49.12	34.79	46.74	203.97	—	63.01	4.16	861.14
其他建设用地	14.47	20.67	27.48	27.83	6.73	61.48	14.58	—	0.03	173.27
未利用土地	9.99	28.88	258.06	3 274.18	76.07	0.92	0.93	6.11	—	3 655.14
总计	9 167.09	22 465.05	33 294.88	23 779.22	3 718.78	2 012.05	1 649.57	4 194.47	3 231.05	103 512.17

1990—2020 年，如表 5-14 所示，西南山区土地利用转化面积共计为 109 427.60km²，占总面积的 9.86%。主要的土地转移类型为：草地转化为林地（22 896.11km²）、林地转化为草地（16 172.59km²）、旱地转化为林地（9 553.41km²）、林地转化为旱地（9 226.14km²）、水田转化为旱地（6 893.29km²）、草地转化为旱地（6 414.73km²）、旱地转化为水田（5 450.68km²）、旱地转为草地（4 873.91km²）、草地转为未利用地（2 900.72km²）、水田转为林地（2 443.64km²）、林地转为水田（2 122.83km²）、水田转为其他建设用地（1 465.39km²）、旱地转化为其他建设用地（1 337.61km²）、林地转化为水域（1 276.18km²）、水田转化为乡村居民点用地（1 082.31km²）、草地转化为水域（1 162.37km²）、草地转化为水田

（1 139.18km^2）。从转出面积来看，草地的转出面积最多，为 35 567.15km^2，主要转化为林地和旱地，分别占草地转出面积的 64.37% 和 18.04%；林地的转出面积位居第二，共计转出 30 124.55km^2，主要转为草地和旱地，分别占草地转出面积的 53.69% 和 30.63%。从转入面积来看，林地的转入面积最大，为 35 354.51km^2，主要由草地和旱地转入，分别占林地转入面积的 64.76% 和 27.02%；草地的转入面积次之，为 25 562.44km^2，主要由林地和旱地转化而来，分别占草地转入面积的 63.27% 和 19.07%。

表 5-14　1990—2020 年西南山区土地利用转移矩阵　　　　单位：km^2

土地利用类型	水田	旱地	林地	草地	水域	城镇用地	乡村居民点用地	其他建设用地	未利用土地	总计
水田	—	6 893.29	2 443.64	985.01	567.17	1 528.12	1 082.31	1 465.39	9.77	14 974.71
旱地	5 450.68	—	9 553.41	4 873.91	902.15	754.49	537.32	1 337.61	31.45	23 441.01
林地	2 122.83	9 226.14	—	16 172.59	1 276.18	152.97	145.58	768.09	260.17	30 124.55
草地	1 139.18	6 414.73	22 896.11	—	1 162.37	131.05	191.96	731.03	2 900.72	35 567.15
水域	147.42	233.04	126.25	195.36	—	23.54	19.23	31.18	25.87	801.89
城镇用地	13.84	19.11	6.45	4.23	16.51	—	8.67	10.11	0.71	79.62
乡村居民点用地	267.38	119.24	39.83	31.50	44.37	140.17	—	42.00	3.73	688.22
其他建设用地	4.68	5.30	19.78	23.71	3.81	13.33	7.68	—	0.02	78.31
未利用土地	10.26	30.50	269.05	3 276.13	78.25	0.92	0.93	6.10	—	3 672.14
总计	9 156.27	22 941.35	35 354.51	25 562.44	4 050.82	2 744.58	1 993.69	4 391.52	3 232.43	109 427.60

总体来看，1990—2020 年，西南山区土地利用类型转化十分活跃，转化类型多样，林地、草地、耕地之间的相互转化最为突出，动态变化明显。耕地单向转化为建设用地的特征显著，单向转化面积为 6 705.24km^2，其中向城镇用地转化面积为 2 282.61km^2，占耕地单向转化面积的 34.04%；向乡村居民点用地转化面积为 1 619.63km^2，占耕地单向转化面积的 24.15%；向其他建设用地转化面积为 2 803.00km^2，占转化面积的 41.80%。

对比三个时段的土地转化特征可以看出，2010—2020 年土地利用类型相互转化的面积最大，总转化面积是 1990—2000 年的 11.42 倍，是 2000—2010 年的 7.04 倍。1990—2000 年，乡村人口仍然较多，人多地少矛盾依然突出，大量的林地被开垦。2000—2010 年，随着生态环境保护意识的提高及该时段国家相关政策的出台，植树造林的范围扩大。2010—2020 年，随着社会经济的快速发展，市场对乡村的需求越来越多样化，乡村发展转型速度加快，乡村产业不仅更加多元化而且产业的更迭速度加快，从而使得土地利用类型的相互转化特征明显。例如，乡村旅游的发展可能导致大量林地被开发，特色水果、花卉苗木等经济作物的种植也会导致部分耕地向林地转化。图 5-1 为西南山区土地利用转化示意图。

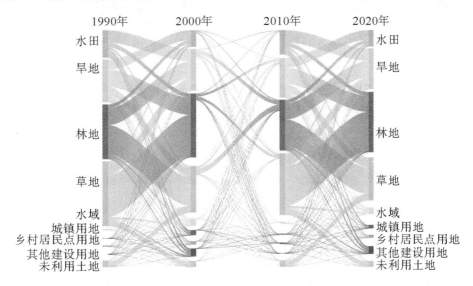

图 5-1　西南山区土地利用转化示意图

二、各省（市）土地利用转化

（一）四川省土地利用类型转化

1990—2000 年，如表 5-15 所示，四川省土地利用转化面积共计为 2 243.66km²，占总面积的 0.46%。主要的土地转移类型为：林地转化为草地（839.81km²）、草地转化为林地（219.37km²）、林地转化为旱地（218.25km²）、水田转化为乡村居民点（150.06km²）、旱地转化为林地（139.30km²）以及水田转化为城镇用地（129.23km²）。从转出面积来看，林地转出面积居各类土地利用类型转移面积之首，主要转化成了草地和旱地。从转入面积来看，草地的转入面积最大，新增草地主要由林地转化而来，其占草地转入总面积的 93%。总体来看，该时段各类型土地之间转化面积相对较少，其中林地与草地的相互转化最为活跃，转化面积为 1 059.18km²，占转化总面积的 47.21%；水田、旱地单向转化为城镇用地和乡村居民点的特征明显，单向转化面积为 380.97km²，约占总转化面积的 16.98%。林地的开发以及优质耕地向建设用地转化是该时段的主要特征。

表 5-15　1990—2000 年四川省土地利用转移矩阵　　　　　单位：km²

土地利用类型	水田	旱地	林地	草地	水域	城镇用地	乡村居民点用地	其他建设用地	未利用土地	总计
水田	—	65.73	14.17	4.69	38.64	129.23	150.06	14.34	0.00	416.86
旱地	46.75	—	139.30	46.86	31.90	55.50	46.18	10.19	0.02	376.71
林地	18.24	218.25	—	839.81	24.28	3.28	5.73	1.65	1.25	1 112.49
草地	3.93	45.03	219.37	—	19.59	4.00	2.48	1.32	2.59	298.31
水域	6.74	6.01	1.07	1.75	—	0.13	0.69	0.32	0.10	16.81
城镇用地	0.82	0.48	0.02	0.09	0.02	—	0.01	0.00	0.00	1.44
乡村居民点用地	3.83	2.41	0.48	0.45	0.92	0.95	—	0.01	0.00	9.03
其他建设用地	0.24	0.52	0.10	0.38	0.76	0.19	0.00	—	0.00	2.19
未利用土地	0.00	0.01	4.86	4.70	0.04	0.00	0.20	0.00	—	9.81
总计	80.55	338.43	379.37	898.73	116.15	193.28	205.35	27.84	3.96	2 243.66

2000—2010 年，如表 5-16 所示，四川省土地利用转化面积共计为 4 300.36km²，占总面积的 0.89%。主要的土地转移类型为：旱地转化为林地（520.19km²）、草地转化为林地（496.50km²）、林地转化为草地（475.66km²）、林地转化为旱地（424.43km²）、旱地转化为水田（385.52km²）、水田转化为旱地（330.73km²）、旱地转化为草地（264.96km²）、水田转化为林地（222.30km²）、草地转化为旱地（187.99km²）、林地转化为水田（149.56km²）、水田转化为乡村居民点（145.42km²）。从转出面积来看，耕地转出面积最大，主要转化为林地和建设用地。从转入面积来看，林地的转入面积最大，主要是由草地和耕地中的旱地转化而来。总体来看，该时段各类型土地之间转化较为活跃，耕地与林地、草地之间的动态转化十分突出，耕地向城镇建设用地和乡村居民点用地转化也较为明显，有 11.98% 的耕地转化成为了城镇用地，12.31% 的耕地转化为了乡村居民点用地，乡村居民点用地有小部分向城镇用地转化，土地城镇化的进程开始加快。

表 5-16　2000—2010 年四川省土地利用转移矩阵　　　单位：km²

土地利用类型	水田	旱地	林地	草地	水域	城镇用地	乡村居民点用地	其他建设用地	未利用土地	总计
水田	—	330.73	222.30	67.70	8.87	143.00	145.42	39.02	0.13	957.18
旱地	385.52	—	520.19	264.96	13.26	40.62	43.27	24.24	0.37	1 292.43
林地	149.56	424.43	—	475.66	4.47	6.88	9.06	5.48	4.51	1 080.06
草地	67.96	187.99	496.50	—	7.69	1.30	2.12	0.82	62.09	826.46
水域	7.99	11.49	5.84	5.82	—	1.06	0.97	0.10	0.79	34.07
城镇用地	2.19	1.36	0.37	0.33	0.39	—	0.37	0.33	0.00	5.33
乡村居民点用地	16.49	6.40	1.52	1.56	0.42	10.17	—	0.24	0.01	36.80
其他建设用地	0.36	0.38	0.75	0.23	0.03	0.04	0.08	—	0.00	1.87
未利用土地	0.14	0.32	4.31	60.61	0.77	0.00	0.01	0.00	—	66.17
总计	630.21	963.11	1 251.76	876.87	35.91	203.06	201.30	70.23	67.90	4 300.36

2010—2020 年，如表 5-17 所示，四川省土地利用转化面积共计为 52 488.19km²，占总面积的 10.87%。主要的土地转移类型为：草地转化为林地（10 049.92km²）、林地转化为草地（6 369.91km²）、水田转化为旱地（4 671.95km²）、旱地转化为林地（4 386.52km²）、林地转化为旱地（4 358.61km²）、旱地转化为水田（4 239.15km²）、草地转化为未利用土地（2 842.56km²）、未利用土地转化为草地（2 688.73km²）、旱地转化为草地（1 810.24km²）、草地转化为旱地（1 804.76km²）。从转出面积来看，草地的转出面积最大，主要转化为林地和旱地。从转入面积来看，林地的转入面积最大，主要由草地和旱地转化而来。总体来看，该时段土地利用开发强度较大，土地利用类型之间的相互转化十分活跃，各类型土地之间相互转化的面积均较大，特别是林地与草地、林地与耕地之间的转化非常显著。耕地向其他建设用地和乡村居民点用地转化的特征也非常突出，在耕地的转化面积中有 10.74% 转化为了其他建设用地、6.52% 转化为了乡村居民点用地，这与乡村产业的多元发展以及农民生活水平提高有显著关联。

表 5-17　2010—2020 年四川省土地利用转移矩阵　　　　单位：km^2

土地利用类型	水田	旱地	林地	草地	水域	城镇用地	乡村居民点用地	其他建设用地	未利用土地	总计
水田	—	4 671.95	1 297.60	398.82	205.36	417.39	527.61	672.14	0.63	8 191.48
旱地	4 239.15	—	4 386.52	1 810.24	340.21	150.83	183.01	499.06	17.03	11 626.06
林地	1 220.05	4 358.61	—	6 369.91	222.88	28.01	34.37	159.95	235.17	12 628.94
草地	474.86	1 804.76	10 049.92	—	513.95	31.01	79.84	115.84	2 842.56	15 912.74
水域	84.75	155.97	46.92	99.06	—	14.85	14.20	17.09	18.62	451.46
城镇用地	31.47	19.60	5.38	2.16	10.23	—	7.79	15.62	0.00	92.25
乡村居民点用地	227.57	88.61	27.27	15.90	26.30	110.51	—	34.48	0.32	530.94
其他建设用地	5.12	6.86	20.12	18.77	2.46	23.75	4.49	—	0.02	81.59
未利用土地	4.23	5.38	219.29	2 688.73	51.62	0.30	0.88	2.29	—	2 972.72
总计	6 287.20	11 111.75	16 053.02	11 403.59	1 373.01	776.64	852.17	1 516.46	3 114.35	52 488.19

　　整体来看，如表 5-18 所示，1990—2020 年，四川省土地利用转化面积共计为 54 284.75km^2，占总面积的 11.24%。主要的土地转移类型为：草地转化为林地（10 112.48km^2）、林地转化为草地（7 052.37km^2）、水田转化为旱地（4 666.62km^2）、旱地转换为林地（4 525.73km^2）、林地转换为旱地（4 456.48km^2）、旱地转化为水田（4 259.80km^2）、草地转化为未利用土地（2 843.16km^2）、未利用土地转化为草地（2 690.30km^2）、旱地转化为草地（1 878.16km^2）、草地转化为旱地（1 816.29km^2）、水田转化为林地（1 353.15km^2）、林地转化为水田（1 218.30km^2）。林地、草地、耕地之间的相互转化颇为活跃，转入、转出面积都较大。耕地单向转化为建设用地的特征也十分突出。

　　对比三个阶段的变化特征可以看出，2010—2020 年是四川省土地利用相互转化最为明显的阶段，且变化幅度远超过前 20 年。从土地利用的转化特征可以看出，1990—2000 年，四川乡村人地关系矛盾突出，处于土地的强开发阶段，大面积的林地被砍伐来扩大耕作面积。2000—2010 年，四川城镇化速度开始加快，随着土地生产率的提高，生存的压力得以缓解，大范围林地被开垦的状况得以遏制，并且随着对生态环境保护的重视程度提高，林地的动态变化趋势有所减缓。2010—2020 年是土地的强转化阶段，建设用地急速扩张，大量耕地向城镇用地、乡村居民点用地和其他建设用地转化，耕地受到扰动的特征十分明显。随着生态环境保护意识的增强，林地的开发热度明显减弱，但对耕地的保护却未得到足够的重视，而且耕地多与乡村居民点用地、城镇建设用地相邻分布，在快速的城镇扩张过程中影响最为深刻。

表 5-18　1990—2020 年四川省土地利用转移矩阵　　　　单位：km²

土地利用类型	水田	旱地	林地	草地	水域	城镇用地	乡村居民点用地	其他建设用地	未利用土地	总计
水田	—	4 666.62	1 353.15	395.19	248.46	715.15	720.87	718.36	0.64	8 818.44
旱地	4 259.80	—	4 525.73	1 878.16	369.86	248.70	237.96	533.64	17.05	12 070.90
林地	1 218.30	4 456.48	—	7 052.37	243.90	29.85	43.49	160.44	235.54	13 440.37
草地	472.23	1 816.29	10 112.48	—	532.08	32.75	80.82	118.06	2 843.16	16 007.87
水域	88.38	155.10	46.68	97.67	—	15.65	14.40	17.22	18.91	454.01
城镇用地	8.57	11.57	2.17	1.61	6.93	—	3.75	6.63	0.00	41.23
乡村居民点用地	197.34	73.37	22.18	15.03	21.86	68.92	—	23.54	0.26	422.50
其他建设用地	2.21	4.23	17.92	19.05	1.91	3.74	2.31	—	0.01	51.37
未利用土地	4.26	5.34	223.03	2 690.30	51.65	0.29	0.88	2.30	—	2 978.06
总计	6 251.09	11 188.99	16 303.35	12 149.37	1 476.65	1 115.05	1 104.49	1 580.20	3 115.57	54 284.75

（二）重庆市土地利用类型转化

如表 5-19 所示，1990—2000 年，重庆市土地利用转化面积共计为 640.81km²，占总面积的 0.83%。主要的土地转移类型为：草地转化成林地（181.14km²）、林地转化成草地（164.69km²）、旱地转化成林地（62.48km²）、旱地转化成城镇用地（29.90km²）、林地转化成旱地（32.99km²）、水田转化为城镇用地（31.60km²）、旱地转换为城镇用地（29.90km²）。从转出面积来看，林地的转出面积最大，主要转化为草地和旱地，分别占林地转出总面积的 77% 和 15%。从转入面积来看，林地的转入面积也最大，新增林地主要由草地和旱地转化而来，分别占林地转入总面积的 71% 和 25%。总体看来，该时段各类型土地之间的转化面积相对较少，林地与草地、耕地之间的转化较多，耕地向建设用地的转化也较为活跃。

表 5-19　1990—2000 年重庆市土地利用转移矩阵　　　　单位：km²

土地利用类型	水田	旱地	林地	草地	水域	城镇用地	乡村居民点用地	其他建设用地	未利用土地	总计
水田	—	11.79	10.00	4.66	0.39	31.60	20.31	5.09	0.00	83.84
旱地	14.78	—	62.48	9.23	1.73	29.90	14.60	3.65	0.00	136.37
林地	5.63	32.99	—	164.69	0.19	7.10	2.50	1.48	0.00	214.58
草地	1.61	13.75	181.14	—	2.07	2.13	1.59	1.05	0.00	203.33
水域	0.45	0.24	0.97	0.03	—	0.56	0.01	0.25	0.00	2.50
城镇用地	0.01	0.01	0.00	0.00	0.00	—	0.00	0.00	0.00	0.02
乡村居民点用地	0.05	0.08	0.02	0.00	0.00	0.00	—	0.00	0.00	0.15
其他建设用地	0.00	0.00	0.01	0.00	0.00	0.00	0.00	—	0.00	0.02
未利用土地	0.00	0.00	0.01	0.00	0.00	0.00	0.00	0.00	—	0.01
总计	22.52	58.85	254.62	178.61	4.38	71.30	39.01	11.52	0.01	640.81

如表 5-20 所示，2000—2010 年，重庆市土地利用转化面积共计为 2 525.21km²，占总面积的 3.28%。主要的土地转移类型为：旱地转化成林地（532.69km²）、草地转化成林地（360.47km²）、林地转化成旱地（262.93km²）、旱地转化成草地（244.95km²）、草地转化成旱地（232.92km²）、旱地转化成城镇用地（143.69km²）。从转出面积来看，耕地转出面积最大，旱地表现尤为明显，主要转化为林地、草地和城镇用地。从转入面积来看，依旧是林地的转入面积最大，新增林地主要由旱地和草地转化而来。总体来看，该时段土地利用转化较上一个时段更加活跃，最为突出的是林地与耕地之间的转化，共计 919.38km²，约占转化总面积的 36.41%。耕地单向转化为建设用地也十分明显，且主要转化成城镇用地，土地城镇化的速度开始加快。

表 5-20　2000—2010 年重庆市土地利用转移矩阵　　　　单位：km²

土地利用类型	水田	旱地	林地	草地	水域	城镇用地	乡村居民点用地	其他建设用地	未利用土地	总计
水田	—	88.43	80.62	35.43	21.34	36.26	19.60	11.45	0.03	293.17
旱地	90.69	—	532.69	244.95	49.25	143.69	17.23	26.86	0.16	1 105.51

表5-20(续)

土地利用类型	水田	旱地	林地	草地	水域	城镇用地	乡村居民点用地	其他建设用地	未利用土地	总计
林地	43.14	262.93	—	63.95	35.87	6.92	3.64	6.59	0.04	423.08
草地	35.38	232.92	360.47	—	31.28	5.57	3.30	7.93	0.00	676.85
水域	1.50	3.24	1.78	0.76	—	0.14	0.08	0.07	0.04	7.61
城镇用地	0.35	0.40	0.24	0.53	4.10	—	0.02	0.19	0.00	5.82
乡村居民点用地	0.86	1.32	0.51	0.13	3.51	2.71	—	0.01	0.00	9.06
其他建设用地	0.13	0.11	0.25	0.04	0.21	0.03	0.01	—	0.00	0.77
未利用土地	0.02	0.86	0.26	0.01	2.19	0.00	0.00	0.00	—	3.35
总计	172.07	590.20	976.82	345.79	147.75	195.33	43.87	53.10	0.27	2 525.21

如表 5-21 所示，2010—2020 年，重庆市土地利用转化面积共计 8 762.57km^2，占总面积的 11.39%。主要的土地转移类型为：草地转化成林地（3 132.80km^2）、林地转化成旱地（837.07km^2）、旱地转化成林地（668.98km^2）、旱地转化成水田（660.64km^2）、草地转化成旱地（644.67km^2）、水田转化成旱地（514.97km^2）、草地转化为水田（278.77km^2）、旱地转化为其他建设用地（212.55km^2）。从转出面积来看，草地的转出面积最大，主要转出类型为林地和旱地，分别占草地转出总面积的 75% 和 15%。从转入面积来看，林地转入面积最大，以草地和旱地为主，分别占林地转入总面积的 79% 和 17%。总体来看，该时段土地利用转化活跃，最为突出的是草地向林地的转化；耕地单向转化为建设用地也较为明显，主要是转向其他建设用地和城镇用地；乡村居民点用地在这个时段的扩张也较前两个时段更加显著。

表5-21　2010—2020 年重庆市土地利用转移矩阵　　　单位：km^2

土地利用类型	水田	旱地	林地	草地	水域	城镇用地	乡村居民点用地	其他建设用地	未利用土地	总计
水田	—	514.97	144.41	37.53	57.77	96.03	35.42	217.04	1.81	1 105.00
旱地	660.64	—	668.98	175.79	94.81	99.02	40.56	212.55	1.76	1 954.10
林地	140.01	837.07	—	120.55	83.30	23.74	10.77	88.32	2.31	1 306.06

表5-21（续）

土地利用 类型	水田	旱地	林地	草地	水域	城镇 用地	乡村 居民点 用地	其他建设 用地	未利用 土地	总计
草地	278.77	644.67	3 132.80	—	46.88	3.79	8.26	43.78	1.75	4 160.71
水域	4.62	14.02	6.03	4.55	—	2.30	1.37	2.73	1.42	37.05
城镇用地	4.91	100.59	12.58	0.58	6.68	—	1.79	4.47	0.04	131.65
乡村居民点 用地	3.86	8.12	2.00	0.42	3.47	17.09	—	5.90	0.08	40.94
其他建设用地	0.92	10.04	2.31	0.46	1.71	5.42	2.39	—	0.00	23.26
未利用土地	0.08	0.46	0.13	0.33	2.36	0.22	0.00	0.23	—	3.81
总计	1 093.81	2 129.93	3 969.23	340.22	296.99	247.63	100.55	575.02	9.18	8 762.57

整体来看，1990—2020年，重庆市土地利用转化面积共计10 509.24km²，占总面积的13.67%。主要的土地转移类型为：草地转化为林地（3 606.67km²）旱地转化为林地（1 068.32km²）、林地转化为旱地（918.32km²）、草地转化为旱地（779.46km²）、旱地转化为水田（685.39km²）、水田转化为旱地（533.66km²）、旱地转化为草地（312.64km²）、林地转化为草地（291.27km²）、草地转化为水田（285.14km²）、水田转化为其他建设用地（235.38km²）。草地和耕地的转出面积较大，林地的转入面积较大，表明重庆市的林地恢复效果显著（见表5-22）。

对比三个阶段的变化特征可以看出，2010—2020年也是重庆市土地利用转化最为明显的阶段，且变化幅度显著快于前20年。1990—2000年，土地相互转化面积小，基本在林地、草地和耕地之间实现动态平衡，表现为区域土地利用类型的转化。2000—2010年，耕地受到的扰动较大，且单向转化为城镇用地，表现为城镇的快速扩张侵占乡村的生产空间。2010—2020年，林地持续得到恢复，但更多的耕地向其他建设用地转化，耕地退化的趋势严重。

表 5-22　1990—2020 年重庆市土地利用转移矩阵　　　　　单位：km²

土地利用类型	水田	旱地	林地	草地	水域	城镇用地	乡村居民点用地	其他建设用地	未利用土地	总计
水田	—	533.66	197.03	42.35	78.54	169.04	60.08	235.38	2.01	1 318.09
旱地	685.39	—	1 068.32	312.64	142.14	164.12	62.78	230.47	2.44	2 668.30
林地	145.69	918.32	—	291.27	117.22	36.63	15.68	96.54	2.30	1 623.63
草地	285.14	779.46	3 606.67	—	78.97	10.13	12.83	51.51	1.76	4 826.47
水域	4.82	12.90	6.06	3.13	—	2.47	1.00	1.70	0.72	32.80
城镇用地	0.29	0.23	0.21	0.28	7.67	—	0.79	0.99	0.04	10.50
乡村居民点用地	2.93	5.45	1.32	0.32	5.10	4.40	—	0.83	0.00	20.34
其他建设用地	0.15	0.19	0.38	0.06	0.60	0.27	0.47	—	0.00	2.11
未利用土地	0.08	1.15	0.44	0.34	4.52	0.23	0.00	0.22	—	6.98
总计	1 124.50	2 251.35	4 880.44	650.39	434.76	387.27	153.62	617.64	9.27	10 509.24

（三）云南省土地利用类型转化

如表 5-23 所示，1990—2000 年，云南省土地利用转化面积共计 4 657.97km²，占总面积的 1.23%。主要的土地转移类型为：林地转化为草地（1 600.93km²）、草地转化为林地（1 116.41km²）、旱地转化为林地（491.90km²）、林地转化为旱地（490.09km²）、旱地转化为草地（388.46km²）。从转出面积来看，林地的转出面积最大，主要转化成草地和旱地，分别占林地转出总面积的 75% 和 23%。从转入面积来看，草地的转入面积最大，主要由林地和旱地转化而来，占草地转入总面积的 80% 和 19%。总体看来，该时段各类型土地之间转化面积相对较少，林地与草地之间的转化是该时段的主要特征，优质耕地向城镇建设用地转化也表现出了一定的趋势。

表 5-23　1990—2000 年云南省土地利用转移矩阵　　　　　单位：km²

土地利用类型	水田	旱地	林地	草地	水域	城镇用地	乡村居民点用地	其他建设用地	未利用土地	总计
水田	—	8.48	12.54	5.98	10.23	97.31	22.40	5.90	0.00	162.84
旱地	65.41	—	491.90	388.46	12.03	35.19	10.60	2.81	0.00	1 006.39

表5-23（续）

土地利用类型	水田	旱地	林地	草地	水域	城镇用地	乡村居民点用地	其他建设用地	未利用土地	总计
林地	26.22	490.09	—	1 600.93	7.97	2.90	5.69	2.43	0.35	2 136.58
草地	18.35	187.53	1 116.41	—	5.26	2.14	1.79	1.87	0.06	1 333.41
水域	4.47	3.83	4.34	3.20	—	0.19	0.01	0.00	0.00	16.04
城镇用地	0.05	0.02	0.00	0.00	0.00	—	0.00	0.00	0.00	0.08
乡村居民点用地	1.10	0.25	0.30	0.08	0.29	0.45	—	0.00	0.00	2.48
其他建设用地	0.01	0.00	0.01	0.01	0.00	0.00	0.00	—	0.00	0.03
未利用土地	0.00	0.00	0.05	0.08	0.00	0.00	0.00	0.00	—	0.13
总计	115.60	690.21	1 625.55	1 998.74	35.79	138.17	40.48	13.02	0.42	4 657.97

如表 5 - 24 所示，2000—2010 年，云南省土地利用转化面积共计 2 874.28km², 占总面积的 0.76%。主要的土地转移类型依次是草地转化为林地（861.67km²）、林地转化为草地（680.11km²）、旱地转化为林地（380.91km²）、旱地转化为草地（261.73km²）、林地转化为旱地（182.10km²）、草地转化为旱地（109.34km²）。从转出面积来看，草地的转出面积最大，主要转出为林地和旱地，分别占草地转出总面积的 85% 和 11%。从转入面积来看，林地的转入面积最大，新增林地主要由草地和旱地转入，分别占林地转入总面积的 67% 和 30%。总体看来，该时段云南省各类型土地之间的相互转化依然不太活跃，主要表现为林地和草地的相互转化，土地城镇化的速度反而有所减缓。

表5-24　2000—2010 年云南省土地利用转移矩阵　　　　单位：km²

土地利用类型	水田	旱地	林地	草地	水域	城镇用地	乡村居民点用地	其他建设用地	未利用土地	总计
水田	—	15.27	30.03	16.06	5.01	61.31	24.85	26.76	0.01	179.30
旱地	18.86	—	380.91	261.73	3.17	33.34	5.57	17.48	0.25	721.31
林地	15.35	182.10	—	680.11	15.09	4.45	5.06	17.79	0.67	920.60
草地	13.77	109.34	861.67	—	7.77	3.47	2.53	18.95	1.01	1 018.50
水域	2.81	5.59	2.29	8.26	—	0.11	0.16	0.01	0.03	19.25

表5-24（续）

土地利用类型	水田	旱地	林地	草地	水域	城镇用地	乡村居民点用地	其他建设用地	未利用土地	总计
城镇用地	0.77	0.36	0.31	0.08	0.02	—	0.02	1.73	0.00	3.28
乡村居民点用地	4.00	1.38	0.80	0.58	0.09	2.21	—	0.28	0.00	9.34
其他建设用地	0.12	0.06	0.07	0.05	0.01	0.00	0.01	—	0.00	0.31
未利用土地	0.03	0.05	0.74	1.53	0.02	0.00	0.00	0.00	—	2.38
总计	55.69	314.15	1 276.83	968.39	31.17	104.89	38.20	82.99	1.97	2 874.28

如表 5-25 所示，2010—2020 年，云南省土地利用转化面积共计 28 182.64km²，占总面积的 7.46%。主要的土地利用转移类型为：草地转化为林地（6 093.58km²）、林地转化为草地（4 746.68km²）、草地转化为旱地（3 067.13km²）、旱地转化为林地（2 470.30km²）、林地转化为旱地（2 458.28km²）、旱地转化为草地（2 046.08km²）。从转出面积来看，草地的转出面积最大，主要转化成了林地、旱地，分别占草地转出总面积的 59% 和 30%。从转入面积来看，林地的转入面积最大，面积是 9 014.98km²，主要由草地和旱地转入，分别占林地转入总面积的 68% 和 27%。总体来看，该时段云南省的土地利用转化活跃，林地、草地和旱地的相互转化最为突出。同时，耕地单向向建设用地转化的特征十分突出，特别是优质水田大量转化成了城镇用地和乡村居民点用地，旱地、草地、林地向其他建设用地转化亦较为明显。这表明，云南省该时段土地城镇化速度加快，且对耕地特别是优质耕地的侵占比较严重。

表 5-25　2010—2020 年云南省土地利用转移矩阵　　　单位：km²

土地利用类型	水田	旱地	林地	草地	水域	城镇用地	乡村居民点用地	其他建设用地	未利用土地	总计
水田	—	913.35	315.42	289.43	131.65	328.03	232.15	229.35	6.72	2 446.10
旱地	358.40	—	2 470.30	2 046.08	236.77	170.26	194.23	260.62	11.24	5 747.90
林地	281.94	2 458.28	—	4 746.68	507.25	45.49	62.17	220.96	20.05	8 342.82
草地	249.05	3 067.13	6 093.58	—	399.52	38.80	82.68	310.84	54.83	10 296.41
水域	56.66	62.79	72.50	95.94	—	5.13	3.62	12.08	6.23	314.96

表5-25（续）

土地利用类型	水田	旱地	林地	草地	水域	城镇用地	乡村居民点用地	其他建设用地	未利用土地	总计
城镇用地	21.18	14.71	6.19	3.58	1.79	—	5.78	7.98	0.67	61.88
乡村居民点用地	78.48	42.57	16.30	15.15	15.37	62.25	—	19.43	3.76	253.32
其他建设用地	5.39	2.93	3.27	7.35	1.62	19.20	6.95	—	0.01	46.72
未利用土地	5.60	22.77	37.42	582.44	21.93	0.40	0.05	1.91	—	672.52
总计	1 056.71	6 584.53	9 014.98	7 786.66	1 315.90	669.56	587.63	1 063.17	103.51	28 182.64

整体看来，1990—2020 年，云南省土地利用转化面积共计 26 400.15km²，占总面积的 6.99%。主要的土地转移类型为：草地转化为林地（5 402.37km²）、林地转化为草地（4 345.17km²）、草地转化为旱地（2 743.21km²）、旱地转化为林地（2 294.14km²）、林地转化为旱地（2 097.15km²）。从转出面积来看，草地、林地、旱地的转出和转入面积均较大，城镇用地和其他建设用地的单向转入面积较大（见表5-26）。

对比三个阶段的变化特征可以看出，2010—2020 年是云南省土地利用转化最为明显的阶段，且变化幅度远超过前 20 年。1990—2010 年，土地利用类型转化较为缓滞，主要是林地和草地之间的转化，耕地有一定数量的转出，但不是十分明显。2010—2020 年，土地利用类型转化较多，除林、草地转化特征显著外，耕地与林、草地的转化特征也较为显著，特别是城镇用地的大规模扩张特征也十分突出，但云南省的土地城镇化的时间晚于四川省、重庆市。

表5-26　1990—2020 年云南省土地利用转移矩阵　　　　单位：km²

土地利用类型	水田	旱地	林地	草地	水域	城镇用地	乡村居民点用地	其他建设用地	未利用土地	总计
水田	—	858.47	309.46	275.76	133.51	486.45	251.07	249.86	7.02	2 571.60
旱地	364.74	—	2 294.14	2 083.51	247.17	229.78	198.73	281.62	11.45	5 711.14
林地	271.41	2 097.15	—	4 345.17	514.06	48.90	68.47	242.43	20.02	7 607.62
草地	248.26	2 743.21	5 402.37	—	392.75	43.74	83.27	322.36	54.60	9 290.55
水域	51.63	60.32	65.38	90.41	—	5.20	3.53	11.84	6.22	294.53

表5-26(续)

土地利用类型	水田	旱地	林地	草地	水域	城镇用地	乡村居民点用地	其他建设用地	未利用土地	总计
城镇用地	4.56	6.83	3.53	1.88	1.33	—	3.91	2.33	0.67	25.04
乡村居民点用地	63.02	35.19	12.58	13.01	15.40	54.82	—	14.67	3.47	212.14
其他建设用地	2.17	0.56	0.40	3.47	0.93	3.10	4.28	—	0.01	14.92
未利用土地	5.61	22.77	37.17	582.77	21.93	0.40	0.05	1.91	—	672.60
总计	1 011.39	5 824.49	8 125.02	7 395.96	1 327.08	872.38	613.32	1 127.02	103.47	26 400.15

（四）贵州省土地利用类型转化

如表 5-27 所示，1990—2000 年，贵州省土地利用转化面积共计 1 522.29km^2，占总面积的 0.88%。主要的土地转移类型为：林地转化成草地（864.99km^2）、林地转化成旱地（340.89km^2）、草地转化成旱地（116.97km^2）。从转出面积来看，林地的转出面积最大，主要转化成草地和旱地，分别占林地转出总面积的 70.99% 和 27.98%。从转入面积来看，草地的转入面积最大，新增草地几乎都由林地转化而来，占草地转入总面积的 99.43%。总体看来，该时段贵州省土地利用类型之间的转化不活跃，基本通过林地的砍伐向草地和耕地过渡。

表 5-27　1990—2000 年贵州省土地利用转移矩阵　　　单位：km^2

土地利用类型	水田	旱地	林地	草地	水域	城镇用地	乡村居民点用地	其他建设用地	未利用土地	总计
水田	—	1.17	16.96	1.04	1.10	24.83	6.27	3.67	0.00	55.04
旱地	3.49	—	23.76	3.91	1.79	8.42	3.60	2.06	0.00	47.02
林地	6.33	340.89	—	864.99	3.00	0.21	0.19	2.82	0.01	1 218.43
草地	1.22	116.97	71.16	—	6.99	1.78	0.59	2.11	0.00	200.83
水域	0.01	0.40	0.04	0.02	—	0.00	0.00	0.00	0.00	0.48
城镇用地	0.01	0.01	0.00	0.00	0.00	—	0.00	0.00	0.00	0.03
乡村居民点用地	0.06	0.05	0.03	0.01	0.00	0.00	—	0.00	0.00	0.15
其他建设用地	0.00	0.00	0.29	0.00	0.00	0.00	0.00	—	0.00	0.29
未利用土地	0.00	0.00	0.00	0.00	0.00	0.00	0.00	0.00	—	0.01
总计	11.13	459.50	112.24	869.98	12.88	35.24	10.65	10.66	0.01	1 522.29

如表 5 - 28 所示，2000—2010 年，贵州省土地利用转化面积共计 4 993.75km²，占总面积的 2.90%。主要的土地转移类型为：草地转化为林地（1 495.39km²）、旱地转化为林地（802.18km²）、草地转化为旱地（625.60km²）、林地转化为旱地（575.64km²）、林地转化为草地（411.28km²）、水田转化为林地（282.68km²）。从转出面积来看，草地的转出面积最大，主要转化成了林地和旱地，分别占草地转出总面积的 67% 和 28%。从转入面积来看，林地的转入面积最大，主要由草地和旱地转化而来，分别占林地转入总面积的 58% 和 31%。总体来看，该时段贵州省土地利用类型转化开始加速，林地、草地和耕地之间动态转化明显，建设用地的扩张并不明显。

表 5-28　2000—2010 年贵州省土地利用转移矩阵　　　　单位：km²

土地利用类型	水田	旱地	林地	草地	水域	城镇用地	乡村居民点用地	其他建设用地	未利用土地	总计
水田	—	40.40	282.68	59.04	9.95	7.23	4.66	3.54	0.04	407.54
旱地	47.71	—	802.18	239.29	14.90	8.28	3.04	7.42	0.08	1 122.92
林地	191.10	575.64	—	411.28	15.74	5.33	2.37	12.95	0.25	1 214.66
草地	54.57	625.60	1 495.39	—	38.56	2.51	1.04	5.99	0.19	2 223.86
水域	1.02	1.57	2.66	1.04	—	0.04	0.02	0.01	0.01	6.37
城镇用地	0.59	0.70	0.28	0.27	0.05	—	0.02	0.01	0.00	1.93
乡村居民点用地	1.69	1.47	1.36	0.56	0.49	0.34	—	0.01		5.92
其他建设用地	0.14	0.33	0.29	0.88	0.00	0.02	0.00	—	0.00	1.66
未利用土地	0.03	1.36	7.34	0.16	0.00	0.00	0.00	0.00	—	8.89
总计	296.85	1 247.07	2 592.17	712.53	79.70	23.76	11.17	29.93	0.57	4 993.75

如表 5 - 29 所示，2010—2020 年，贵州省土地利用转化面积共计 14 072.20km²，占总面积的 8.16%。主要的土地转移类型为：林地转化为草地（3 509.46km²）、草地转化为林地（2 447.86km²）、旱地转化为林地（1 299.95km²）、林地转化为旱地（1 282.02km²）、水田转化为旱地（829.76km²）、草地转化为旱地（513.03km²）。从转出面积来看，林地的转出面积最大，主要转出为草地和旱地，分别占林地转出总面积的 59% 和 22%。从转入面积来看，林地亦是转入面积最多的，主要由草地和旱地转入，分别占林地转入

总面积的 58% 和 31%，这反映出区域间的发展不平衡性突出。此外，耕地和建设用地的转入面积也较多，分别为 3 367.25km²、1 467.18km²。总体看来，该时段贵州省的土地利用类型转化较为活跃，且土地相互转化的多样性增强，林地、草地以及耕地之间的相互转化十分突出，建设用地的单向转入也是该时段的重要特征，特别是其他建设用地的扩张最为明显。

表 5-29　2010—2020 年贵州省土地利用转移矩阵　　　　　单位：km²

土地利用类型	水田	旱地	林地	草地	水域	城镇用地	乡村居民点用地	其他建设用地	未利用土地	总计
水田	—	829.76	491.77	230.86	96.27	122.15	42.62	258.16	0.10	2 071.69
旱地	132.37	—	1 299.95	490.71	131.23	100.32	35.75	297.17	0.73	2 488.23
林地	460.82	1 282.02	—	3 509.46	380.95	29.42	16.38	254.41	1.66	5 935.13
草地	124.66	513.03	2 447.86	—	116.98	38.87	13.08	224.28	0.77	3 479.53
水域	2.67	5.32	8.93	7.55	—	0.22	0.30	0.43	0.59	26.02
城镇用地	0.73	1.48	1.90	2.31	1.08	—	0.32	0.41	0.00	8.23
乡村居民点用地	4.73	5.43	3.55	3.31	1.60	14.11	—	3.21	0.00	35.94
其他建设用地	3.04	0.84	1.77	1.24	0.94	13.11	0.75	—	0.00	21.69
未利用土地	0.09	0.27	1.21	2.36	0.12	0.00	0.00	1.69	—	5.74
总计	729.10	2 638.15	4 256.94	4 247.82	729.17	318.21	109.21	1 039.76	3.85	14 072.20

整体来看，1990—2020 年，贵州省土地利用转化面积共计为 18 226.29km²，占总面积的 10.57%。主要的土地转移类型为：林地向草地转化（4 483.36km²）、草地向林地转化（3 773.92km²）、林地向旱地转化（1 753.90km²）、旱地向林地转化（1 664.90km²）、草地向旱地转化（1 075.44km²）。从转出面积来看，林地的转出面积最多，但草地和耕地的转出面积也较大。从转入面积来看，亦是林地的转入面积最多，这也表明了区域间发展不平衡，土地利用变化的趋势和方向差异较大。耕地向城镇用地和乡村居民点用地的单向转化突出，林地和草地单向向其他建设用地转化明显（见表 5-30）。

对比三个阶段的变化特征可以看出，2010—2020 年是贵州省土地利用转化最为明显的阶段。1990—2010 年，土地利用类型转化较为缓滞，各土地利用类型之间的转化相对较少，主要是林地和草地之间的转化，森林被开垦向草地过渡。2010—2020 年，土地利用类型转化活跃，林地、草地、耕地之间的相互转化十分明显，建设用地的单向转入特征亦十分明显，且大部分为城镇用地和其他建设用地，表明近 10 年贵州省的土地城镇化速度较快，乡村土地利用的多元化特征显现。

表 5-30　1990—2020 年贵州省土地利用转移矩阵　　　　单位：km²

土地利用类型	水田	旱地	林地	草地	水域	城镇用地	乡村居民点用地	其他建设用地	未利用土地	总计
水田	—	834.37	583.97	271.69	106.51	157.48	50.29	261.77	0.10	2 266.19
旱地	140.55	—	1 664.90	599.41	142.09	111.89	37.85	291.87	0.51	2 989.07
林地	487.40	1 753.90	—	4 483.36	400.31	37.60	17.94	268.66	2.31	7 451.46
草地	133.54	1 075.44	3 773.92	—	156.55	44.43	15.04	239.09	1.04	5 439.05
水域	2.58	4.70	8.11	4.07	—	0.22	0.30	0.40	0.01	20.39
城镇用地	0.42	0.49	0.53	0.46	0.58	—	0.21	0.15	0.00	2.84
乡村居民点用地	4.08	5.24	3.76	3.15	2.01	12.02	—	2.97	0.00	33.23
其他建设用地	0.15	0.33	1.08	1.14	0.38	6.22	0.61	—	0.00	9.91
未利用土地	0.31	1.24	8.40	2.42	0.11	0.00	0.00	1.68	—	14.16
总计	769.02	3 675.71	6 044.67	5 365.71	808.53	369.85	122.24	1 066.59	3.97	18 226.29

第四节　西南山区土地利用的景观格局演变

一、西南山区整体性变化

从西南山区各类土地景观的斑块密度变化来看，除其他建设用地的斑块密度不断增大以外，其余各类型土地的斑块密度基本呈现减小的趋势，特别是 2010—2020 年各类土地的斑块密度减小的特征明显。其他建设用地斑块密度的增加也表明西南山区乡村土地利用的类型更加多元，交通道路、工业园区等用地不断扩张，特别是随着乡村新产业新业态的发展，乡村旅游用地、农业设施用地等形式不断增加，其他建设用地持续增加。其余土地利用类型的斑块密度减小，表明单位面积内其数量有所降低（见表5-31）。

从各类土地景观的最大斑块指数变化来看，水田、旱地、林地、草地、水域的最大斑块指数都有减小的趋势，特别是2020年的斑块指数减少的趋势明显，表明2010—2020年这五类土地利用类型受到的扰动较大，土地破碎度有所提高。建设用地的最大斑块指数呈现增大的趋势，表明其连片发展的特征显著。其中城镇用地在2000—2010年的增长趋势最显著，表明该时段是西南山区土地城镇化的快速发展阶段，2010—2020略有减小，表明城镇用地没有再快速扩张。乡村居民点用地在2000年指数有所减小，这可能与乡村居民点数量的增长有关系，随后又有所增大且恢复1990年的水平，表明西南山区乡村聚落的规模没有显著扩大，这也主要是受西南山区山地地形地貌和耕地半径的限制。其他建设用地斑块指数呈增大趋势，表明其数量增加的同时规模也不断增大。未利用土地的最大斑块指数没有显著变化，略有减小（见表5-32）。

从各类土地景观的聚集度指数来看，耕地的聚集度指数呈现减小的态势，也表明了耕地的破碎化趋势在加剧。林地在2000年有所减少，随后又恢复到1990年的水平，表明2000年以后的林地恢复效果显著。草地亦是在2000年聚集度指数显著增加，这与林地的开垦向草地转化有关。水域呈现增大→减小→再增大的特征，这可能与气候特征有一定关系。建设用地的聚集度指数基本呈现持续增大的趋势，表明建设用地集聚发展的特征明显，特别是2010—2020年，城镇用地、乡村居民点用地、其他建设用地的指数都显著增强，表明该时段集聚发展的趋势显著提升（见表5-33）。

表5-31　西南山区各土地利用类型斑块密度　　　单位：个/km^2

年份	水田	旱地	林地	草地	水域	城镇用地	乡村居民点用地	其他建设用地	未利用土地
1990年	0.015 5	0.027 7	0.046 7	0.031 3	0.003 4	0.000 4	0.002 2	0.000 2	0.002 4
2000年	0.015 6	0.027 2	0.051 7	0.030 7	0.003 3	0.000 4	0.002 4	0.000 2	0.002 3
2010年	0.015 5	0.027 4	0.047 6	0.031 0	0.003 5	0.000 4	0.002 5	0.000 5	0.002 4
2020年	0.008 9	0.015 8	0.028 3	0.018 8	0.002 6	0.000 3	0.001 6	0.001 3	0.001 3

表 5-32 西南山区各土地利用类型最大斑块指数 单位:%

年份	水田	旱地	林地	草地	水域	城镇用地	乡村居民点用地	其他建设用地	未利用土地
1990 年	0.577 0	4.516 1	1.031 9	4.309 1	0.026 8	0.009 1	0.003 3	0.001 8	0.087 6
2000 年	0.693 0	4.635 8	0.824 0	3.516 8	0.025 5	0.019 8	0.001 8	0.001 7	0.088 9
2010 年	0.571 8	4.360 6	1.028 6	4.340 0	0.026 8	0.027 8	0.003 4	0.003 0	0.087 4
2020 年	0.237 7	2.376 3	0.668 7	1.669 4	0.014 6	0.026 4	0.003 3	0.004 1	0.081 9

表 5-33 西南山区各土地利用类型聚集度指数 单位:%

年份	水田	旱地	林地	草地	水域	城镇用地	乡村居民点用地	其他建设用地	未利用土地
1990 年	39.116 7	41.073 0	58.681 0	52.709 3	65.992 1	37.120 1	8.266 5	19.496 0	49.093 4
2000 年	39.068 5	41.258 2	50.792 7	53.057 5	66.363 1	46.600 2	9.554 9	16.921 3	49.309 2
2010 年	38.284 0	41.087 7	58.530 7	52.890 2	65.935 9	49.168 4	10.723 6	18.611 6	49.076 3
2020 年	36.650 0	40.936 0	58.762 3	52.196 5	66.307 7	60.852 6	12.093 3	25.824 7	49.506 6

二、各省（市）变化

（一）四川省土地利用景观格局变化

从四川省各类土地景观的指标来看（见表 5-34、表 5-35、表 5-36），耕地的斑块密度先增大再减小，最大斑块指数先增大后减小，聚集度指数基本呈现不断减小的趋势，表明耕地经历了分散性扩张和持续性萎缩两个阶段。1990—2000年，大量土地被开垦成耕地，耕地斑块的数量持续增多，2000 年之后耕地开始被建设用地等侵占，最大斑块指数和聚集度指数均有所减小。林地的斑块密度略有增加，但最大斑块指数和聚集度指数显著增大，表明林地处于集聚性扩张的态势，特别是 2000 年以后扩张态势明显。草地的斑块密度略有增加，但最大斑块指数持续减小，聚集性指数波动性减小，表明草地的破碎度提高，受到的扰动较明显。城镇用地和乡村居民点用地的斑块密度波动性减小，最大斑块指数和聚集度指数波动性增大，表明两类用地呈现集聚性扩张的态势。其他建设用地的斑块密度、最大斑块指数持续增大，聚集度指数波动性升降但变化不大，表明其他建设用地呈现分散性扩张的态势。水域的斑块密度有所减小，最大斑块指数和聚集度指数有所增大，表明水域有连片发展的态势。未利用土地的斑块密度有所减小，最大斑块指数波动性增大，聚集度指数持续增大，表明其呈集聚扩张的特征。

表 5-34　四川省各土地利用类型斑块密度　　　　单位：个/km²

年份	水田	旱地	林地	草地	水域	城镇用地	乡村居民点用地	其他建设用地	未利用土地
1990 年	0.104 3	0.104 0	0.183 7	0.096 6	0.018 5	0.000 8	0.021 0	0.000 5	0.009 6
2000 年	0.120 8	0.160 6	0.174 6	0.093 9	0.017 8	0.001 0	0.024 0	0.001 1	0.006 5
2010 年	0.113 5	0.131 9	0.218 1	0.107 2	0.014 7	0.000 5	0.008 4	0.000 3	0.003 3
2020 年	0.111 7	0.129 4	0.222 1	0.113 8	0.015 7	0.000 5	0.008 5	0.002 7	0.003 0

表 5-35　四川省各土地利用类型最大斑块指数　　　　单位:%

年份	水田	旱地	林地	草地	水域	城镇用地	乡村居民点用地	其他建设用地	未利用土地
1990 年	0.361 7	5.665 5	0.929 3	6.562 4	0.009 0	0.002 6	0.001 1	0.004 7	0.162 9
2000 年	0.484 8	5.727 5	1.284 6	3.802 6	0.072 0	0.029 3	0.001 1	0.002 7	0.094 1
2010 年	0.292 1	1.328 1	5.219 5	3.302 5	0.071 7	0.009 9	0.003 1	0.003 4	1.546 7
2020 年	0.464 2	0.797 2	5.249 8	3.547 9	0.071 9	0.021 5	0.002 9	0.023 3	1.505 0

表 5-36　四川省各土地利用类型聚集度指数　　　　单位:%

年份	水田	旱地	林地	草地	水域	城镇用地	乡村居民点用地	其他建设用地	未利用土地
1990 年	56.208 6	62.356 3	80.370 9	80.549 9	54.323 3	62.639 0	29.570 4	64.238 4	79.315 0
2000 年	57.449 0	61.968 0	81.425 0	77.688 7	63.806 4	74.813 1	34.043 0	59.682 9	79.543 8
2010 年	45.645 7	59.222 1	86.585 3	81.756 5	68.178 4	67.419 4	32.717 7	58.974 4	86.213 1
2020 年	46.719 9	58.906 3	86.314 5	80.261 6	68.240 7	73.472 0	32.906 0	64.273 4	86.461 8

(二) 重庆市土地利用景观格局变化

从重庆市各类土地景观的指标来看 (见表 5-37、表 5-38、表 5-39), 耕地的斑块密度波动性减小, 最大斑块指数和聚集度指数持续性减小, 表明耕地在持续性收缩, 特别是 2010—2020 年最大斑块指数和聚集度指数降低明显, 表明该时段耕地受到人为干扰强烈, 耕地的破碎度提高。林地的斑块密度和聚集度指数呈现波动性增大的趋势, 最大斑块指数在 2020 年显著提升, 表明林地以连片扩张为主, 且在 2010—2020 年恢复得最为明显。草地的斑块密度、最大斑块指数、聚集度指数均呈减小趋势, 表明草地的范围在持续缩小。城镇用地的斑块密度呈现先增加再减小的趋势, 最大斑块指数和聚集度指数基本呈现持续扩大的趋势, 表明城镇用地以集聚扩张为主, 且 2010—2020 年表现得最为显著。乡村居民点用地的斑块密度、最大斑块指数和聚集度指数均持续增大, 表明乡村居民点用地呈现出新增扩张和原有居民点扩大两种形式, 且也在 2010—2020 年表现得最为显著。其他建设用地的最大斑块密度和最大斑块指数持续增大, 聚集度指数呈波动性减小的态势, 表明其他建设用地以分散性扩张为主。未利用土地的聚集度指数呈增大趋势, 斑块密度和最大斑块指数不断减小, 表明土地的石漠化情况有所缓解。

表 5-37　重庆市各土地利用类型斑块密度　　单位：个/km²

年份	水田	旱地	林地	草地	水域	城镇用地	乡村居民点用地	其他建设用地	未利用土地
1990 年	0.100 2	0.494 0	0.191 7	0.126 7	0.006 9	0.000 6	0.008 4	0.000 3	0.001 0
2000 年	0.099 2	0.492 6	0.191 3	0.125 8	0.006 9	0.000 7	0.009 5	0.000 7	0.001 0
2010 年	0.095 7	0.452 9	0.207 8	0.117 8	0.005 5	0.001 4	0.010 1	0.002 9	0.000 4
2020 年	0.099 4	0.463 1	0.198 6	0.119 7	0.006 5	0.000 9	0.013 2	0.012 2	0.000 4

表 5-38　重庆市各土地利用类型最大斑块指数　　单位:%

年份	水田	旱地	林地	草地	水域	城镇用地	乡村居民点用地	其他建设用地	未利用土地
1990 年	1.874 6	1.509 3	5.408 1	2.057 1	0.225 4	0.006 3	0.005 4	0.005 5	0.000 8
2000 年	1.887 2	1.501 1	5.293 3	2.056 7	0.225 5	0.011 3	0.005 4	0.006 6	0.000 8

表5-38(续)

年份	水田	旱地	林地	草地	水域	城镇用地	乡村居民点用地	其他建设用地	未利用土地
2010年	1.867 5	1.493 5	5.334 9	2.046 4	0.351 9	0.014 6	0.005 4	0.006 6	0.000 4
2020年	1.027 6	1.463 0	9.197 6	1.332 9	0.481 4	0.022 4	0.006 9	0.015 9	0.000 4

表5-39　重庆市各土地利用类型聚集度指数　　　　　单位:%

年份	水田	旱地	林地	草地	水域	城镇用地	乡村居民点用地	其他建设用地	未利用土地
1990年	91.316 4	90.574 0	95.741 7	93.780 6	94.003 0	93.592 9	87.686 0	94.255 9	85.671 0
2000年	91.346 2	90.571 4	95.719 5	93.801 9	94.005 3	94.904 4	88.261 4	92.949 0	85.624 5
2010年	91.020 1	90.429 0	95.548 1	93.406 7	95.474 5	94.505 4	88.903 3	90.436 2	86.504 1
2020年	90.874 9	90.298 9	95.962 6	93.228 4	93.778 4	96.241 1	89.637 3	92.578 7	86.706 7

(三) 云南省各土地利用类型景观格局变化

从云南省各类土地景观的指标来看（见表5-40、表5-41、表5-42），水田和旱地的变化特征有所差异，水田的斑块密度持续增大，最大斑块指数和聚集度指数不断减小，表明水田的破碎度不断提高；旱地的斑块密度、最大斑块指数呈现出先减小再增大的趋势，聚集度指数表现为先增大再减小，表明旱地呈现分散性扩张的特征，特别是2010—2020年扩张特征显著。林地的斑块密度波动性增大，最大斑块指数先增大再减小，聚集度指数表现为波动性减小的特征，表明林地的变化明显，以分散性扩张为主。草地的斑块密度表现为波动性增大，最大斑块指数先增大再减小，聚集度指数波动性增大，表明草地向其他土地类型转化的特征显著。城镇用地和乡村居民点用地的三个指标均表现出持续增大的特征，表明城镇用地和乡村居民点用地均表现为集聚性扩张，特别是2010—2020年扩张显著，乡村居民点的数量增长和规模增大表现都十分明显。其他建设用地的三个指标在2010—2020年显著提升，表明该时段乡村建设用地的多元化特征明显。未利用土地在2010—2020年的斑块密度减小较多但最大斑块指数增加明显，表明该时段土地石漠化有连片发展的趋势。

表 5-40　云南省各土地利用类型斑块密度　　　　单位：个/km²

年份	水田	旱地	林地	草地	水域	城镇用地	乡村居民点用地	其他建设用地	未利用土地
1990 年	0.024 0	0.110 0	0.093 1	0.091 2	0.008 3	0.000 4	0.014 0	0.000 3	0.001 1
2000 年	0.024 0	0.108 7	0.091 5	0.090 0	0.008 5	0.000 4	0.014 2	0.000 3	0.001 1
2010 年	0.024 2	0.108 0	0.094 2	0.091 1	0.008 5	0.000 5	0.014 3	0.001 0	0.001 1
2020 年	0.024 5	0.112 4	0.102 2	0.097 0	0.013 8	0.000 5	0.017 5	0.006 4	0.000 9

表 5-41　云南省各土地利用类型最大斑块指数　　　　单位：%

年份	水田	旱地	林地	草地	水域	城镇用地	乡村居民点用地	其他建设用地	未利用土地
1990 年	0.070 6	0.163 4	1.421 7	0.567 9	0.067 5	0.002 3	0.002 5	0.001 1	0.068 5
2000 年	0.066 7	0.168 7	1.884 7	0.569 3	0.067 4	0.004 6	0.002 5	0.001 5	0.068 8
2010 年	0.066 5	0.116 4	1.883 0	0.592 7	0.067 5	0.005 6	0.002 5	0.001 5	0.068 9
2020 年	0.064 4	0.233 4	1.882 0	0.400 1	0.067 5	0.009 8	0.003 2	0.012 9	0.088 2

表 5-42　云南省各土地利用类型聚集度指数　　　　单位：%

年份	水田	旱地	林地	草地	水域	城镇用地	乡村居民点用地	其他建设用地	未利用土地
1990 年	73.634 8	68.516 0	87.106 7	80.115 1	90.708 5	71.517 1	46.059 1	63.701 5	82.730 4
2000 年	73.561 2	68.624 8	81.132 7	80.532 7	90.616 9	75.109 2	46.409 5	64.755 0	82.787 5
2010 年	73.301 9	68.497 7	87.055 4	80.503 8	90.586 6	76.094 1	46.626 3	58.131 9	82.740 5
2020 年	72.441 3	68.060 4	86.833 5	81.145 0	90.455 0	84.610 7	48.313 3	66.029 3	82.698 8

（四）贵州省各土地利用类型景观格局变化

从贵州省各类土地景观的指标来看（见表 5-43、表 5-44、表 5-45），耕地中的水田的斑块密度呈现出持续增大趋势，最大斑块指数波动性增大，聚集度指数持续减小；旱地的斑块密度波动性减小，最大斑块指数与聚集度指数持续增大，表明耕地呈现分散性扩张的趋势，特别是 2010—2020 年扩张趋势较明显。

林地的斑块密度不断增加，最大斑块指数波动性增加，聚集度指数波动性减小，表明林地表现为分散性扩张。草地的斑块密度波动性增加，最大斑块指数和聚集度指数波动性减小，表明草地表现为分散性萎缩。城镇用地和乡村居民点用地的三个指标均持续增大，表明二者均呈现出集聚性扩张的特征，乡村居民点用地在2010—2020年表现得更为明显。其他建设用地的斑块密度和最大斑块指数持续增大，聚集度指数先减小再增大，表明1990—2010年为分散性扩张阶段，主要表现为点状发展；2010—2020年为集聚性扩张，数量和规模都显著增大。

表5-43 贵州省各土地利用类型斑块密度　　　单位：个/km²

年份	水田	旱地	林地	草地	水域	城镇用地	乡村居民点用地	其他建设用地	未利用土地
1990年	0.154 8	0.384 3	0.162 1	0.094 7	0.008 6	0.000 7	0.008 6	0.000 6	0.000 6
2000年	0.155 0	0.386 7	0.162 7	0.097 8	0.008 8	0.000 7	0.008 8	0.000 9	0.000 6
2010年	0.156 2	0.375 8	0.180 7	0.091 3	0.009 1	0.000 8	0.009 0	0.001 6	0.000 6
2020年	0.157 6	0.378 0	0.188 4	0.096 6	0.025 6	0.000 9	0.010 2	0.016 7	0.000 5

表5-44 贵州省各土地利用类型最大斑块指数　　　单位：%

年份	水田	旱地	林地	草地	水域	城镇用地	乡村居民点用地	其他建设用地	未利用土地
1990年	0.070 0	1.902 0	4.533 7	0.950 2	0.017 3	0.006 3	0.001 0	0.002 7	0.003 1
2000年	0.069 8	1.902 6	4.507 6	0.804 0	0.017 3	0.006 3	0.001 0	0.002 7	0.003 1
2010年	0.060 5	1.921 7	4.834 7	0.757 8	0.017 4	0.008 2	0.001 0	0.002 6	0.003 1
2020年	0.070 4	1.975 4	4.769 3	0.718 5	0.034 0	0.019 7	0.003 1	0.013 2	0.003 2

表5-45 贵州省各土地利用类型聚集度指数　　　单位：%

年份	水田	旱地	林地	草地	水域	城镇用地	乡村居民点用地	其他建设用地	未利用土地
1990年	51.640 0	54.053 0	76.146 6	71.929 9	71.114 9	69.975 4	32.803 4	54.967 6	56.020 6
2000年	51.538 4	54.155 9	75.856 2	72.297 5	71.110 5	70.997 2	33.882 6	54.295 7	56.020 6
2010年	51.206 0	54.582 1	75.686 5	71.748 6	71.087 7	71.648 7	34.074 4	53.936 3	54.026 8
2020年	50.084 3	54.374 8	76.130 7	70.397 5	72.629 4	78.700 6	39.601 7	57.425 3	54.059 4

第五节　本章主要结论

（1）西南山区乡村地域系统各类型土地利用面积的排序为：林地>草地>耕地>未利用土地>建设用地>水域。耕地、草地、未利用土地的面积有所减少，其中草地减少的面积最多，耕地次之，耕地中水田减少面积较大。林地、建设用地和水域的面积有所增加，建设用地增加的面积最多，林地次之。四川、重庆、云南主要表现为建设用地的扩张和草地的萎缩，贵州表现为建设用地的扩张和林地的减少。四川省乡村居民点用地增加的比例较为显著，高于西南山区的平均水平。

（2）1990—2000 年，西南山区乡村地域系统土地利用面积增加最多的是草地，减少最多的是林地；2000—2010 年，土地利用面积增加最多的是林地，减少最多的是草地；2010—2020 年，土地利用面积增加最多的是建设用地，减少最多的是草地。四个省份土地利用面积变化均是在 2010—2020 年最为明显。

（3）西南山区土地利用面积增加比例最多的也是建设用地，其中城镇用地面积增加了 316.00%，乡村居民点用地增加了 41.22%，其他建设用地增加了 1 628.01%。建设用地扩张在 2010—2020 年这一时段最为明显，耕地的减少亦在该时段最为显著。

（4）西南山区土地利用类型转化十分活跃，林地、草地、耕地之间的相互转化最为突出，耕地单向向建设用地转化的特征显著，向城镇用地、乡村居民点用地和其他建设用地转化的比例分别为 34.04%、24.15% 和 41.81%。1990—2000 年，西南山区乡村地域系统土地利用类型的相互转化并不十分活跃，主要表现为林地的开发与利用，城镇用地的扩张较为明显。2000—2010 年，土地利用类型转化的多样性明显提高，建设用地扩张明显。2010—2020 年，各土地利用类型之间的转化十分活跃，相互转化面积均较大，耕地单向转化为建设用地的面积激增。2010—2020 年是西南山区土地利用类型相互转化最为活跃的时段，总转化面积是 1990—2000 年的 11.42 倍，是 2000—2010 年的 7.04 倍。

（5）四个省份的土地城镇化的阶段有所差异，四川和重庆土地快速城镇化的阶段是 2000—2010 年，云南和贵州土地快速城镇化发生在 2010—2020 年。

（6）西南山区建设用地呈现集聚发展的态势，其中城镇用地在 2000—2010 年集聚扩张的趋势最显著，以原有用地扩张为主；乡村居民点用地也表现为原有用地扩张为主，集聚特征较明显；其他建设用地也在 2010—2020 年表现出快速集聚扩张的趋势，表现为原有用地扩大和新增用地扩张两种形式。

（7）西南山区耕地的破碎化趋势加剧，旱地表现尤为明显。

第六章 西南山区乡村地域系统 结构演变分析

乡村地域系统作为一个复杂的、整体的系统，其各要素的改变和外部环境的强烈冲击必然引起整个系统结构发生改变。深刻把握西南山区乡村地域系统经济结构、社会结构、文化结构、治理结构以及聚落结构的演变过程和演变逻辑，才能更好地应对乡村振兴提出的新要求。

第一节 西南山区乡村经济结构的演变

西南山区乡村经济的发展从相对迟缓走向快速、高效，从对自然资源的高度依赖逐步向依靠人力资源发展转变。随着社会经济的快速发展，乡村产业结构、生产经营方式都发生了显著改变。

一、农业所占比重：不断下降但仍高于全国平均水平

农业是乡村产业的基础产业，同时农业产业的快速发展也是乡村其他产业分化和发展的重要支撑。20 世纪 90 年代，西南山区农业产业开始快速发展，粮食产量大幅提高，农业产业从计划走向市场。21 世纪以来，城市化和工业化的快速发展，也促进了农业产业的快速发展，特别是国家提出工业反哺农村的发展战略，加之国家对西部地区发展的重视，西南山区农业基础设施建设条件快速提升，农业综合生产能力也得到大幅度提高。

党的十八大以来，党中央高度重视"三农"工作，对加快农业农村现代化作出了一系列战略部署，积极推进农业供给侧结构性改革，深入实施乡村振兴战略，西南山区农业经济活动不断增加，农业生产方式快速变革，农林牧渔业总量

持续增长的同时产业结构不断调整，牧业、林业等经济活动不断增加。农林牧渔总产值从 1990 年的 987.56 亿元增加到 2020 年 20 561.51 亿元。其中，农业种植业产值增加最多，增长了 10 288 亿元，牧业总值增长速度最快，年均达到 23.56%。虽然农业产值不断上升，但农业在三次产业中的比重持续下降，从 1990 年的 34.25% 下降到 2000 年的 22.15%、2010 年的 15.06% 和 2020 年的 13.22%。然而，西南山区农业产业占比仍高于全国平均水平。

西南山区农业占比虽然不断降低，但农业现代化水平持续提高，特别是先进科学技术等在农业中不断推广应用，智慧农业、精准农业、无人机应用、远程监测等技术的引入，极大提高了农业生产的效率和质量。截至 2020 年年底，西南山区整体上农作物耕种收综合机械化率突破 51.55%，四川和重庆良种覆盖率均超过 97%，四川省农业科技贡献率达到 59%。

二、农业产业业态：多业融合发展的态势显著

随着城乡要素交换和市场空间不断扩大，市场需求快速改变，农业生产不再仅仅局限于传统的粮食和农产品，西南山区乡村的多种市场经济价值和功能不断显现，乡村产业发展也更加多元化，三次产业融合发展的态势明显，多产业融合发展模式不断涌现。

在西南山区，乡村产业融合发展最为突出的就是乡村旅游的快速发展，西南山区乡村依托其良好的生态环境、丰富的人文景观，成为城市居民向往的重要旅游目的地，农业与旅游、休闲、康养、教育、文化等产业加速融合。2020 年，四川省约有 8 300 个村开展了休闲农业和乡村旅游接待业，占乡村总数的 27.2%；在开展乡村旅游的村庄，农村居民人均可支配收入达 2 万元以上的约占 46.7%，较没有开展乡村旅游的村庄高 29 个百分点。贵州省休闲农业与乡村旅游业带动 22.5 万户农民受益。

农产品加工业也快速发展，大大提高了农产品的附加值。例如，截至 2020 年，四川省累计建成产地初加工设施设备 1.76 万座，产地初加工能力达 600 余万吨，农产品产地初加工率达 60%，农产品加工业产值与农业总产值之比从 2011 年的 1.69 增加到 2020 年的 1.98，年均增长 2.9%。

随着互联网技术的普及，乡村地区逐渐涌现出农产品电商平台和农村电商模式，打破了传统的农产品流通渠道，农民可以通过电商渠道直接对接城市消费

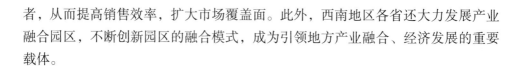
者，从而提高销售效率，扩大市场覆盖面。此外，西南地区各省还大力发展产业融合园区，不断创新园区的融合模式，成为引领地方产业融合、经济发展的重要载体。

三、农业经营方式：从自然经济向社会化生产转变

西南山区曾经是"落后和贫穷"的代名词，地形地貌复杂，气候环境相对恶劣，耕地资源分散，大面积成片耕地比较少，人地关系矛盾突出。农业生产是西南山区乡村人口最主要的生产活动，土地资源是农民生存最重要的保障，农民坚守着以家庭为单位的小规模农业生产，对自然资源的依赖程度非常高，"靠天吃饭"并承受着较低收入的生活压力，很多时候"一方水土难以养育一方人"。在人地关系紧张的大背景下，农村家庭联产承包责任制的制度边际效用下降，小农家庭的生产面临着劳动力日均边际收入水平递减的现象与问题，农民开始寻找新的收入增长方式，而与此同时，快速发展的城镇化也需要大量劳动力。1992年10月，党的十四大明确提出了建立社会主义市场经济体制，这一制度变革开启了市场经济的大门，但也加速了农村要素资源单一向城市流动。虽然西南山区的乡村跨入市场经济大门的速度明显要慢于其他地区，但是乡村社会也经历了市场转型的历史过程，农民与市场、农村与市场、农村基层政府与市场的关系则演变成重要的、不可或缺的社会联系（陆益龙，2016）。农业剩余劳动力的大量出现，为西南山区非农产业发展提供了契机，大量农民进入城市、进入非农产业，不仅显著减轻了农业劳动力的剩余程度，也使农民的思想观念发生了根本改变，还使得工业化的理念、技术、资金等进入农业农村，使得农业规模化生产成为可能。

家庭联产承包责任制实现了农民"家家有地、户户种田"，"种田"仍然是20世纪90年代初期西南山区大部分农民的主要收入来源。为进一步激活农地使用效率，化解人地矛盾，"三权分置"应运而生。农村土地集体所有，农户拥有承包权，土地经营权可以在更大范围内流转，农民拥有了更多的生产经营自主权。西南山区成为全国土地制度改革的先行区和示范试点区，2014年，四川省被列为全国首批三个农村土地承包经营权确权登记整体推进试点省之一，并率先以放活土地经营权为重点推进"三权分置"。随着2015年我国开展集体产权制度改革试点，西南山区乡村集体所有的土地也得到了更合理、更有效的利用。土地

制度的改革也让西南山区从"家家有地、户户种田"转向了"家家有地、户户不一定种田"，土地可以在大范围进行流转，越来越多的农民不再从事农业生产，这也促进了西南山区乡村新型经营主体的不断发展，家庭农场、种养大户、农民专业合作社组织等新型经营主体逐渐发展壮大，"种养大户+家庭农场+合作社+社会化服务"等模式成为西南山区农业经营的主要模式。例如，截至 2020 年，四川省有省级以上重点龙头企业达 902 家，其中国家级重点龙头企业 75 家，数量居全国第四、西部第一；累计培育农民合作社 10.56 万个、农民合作社联合社461 个、家庭农场 16.6 万家①。

四、农村居民收入：从单一经营收入向多元化收入转变

农民的收入水平是乡村经济发展的重要体现。随着社会经济的快速发展，国家越来越重视农业农村的发展。中央一号文件连续聚焦"三农"问题，特别是党的十八大以来，党中央把解决好"三农"问题作为全党工作的重中之重，组织推进人类历史上规模空前、力度最大、惠及人口最多的脱贫攻坚战，启动实施乡村振兴战略，各项支农利农惠农政策得到实施，西南山区农业农村发生了翻天覆地的变化，农民的收入水平显著提高。根据《中国农村统计年鉴》的相关统计数据，西南山区农民人均可支配收入 1990 年仅为 467.43 元②，2000 年为1 646.98元，2010 年增长到 3 869.96 元，2020 年达到 13 195.67 元，2020 年农民人均可支配收入是 1990 年的 28 倍。从收入的年均增长率来看，1990—2000年，西南山区农民可支配收入的增长率为 241.27%，2000—2010 年为 140.02%，2010—2020 年为 242.55%，近 10 年是西南山区农民收入增长率最高的 10 年。

农民的收入结构发生了显著改变。随着农业农村改革的不断推进，农村生产力被大大释放，农村产业不断被激活，乡村的产业结构不再单一，农业剩余劳动力开始经历从农业到乡镇企业，从离土不离乡到进入小城镇直至大中城市从事非农就业的阶段（陈文胜，2021）。在快速的城镇化进程中，农业在国民经济中所占的份额不断下降，特别是西南山区的农业多"靠天吃饭"，农业收入少、比较效益低，非农产业的快速发展及其高附加值不断吸引西南山区的剩余劳动力大量进入非农产业，这也是四川、贵州、重庆成为劳动力输出大省的重要原因。此

---

① 数据源于《四川省"十四五"推进农业农村现代化规划》。

② 受统计数据的限制，1990 年的农民人均可支配收入用纯收入代替。

外，城乡二元体制障碍的持续破除和经济结构的不断优化，也使得农民有权利离开农业、离开农村自由选择职业。从统计数据来看，2000 年西南山区农民收入中工资性收入占比为 23.55%，2010 年的占比为 34.82%，2020 年的占比为 34.27%，2020 年比 2000 年提高了 10.72 个百分点；转移性收入占比从 2000 年的 6.12% 增加到 2010 年的 9.72%，再增加到 2020 年的 23.15%，2020 年比 2000 年增加了 17.03 个百分点，转移性收入增加的比例也是收入构成中增加比例最多的一项；相应的经营性收入在不断下降，从 2000 年的 69.29% 下降到 2020 年的 40.40%。整体来看，经营性收入仍然是西南山区农民最主要的收入来源，但经营性收入的占比在不断下降；工资性收入虽然也占据了重要地位，但工资性收入的增长速度不快，2022 年工资性收入的占比比 2010 年还低了 0.55 个百分点，这主要是受新冠疫情的影响。在调研的四川理县的 512 户农户中，95.51% 的农户存在兼业行为，收入的多元化已成为西南山区农民收入构成的主要特征。

对于西南山区的农民来讲，资源环境难以对抗的"外在压力"、要素配置不断优化的"市场动力"、农民主体意识强化的"内生动力"以及政策支持持续加大的"政府推力"，使得农民的收入从单一的农业经营性收入向多元化收入构成演变，而且非农业收入增长对农民收入增长的作用也不断显现。但是，在当前经济下行压力加大的背景下，工资性收入增长速度放缓，只有加快提高农民的财产性收入，才能加快提高西南山区农民的收入水平。党的十八届三中全会明确提出"赋予农民更多财产权利"，农村土地征收、集体经营性建设用地入市、宅基地制度改革等已经开始试点示范，农村土地"三权分置"改革、农村集体产权制度改革已经全面推开。未来随着各项改革的全面推进，农民的土地、房屋、资金等要素将不断得到激活，特别是西南山区乡村独特的生态资源价值将被充分挖掘，农民的收入在持续提高的同时，财产性收入在农民收入结构中的占比也会持续增加，农民的收入也将会更加多元化。

五、农村居民消费：从温饱型生存型向小康生活的现代化转变

消费既是经济发展水平的体现，也是经济发展的动力。从 20 世纪 90 年代开始，我国农村经济快速发展，物资日益丰富，农民的收入水平不断提高，西南山区农民也基本摆脱了寻求温饱的困扰，不再为最基本的衣食住行所担忧，农民的消费水平不断提高，消费意识和消费观念都在不断发生变化。1990 年，西南山区农民的人均消费支出仅为 94.63 元，2000 年就跃升到 1 238.63 元，比 1990 年增长了 12.09 倍，也是近 30 年消费水平增长最快的阶段；2010 年人均消费支出为 3 344.12 元，比 2000 年增长了 1.70 倍；2020 年人均消费水平已经突破万元，达到 12 163.03 元（见图 6-1）。从这些统计数据可以看出，西南山区乡村居民的消费水平显著提高，消费增长率甚至超过了同期的收入增长率。

在消费水平不断提高的同时，西南山区农村居民的消费结构也发生了显著的变化，呈现出 "从吃饱到吃好""从单一消费结构向多元消费结构""从物质消费到精神消费""从生存型消费到发展型和享受型消费" 的转化。从消费结构来看，食品、衣着、生活用品等所占的比例均有所下降，特别是食品消费的支出从 1990 年的 67.38% 下降到 2000 年的 65.35%、2010 年的 44.64% 和 2020 年的 32.79%，变化幅度最大，但食品消费支出始终是西南山区农村居民消费支出中的最重要部分。住房、交通通信、教育文娱和医疗保健支出所占的比例均有所升高，1990—2020 年，分别增长了 330.31 倍、962.63 倍、675.08 倍、696.27 倍。

西南山区不同消费类型的增长又呈现出不同的阶段性特征。1990—2000 年，几种消费类型增长的比例均不是很高。2000—2010 年，住房和交通通信的支出增长较快，特别是住房支出的变化表现得最为直观和明显，这也表明，当农民收入水平提高时，其首先想要改善的是住房条件，既包括住房的面积也包括住房的质量，这不仅是生存的需要更是对高质量生活追求的一种表现，也是家庭地位和声誉的象征。交通通信支出的提高也表明农户与外界的交流和沟通增多。2010—2020 年，教育文娱、医疗保健和交通通信的支出占比增长速度较快，表明西南山区农户的消费支出已经从 "物质追求" 向 "精神追求" 转变，消费需求更加追求多样化和个性化。特别是越来越多的农户认识到教育的重要性，即使节衣缩食也要让子女接受更好的教育。在调研过程中我们也发现，基本上所有的农户都认为高学历对自身的发展具有重要作用，而且许多农户为了子女能获得更优质的教育搬迁到城市居住，也有许多农户表示为了子女能接受更优质的教育未来会搬到城市居住。同时，随着生活条件的改善，农民也越来越重视身心健康，过去 "大病小治、小病不治" 的现象发生了很大改变，而且农民看病更倾向于到县医院或者市医院，同时也表现出对 "大医院" 的信任和依赖。交通通信支出在该时段的占比增长亦很明显，手机、网络等成为了每个家庭的必备品，家用汽车越来越普及，以前闭塞的西南山区乡村随着交通和网络等基础设施的不断完善，不再是信息的孤岛，与外面世界的"沟通"越来越简单和频繁。农民收入总量的增长与收入结构的多元化提高了农民消费的能力与信心，城镇化的快速发展也为农民提供了消费的机会并推动了农民的消费升级，同时西南山区基础设施等条件的改善也为农户消费的多元化提供了可能。

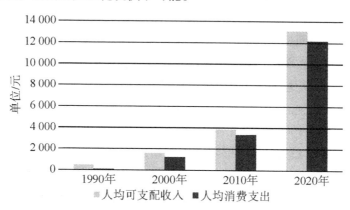

图 6-1　西南山区农民人均可支配收入和人均消费支出对比图

第二节　西南山区乡村社会结构的演变

一、乡土人际关系：从熟人社会逐渐走向"半熟人"社会

中国传统的乡土社会是费孝通先生所称的"熟人社会"（费孝通，1998）。熟人社会形成了以血缘为基础、以地缘为形式的稳定的社会结构，即血缘与地缘合一，地理范围与生活范围合一。这种"熟人社会"在西南山区的乡村特别是一些少数民族聚落表现得更为突出。在熟人社会，拥有相同血缘关系或者姓氏相同的人通常聚居在同一个村庄，家庭和宗族在人际关系中扮演着重要的角色，乡里乡邻是最基本的社会人际关系。

在城市不断扩张和乡村人口加速流动的冲击下，乡村社会的熟悉关系也处于变迁之中。农民的频繁迁移和流动使其很少再有共同活动，随着异地婚姻和异地定居现象越来越普遍，血缘关系与地理关系不再完全重合，地理范围与生活范围也逐渐失去了一致性。特别是乡村社会的"空心化"特征越发显著，乡村人口大量流失，熟人社会逐渐走向没有主体的熟人社会。随着通信手段的飞速发展，人们的交往方式发生了革命性的变化，人们不需要见面就可以实现跨地域的交往。这就使得乡村社会的人际关系的联系半径得到前所未有的延伸，交通、地域、时间不再是制约人际交往的关键性因素，人际关系的范围和交往的对象不再局限于本村或邻近村庄而得以全方位拓展，农民也就很快跳出了熟人圈子，乡村原有的熟人社会圈子被打破，农民不再依赖于亲缘、血缘和地缘所在的乡村地域，更加融入其以外的社会组织和公共生活。我们在调研中发现，一些易地搬迁的新社区，由于搬迁后空间的变化，原有的邻里关系被打乱，搬迁家庭缺少建立新联系的主动性，或者无法再建立原来那种紧密、信任的邻里关系。但我们仍需要清楚地看到，虽然乡村这种"熟人社会"发生了改变，但聚落这一乡村生活共同体的存在，必然会使得基于地缘和血缘形成的熟悉社会关系继续留存，这也是乡村社会与城市社会的重要区别。

二、乡村人地关系：人地合一向人地分离转变

党的十一届三中全会以后，农民有了离开农村的"退出权"和进入城市、非农产业的"进入权"，农民可以在城乡之间、产业之间自由选择和流动（蔡昉，2017）。农业生产效率的提高也使得部分家庭出现了劳动力富余，这就促使农民主动走向城市寻求农业以外的生计。相对封闭的西南山区在21世纪以前，乡村人口的流动并不十分明显，绝大部分农民以土地为生，农民既是身份也是职业，西南山区乡村的社会结构表现为一元性且相对稳定。2000年以后，西南山区乡村发展加速，市场转型的力量对西南山区乡村的作用越来越明显，西南山区乡村人口的流动速度开始加快，传统的一元聚居结构被打破，随着越来越多的农民走出农村进入城市、进入非农产业，乡村出现了户籍在乡村的城市人和城乡两栖的农民工（陈文胜，2021）。同时，乡村的利益主体呈现出多元化的特征，比如有自己耕种自家承包地的种地农民群体，有通过土地流转经营大面积农地的种粮大户和家庭农场主群体，还有个体工商户和自由职业者群体等。乡村聚居人口的流动还导致了乡村人口结构变得复杂，随着城乡二元结构的改变、社会经济的发展以及政策环境等的改变，无论是在城市定居的村民，还是在乡村常年居住的村民，抑或是在城乡之间常年流动的农民工，都可能做出新的选择，而这种选择

在西南山区还要受到交通、距城市距离、城市公共服务水平、乡村发展水平等因素的影响。

三、乡村家庭结构：规模不断缩小，核心家庭成为主要构成方式

人口和家庭是社会存在最基本的单元，家庭结构的变化也是乡村社会结构变化最直观的表现。随着乡村人口大量减少，大量青壮年劳动力流向城市，西南山区乡村家庭的结构也发生了显著改变。社会经济的变迁、计划生育政策的实施以及生育观念的转变，使得农村家庭规模趋向小型化。西南山区乡村户均规模从2000年的3.64人/户降低到2010年的3.28人/户，再到2020年的2.78人/户，家庭人口规模大于4人/户的县域比例从2000年的23.57%降到2010年的9.93%，2020年仅理塘县和乡城县的户均规模大于4人，家庭人口规模减小的速度在增快，乡村居民的生育意愿也在不断降低。与此同时，家庭的构成方式也从多子多代的大家庭、联合家庭逐渐向主干家庭和核心家庭模式转变，父母和子女的组合成为农村家庭的主要构成形式。随着农村人口的流动性增强，乡村"老龄化"和"留守儿童"问题十分突出，家庭的赡养功能弱化，对外部社会保障的需求不断增加。

四、乡村人口结构：少数民族人口占比不断增加

西南山区是少数民族的聚居区，少数民族众多。由于生育政策、生育观念等差异，少数民族人口的自然增长率高于汉族人口，同时受思想观念的影响，少数民族外出务工的意愿较低，这就使得西南山区少数民族人口的比例在西南山区总人口的比例呈现上升趋势。西南山区少数民族人口从2000年的3 571万人增加到2020年的3 753万人，占总人口的比重从17.97%增长到20.31%。因此，西南山区乡村振兴必须要高度重视少数民族人口的发展。

第三节　西南山区乡村文化结构的演变

文化既是乡村的符号，也是乡村的灵魂和根脉。每一种地方文化都是这个区域的历史发展、自然环境、生活方式、价值理念等各方面综合作用的产物，并且

获得了区域内大部分农村居民的广泛认同。这种被高度认同的地方文化不仅是连接当地居民的重要纽带，而且是形成文化自信的关键要素。西南山区是我国少数民族的主要聚集区，民族种类繁多，各个少数民族拥有自己独特的语言和风俗习惯，呈现出多样化的民族文化特征。西南山区各具特色的民族文化是其独特社会生态滋养的结果，如同西南山区乡村社会结构的变迁一样，西南山区的乡村文化在与现代文明的冲击和经济生产方式的转型中不断变迁。

一、乡村社会文化：从封闭向开放转变

经济生产方式的转型在引发乡村社会结构重塑和社会关系重新定义的同时促进了乡村文化的变迁，而具有前瞻性的社会文化革新通过提供新的价值观念和行为准则成为社会转型的引领者和加速剂。一直以来，西南山区的乡村受其自然条件、区位条件等因素影响，乡村社会经济发展较为滞后，大部分农村居民由于长期处于偏僻、封闭的环境，与外界交流不畅且匮乏，思想观念较为狭隘和落后。但是，随着经济生产方式的转型，在政府和政策的引导下，先进的科学技术、物质装备源源不断传入乡村，先进的科学技术不断被引入，传统落后的农业生产方式逐步被取代，现代农业快速发展，农业装备水平不断提高，农业生产效率也大大提升。同时，农民的生产经营方式也不断改变，农村土地流转深入推进，新型经营主体大量涌现，新型农业生产模式快速发展，农业产业化水平显著提高，传统的自然经济小农社会向商品经济的现代社会转变，传统的小农生产方式被现代化的农业生产方式所取代。经济生产方式的转型，也为西南山区乡村文化的交流开拓了更广阔的空间，在学习和利用先进科学技术、进入现代化市场的同时，也扩大了西南山区不同民族之间的交往，推动文化心态从封闭性向开放性转变，增加了民族文化的宽容意识和全球意识（何颖，2006），进一步推动了西南山区乡村人民接受先进观念和知识，利用现代化的市场和技术，不断汲取先进文化。

二、乡村价值观念：多元性增强

乡村作为城乡关系的重要一极，乡村和乡村文化必然深度嵌入城乡关系的变化之中。城镇化进程使现代工业文明渗透到乡村社会的各个领域，影响最为深刻的就是乡村居民的价值观念和文化领域，这对相对封闭的西南山区也不例外。随着城乡二元结构的壁垒不断被打破，乡镇企业的快速发展改变了乡村社会的生产

方式和经济基础，乡村居民的市场意识、契约精神显现且不断增强，经济理性也逐渐进入乡村。市场经济导致经济利益多元化，也就使得乡村社会的利益主体更加多元，从而必然在生活方式、价值观念上产生差异。现代文明使传统乡村社会的一元价值观受到全方位的冲击，乡土文化在与现代文化的交汇和碰撞下，推动乡村社会价值观念由一元向多元发展。文化与价值观念的多元化使得封闭的西南山区乡村社会变得开放与融合，不同文化间的包容性增强。一些在过去不被认可的价值观念获得了人们的认可，农民的保守、迷信思想得以改变，求富争先的现代经济理性意识也使得他们更加敢于冒险和开拓创新，农民的信用意识、契约意识、责任意识也大大增强。在这个过程中，农民个体的自我认同与理性需求得以凸显，从最初的"吃饱穿暖"转向对高质量生活的追求，更加重视"生命、家庭、自由、权利、平等和幸福"，农民的民主意识不断提高，规则意识代替了服从意识，权利意识代替了义务意识，安全感、幸福感、获得感在农民个体价值观中的地位不断上升，这是乡村文明的进步。

乡村价值观念多元化也造成了乡村社会价值观念的紊乱，进而引发了乡村伦理的巨变，乡村传统的习俗观念也趋于多元化，失去了"乡土本色"。在地缘、血缘、亲缘基础上形成的熟人社会受到市场经济的冲击后逐渐瓦解，传统的互助型人际关系向利益型人际关系转化，乡村传统的"重义轻利、身份等级"价值观念被现代市场经济的利益观念所替代，其价值准则趋利化与道德市场化。在乡村社会和乡村生活中，利益驱动逐渐成为最主要的行为动力，植根于传统乡村社会生产、生活和交往方式的"乡土伦理"日渐式微。虽然现代道德体系在西南山区乡村社会中已经开始建立，但尚不完善，乡村道德追求的多样化和无序化并存。未来，西南山区乡村振兴需要破解的难题之一就是如何在城乡文明互动过程中推动整个乡村社会的道德重构。

三、乡村传统文化：逐渐走向消失

独特的地理环境使西南山区成为我国少数民族的主要聚集区，也造就了西南山区多样的民族文化，承载着民族的历史，也是民族生存和发展的内在源泉。经过历史的沉淀、筛选，优秀的传统文化得以保留和传承，这些优秀传统文化源远流长、博大精深，包含着丰富的哲学思想、道德情操、价值观念、审美品格、艺术情趣、辩证思维和科学智慧，是中华民族的宝贵精神财富。

随着西南山区逐渐从封闭落后走向开放，乡村传统文化在与现代文明、城市文明的融合与冲突中，虽然更加包容与多元，但也在城乡发展的"推与拉"的博弈中日渐衰落，乡村的认同感逐渐缺失。外部信息的大量输入、农民在城乡间的频繁流动，不可避免地会将城市生活的方式植入乡村，乡村居民把对现代文化、城市文化的追逐作为一种时尚，传统文化逐渐丧失了吸引力。例如，西南山区很多民族都善歌舞，但由于年轻人常年出外打工，没有时间和精力向老一辈学习，逐渐把传统歌舞抛弃。失去了农民基础的农村也失去了传承传统文化的群众意愿和基础。

在城乡统筹过程中，城市一直都占据着主导地位，乡村单向追赶城市，城市文化也成为乡村文化发展的方向和模板。现代文化进入乡村以后，未能与当地文化元素有机融合，乡村文化被生硬改造，缺乏生根的力量，捆绑的某些形式痕迹反而稀释了文化的原乡韵味，异己文化侵蚀了乡村文化内核，也挤压了乡村文化的生长空间。比如，原有与生产相关的民俗礼节、庆典仪式、民族活动不断简化或省略，具有民族特色的村落、传统技艺等景观逐渐褪色或消失，乡村文化在现代化的进程中隐匿甚至消逝。再如，许多西南山区少数民族都擅长手工制作民间工艺，但随着工业化的发展，传统的手工工艺与现代化工业制造品相比由于成本太高没有竞争力，以利益最大化为根本追求的一部分人不愿再从事这种看似"费力不讨好"的传统工艺，许多民间工艺技术因为得不到传承而逐渐消亡。

第四节　西南山区乡村治理结构的演变

传统乡村的社会秩序是建立在乡村文化基础上的乡土秩序，农民作为乡村社会发展的主要推动者，也是乡村治理的主体。在城镇化的作用下，西南山区乡村人口大量流向城市或者在城乡间流动，这使得乡村的社会结构、文化观念发生了巨大改变，与之相对应，在快速的城镇化和现代化过程中，乡村社会的治理秩序与运行模式也随着治理主体的变化不断发生改变。

一、治理主体：农民集体意识逐渐淡化

对于西南山区的乡村聚落来讲，相对封闭的地域环境使得其宗族意识更加强

烈，宗族作为超出家庭以外的"私"的单位（张敬燕，2018），对宗族内的居民有着软硬规范的约束，村民对宗族有较强的认同感、凝聚力和归属感，宗族意识和集体行动能力突出。传统的西南山区乡村聚落有着很强的集体意识，大部分家庭遵守宗族内的公共规则，并且能在这种约定俗成的规范下行动，乡村社会相对有序。

20世纪80年代以来，我国农村基层开始推行"乡政村治"的基层管理制度体系，这种以村民委员会为自治组织的治理形式，依旧是基于传统乡村文化基础上的乡村内生秩序，具有维持农村基层稳定的重要作用。但21世纪以来，随着市场经济引领下乡村劳动力大量外出务工，使得长期工作生活在城市的年轻人与村中其他居民的关系日渐疏远，人情往来、日常走动减少，生活日益私密化，代际关系减弱，对村庄的发展也不再关心。与此同时，受到市场经济和消费主义的影响，村民更加强调家庭的核心化地位，村民之间的交流也不断减少，需求日趋多元化，权利诉求明显，聚落内部的利益格局呈现多元化的态势，集体意识日渐淡化。在调研中许多老人反映，现在村里人不如以前好相处，村民对村里的事情都不积极，难以组织起来。

二、治理模式：由二元向多元化转化

村是乡村治理体系中最基本的政治单元（徐勇，1997）。自我国开启农村改革以来，乡村治理的制度也得到全面改革，国家权力从乡村社会"撤退"，乡村自治空间得以扩大，乡村治理秩序相对稳定。1998年国家颁布了《中华人民共和国村民委员会组织法》，用村民自治管理农村，西南山区乡村传统社会的"族长管理""乡贤治村"等长期习惯的组织结构被打破，征收税费使国家权力再次进入乡村，但村民自治未能成为维持乡村秩序的主要制度安排，反而使得各种乱集资、乱收费、乱摊派现象盛行，乡村社会从"有序"走向了"无序"（马良灿，2014）。2006年国家取消了农业税，乡村、国家与农民之间的利益连带关系消失，出现社会断裂。村委会依附于乡镇政府来获取公共财政与公共服务，更多地服从于政府的行政需求，这就压缩了村民自治的空间和动力。由于村民在村庄之外可以获取更多的经济收入，其受制于村委会的约束不断减小，对村庄公共事务的关注度逐渐降低。由于缺少治理资源，村组干部对很多事务的处理显得有心无力，其治理能力变弱，治理动力不足，治理责任减小。基层组织的治理资源缺失，村民对村组干部的认同度下降，基层组织的职权逐渐被削弱（董磊明，2013）。

与此同时，随着西南山区乡村从封闭走向开放，特别是近些年在脱贫攻坚、乡村振兴等战略实施下，西南山区的特色优势资源潜力逐渐被发掘，乡村成为投资的热土，大量资本、外来人才流向乡村从事新产业新业态，各种社会性的乡村经济合作组织、农民互助组织、农业产业协会甚至传统的宗族组织不断发展壮大并都参与到乡村治理中。原有的村民与村集体组织单向组织结构演变成村民、乡村社会组织、村集体组织等多元组织结构，原有单一的人际关系和社会关系被多元的关系所取代，"身份信任"也被"契约信任"所代替，二元主体的治理结构不再适应社会发展的需要，多元主体协同治理的多元治理形态成为新的治理秩序。随着这种多元治理秩序的形成，无论是传统的礼治秩序还是现代文明中的法治秩序都不足以应对愈加复杂的乡村利益纠纷和社会矛盾。对于有着深厚文化传统的西南山区乡村来讲，只有加速唤醒乡村社会认同的礼治秩序并以此为遵循形成法治秩序，才能获得乡村社会认同并使其成为共同遵从的社会规则。

第五节　西南山区乡村聚落结构的演变

一、乡村聚落形态：从分割到融合

生产生活方式与地形地貌条件有着很强的关联性。西南山区地形地貌复杂、自然环境差异较大，各地区被分隔成众多相互隔绝、封闭性极强的乡村聚落，崇山峻岭、高山沟壑阻断了西南山区乡村聚落间信息的交流，各乡村聚落之间的经济、文化交流相对困难，进而形成了不同的生产生活方式以及各具特色的地域风土人情。

20世纪90年代初，交通和通信条件的限制，延缓了西南山区聚落间相互融合与同化的进程，同时也阻碍了城乡之间的交流，因而西南山区的乡村性十分显著。在同一个聚落中，乡村居民聚村而居，共同分享着一定边界范围内的资源，在一定边界范围内共同生活，并对这一边界范围内的人有着认同心理，在此基础上也就形成了村落共同体。每一个乡村聚落不仅是一种地域性的社会空间，也有社会经济和文化心理的共同性；不仅是共同居住地方的历史性延续，也是聚落村民在生产生活与文化心理上的紧密联系。聚落与聚落间就形成了一定的地理边界阻隔和生产生活方式的差异，甚至是心理上的不认同。

但是，随着城市的快速扩张，许多乡村融进了城市、县城的范围，每年都会有许多个自然村落消失。此外，交通的便利、手机的普及、互联网的强大功能，使得越来越多的农村人以入学和就业等方式步入城市化的轨道，大量的乡村居民融入到城市中工作和生活。乡村聚落间也因为交通、通信等基础设施的快速发展和完善有了频繁、深刻的交流和沟通。虽然聚落的地理边界依然存在，但聚落文化、风俗习惯、心理认同感等聚落独有的特质都随着交流的频繁开始趋同和相互融合。政策推动下的移民搬迁、撤乡并镇，也让有着不同文化和习俗的乡村聚落、乡村居民聚合到了一起。在城镇化、工业化和农业现代化等多重作用下，同时受土地资源硬约束的影响，西南山区乡村聚落的集中居住态势明显，逐步向适度集中居住演变，即便是过着游牧生活的一些少数民族地区，其居住条件和居住方式也发生了重大变化，许多游牧民也已经定居。2019 年年初，乡镇（街道）数量第一的四川开启了"全省乡镇行政区划和村级建制调整改革"之路，四川全省乡镇（街道）从 4 610 个减至 3 101 个，减幅达 32.7%；建制村从 45 447 个减至 26 369 个，减幅达 41.98%。在乡村社会的变化过程中，乡村聚落受到一系列乡村改造和市场转型的影响，乡村社会结构在相互融合的过程中也出现了分化和多样化。随着国家新农村建设的推进和深入以及乡村振兴战略的全面实施，乡村社会空间的公共性也会越来越强，未来西南山区的乡村聚落必然会走向一种新的融合，这种融合既包括地理边界上的融合，也包括聚落文化和风俗习惯的融合。

二、乡村人居环境：由脏乱差向整洁、干净转变

随着新农村建设、美丽宜居乡村建设的推进，农村环境整治步伐加快，西南山区大部分乡村环境和卫生状况得到了明显改善。特别是乡村振兴战略实施以来，各地区把改善农村人居环境质量、建设生态宜居美丽乡村，作为实施乡村振兴战略的重要任务，把农村人居环境整治作为乡村振兴第一仗，乡村面貌发生了新的变化。2013 年，四川、重庆、云南、贵州均开展了"美丽乡村"建设，以特色风貌农民新村居民点建设为抓手，鼓励和支持农户实施改厨、改厕、改圈，实施人畜饮水工程建设，大力推广清洁能源等，乡村生态环境得到了较大改善。

2018 年，四川、重庆、云南、贵州都发布了与农村人居环境整治相关的实施方案，以农村垃圾、污水治理和村容村貌提升为主攻方向，推进农村人居环境整治。旱厕改建、圈舍改造、家庭垃圾箱、分类处理垃圾箱、垃圾回收车、垃圾处理站等在许多乡村地区开始普及。2020 年，四川农村卫生厕所普及率达到 86%，农村生活垃圾治理率达到 92%，行政村生活污水有效治理比例达到 58.4%，畜禽粪污综合利用率超过 75%；云南省农村卫生户厕覆盖率达到 57.5%，畜禽粪污综合利用率也达到了 75%。在政府大力推动乡村生活环境改善的同时，农民的环保意识也逐渐增强，乱扔生活垃圾、随意堆放杂物等现象逐渐消失，从最初的被动"去改变"转变为主动"要改变"。

三、乡村传统民居：加速自然消失向加强保护转变

20 世纪 90 年代及以前，西南山区的农房多以单层、人畜混居的土木或砖木结构为主（李孝坤，2022）。近 20 年来，无论是政策引导、帮扶，还是农民收入的快速增长，都加速了西南山区农村住房条件的改善和提升。农民把住房作为身份、地位和收入的象征，追赶式地扩大、新建住房，房屋由以前的单层土木结构转变为多层独栋的砖混结构，居住面积由 $25m^2$/人增加到 $35m^2$/人以上（李孝坤，2022）。同时，农户对于住房生产功能的需求进一步下降，更加追求生活享受功能，逐渐将人畜的生活空间分离、分割，放弃了圈舍、院坝等生产布局空间，居住环境明显改善。

值得注意的是，西南山区分布着许多少数民族村落，其独特的建筑风格和人居景观是中华民族宝贵的文化遗产，但在农民改造住房的过程中，受城市文化、建筑风格、建筑成本的影响，有些村落完全摒弃了当地传统民居的风格，使得特色人居景观逐渐消失。例如，凉山彝族瓦板房、云南傣族竹楼、贵州土家族的吊脚楼等特色民居都逐渐消失，这些独具特色的民居被简单的二层楼房取代，内外结构、风格样式、建筑材料逐步同一化，民族特色不断弱化。但也有一些特色村落在发展过程中被保护得很好，主要是一些旅游资源丰富的村落，如云南西双版纳以及黔西南地区的部分少数民族村落，在旅游业的发展带动下不仅保护了村落的特色景观而且加速了人居环境的改善。

四、乡村基础设施：由落后实现跨越式发展

西南山区曾经是"落后"的代名词，不仅自然环境恶劣，而且基础设施和

公共服务水平也十分落后，这也是制约其发展的重要原因之一。交通是影响西南山区乡村发展最为关键的基础设施条件之一，特殊的地质条件、复杂的地形地貌、落后的交通，长期羁绊着西南山区乡村的发展。"蜀道难，难于上青天"曾是四川山区的真实写照；"不是夜郎真自大，只因无路去中原"也反映了贵州省曾经被交通制约的无奈和辛酸。1990 年，四川第一条高速公路——成渝高速公路开工建设；1990 年年底，云南省第一条高等级公路建成通车；1991 年 5 月贵州省内第一条高等级公路竣工，打破了贵州没有高等级公路的历史。随着 20 世纪 90 年代初期交通条件的快速发展，封闭的西南山区加强了与外部地区的联系，也加速了乡村环境的改善。特别是党的十八大以来，脱贫攻坚的全面胜利，彻底改变了西南山区乡村交通落后的面貌。党的十八大以来，四川省出川大通道从 12 个增加到 21 个，高速公路畅达三州①，彻底结束了三州不通高速公路的历史；实现了所有乡镇和建制村 100%通硬化路、具备条件的乡镇和建制村 100%通客车。从"蜀道难"变"蜀道通"再到"蜀道畅"，从高速公路"大动脉"到农村公路"毛细血管"，四川交通条件发生了翻天覆地的变化，脱贫地区交通建设实现了历史性跨越。重庆市具备条件的村民小组实现 100%通公路、92.4%通硬化路，建制村实现 100%通硬化路、100%通客车。重庆市自实施交通建设三年行动计划以来，农村群众到达县城出行时间平均缩短约 2 小时、出行距离扩大 3 倍、出行频率提高 5 倍以上。云南省的农村公路里程居全国第 2 位，成功创建 11 个国家级、50 个省级"四好农村路"示范县，实现所有行政村 100%通硬化路、通邮、通客车。贵州 2002 年实现了"乡乡通"公路，2012 年实现"村村通"公路，2015 年成为西部地区第 1 个、全国第 9 个县县通高速的省份，2019 年实现 30 户以上村民组 100%通硬化路。此外，西南山区乡村的水利、电力、能源等基础设施也实现了"从无到有，从有到优"的快速跨越。截至 2020 年年底，农村自来水普及率四川省为 82%、重庆市为 83%、云南省为 66%、贵州省为 90%。

五、乡村公共服务：由不足和低水平向显著提高转变

乡村公共服务是农民最基本的民生需求，也是西南山区乡村居民一直以来亟

---

① 此处的三州指四川省的凉山彝族自治州、甘孜藏族自治州、阿坝藏族羌族自治州。

须解决的现实问题。20 世纪 90 年代初期，西南山区乡村公共服务水平相对较低，教育、医疗卫生水平十分落后。据统计，1990 年，四川（包括重庆市）①、云南、贵州 3 个省份人口文化教育综合均值在全国的排名分别是第 23 位、第 29 位、第 28 位，文盲比重排名分别为第 17 位、第 4 位、第 5 位（天力，1993）。随着国家对西南地区特别是少数民族地区教育的重视，西南山区乡村教育水平不断提升。2015 年 8 月，四川省委、省政府在《关于支持大小凉山彝区深入推进扶贫攻坚 加快建设全面小康社会进程的意见》中首次提出在凉山彝区实施"一村一幼"计划，目的是解决民族地区农村幼儿想上学而没学上的问题，进而阻止贫困现象的代际传递。该项措施促使民族地区公共服务均等化水平不断提升，促进了义务教育均衡发展，使凉山彝区农村学生受教育的机会和便捷性都大大提升。

西南山区乡村的医疗卫生服务发展亦十分迅速，2000 年西南山区每千农村人口乡镇卫生院床位数仅为 0.73 张，每千农村人口乡镇卫生院卫生人员数为 1.07 人；到 2020 年西南山区每千农村人口乡镇卫生院床位数增加到 2.81 张，每千农村人口乡镇卫生院卫生人员数增加到 3.01 人。其中，2020 年四川每千农村人口乡镇卫生院床位数配置达到 2.28 张，位居全国第二位。

在调研中，农民群众也普遍表示，当前求学、看病的便捷性大大提高，特别是近 10 年来的变化最为明显，娃娃在村里就可以上幼儿园。对于平时的一些小毛病，村民步行到村卫生院就能进行治疗，医生的治疗水平也明显提高，村民生活幸福感不断提升。但由于需求的多元化，也有不少群众反映，虽然村里的公共服务水平显著提高，但是仍然不能满足其需求，有的农户认为城市的教育水平更高，希望孩子能去县城读幼儿园或小学，这在距离县城较近的村庄表现最为明显。也有农户表示稍微复杂点的病症就必须到县医院或者市医院，村卫生院根本无法治疗。此外，村庄内部商店、小超市、快递站数量明显增多，布局也更加合理，农户购买生活必需品更加方便、快捷。

---

① 1990 年重庆市归四川省管辖。

第六节　本章主要结论

（1）西南山区农林牧渔业总量持续增长，产业结构不断调整，农业种植业产值增加最多，牧业总值增长速度最快。第一产业在三次产业中的比重持续下降，但农业占比仍高于全国平均水平。乡村产业发展多元化，三次产业融合发展的态势明显，特别是乡村休闲旅游业发展迅速，农产品加工业也呈快速发展态势。

（2）西南山区生产经营方式从"家家有地、户户种田"到"家家有地、户户不一定种田"转变，越来越多的农民不再从事农业生产，家庭农场、种养大户、农民专业合作社组织等新型经营主体逐渐发展壮大，"种养大户+家庭农场+合作社+社会化服务"等模式成为西南山区农业经营的主要模式。

（3）西南山区农民的收入水平显著提高，2010—2020 年是西南山区农民收入平均增长率最高的十年。农民的收入结构也发生了显著改变，收入的多元化已成为西南山区农民收入构成的主要特征。西南山区农民的消费结构也从温饱型向小康生活的现代化演变，呈现出"从吃饱到吃好""从单一消费结构向多元消费结构""从物质消费到精神消费""从生存型消费到发展型和享受型消费"的演变。

（4）西南山区乡村从熟人社会逐渐走向没有主体的熟人社会，乡村原有的熟人社会圈子被打破，农民越来越依赖于亲缘、血缘和地缘之外的社会组织和公共生活。乡村出现了户籍在乡村的城市人和城乡两栖的农民工，乡村的利益主体更加多元化。农村家庭规模趋向小型化，家庭的构成方式从多子多代的大家庭、联合家庭逐渐向主干家庭和核心家庭模式转变。西南山区少数民族人口的比例在西南山区总人口的比例呈现上升趋势。

（5）西南山区的乡村文化从封闭向开放转变，乡村居民的市场意识、契约精神显现且不断增强，经济理性也逐渐进入乡村。乡村文化多元性不断增强，乡村价值多元化，"乡土伦理"日渐式微，乡村道德的追求多样化和无序化并存。乡村文化日渐衰落，传统文化的传承问题突出。

（6）西南山区的宗族意识、集体意识逐渐被市场经济下以家庭为核心的发展意识所取代，村民对村庄公共事务的关心逐渐淡化，乡村治理结构也从二元主体治理向多元主体协同治理演变。

（7）西南山区交通等基础设施的快速发展让乡村聚落的连通性增强，乡村聚落的集中居住态势明显，乡村人居环境发生了翻天覆地的变化。

第七章 西南山区乡村地域系统功能演变分析

乡村是一个能够为人类生产发展提供生产、生活、生态等多元功能的地域空间单元。随着城镇化与工业化的快速推进、社会需求的不断提升、科学技术的持续革新，乡村地域系统的各要素均发生了显著改变，系统功能的多元性特征和空间异质性特征也更加显著。对乡村地域系统功能时空演变规律的分析能够综合揭示乡村演变和发展过程，对于识别乡村发展过程中的功能短板、遏制乡村功能退化、推动乡村高质量发展至关重要。

第一节 研究方法

一、熵权-TOPSIS 法

乡村地域系统具有多功能的客观属性，因此对西南山区乡村地域系统功能评价应立足于乡村发展的多样化来探讨不同发展阶段乡村地域系统的功能及转向特征。本研究在已有研究的基础上（李亚静等，2021），结合西南山区乡村地域系统发展实际，遵循科学性、系统性和数据的可获取性，从生产功能、生活功能和生态功能三个方面选取 20 项指标，构建乡村地域系统功能评价指标体系（见表7-1），通过极差法对数据进行标准化处理，采用熵权-TOPSIS 法确定评价指标的权重并计算各功能值，通过 ArcGIS 10.4 进行空间可视化处理。

优化后的熵权-TOPSIS 法，能够更好地减少指标间的权值计算偏差，减少评价结果的不确定性，可以更好地反映西南山区乡村地域系统功能发展情况。具体计算步骤如下：

（1）运用熵权值构建权重规范化矩阵 Y。

$$Y = \begin{pmatrix} g_{11} & \cdots & g_{1n} \\ \vdots & \ddots & \vdots \\ g_{m1} & \cdots & g_{mn} \end{pmatrix} = \begin{pmatrix} X'_{11} & \cdots & X'_{1n} \\ \vdots & \ddots & \vdots \\ X'_{m1} & \cdots & X'_{mn} \end{pmatrix} \times \begin{bmatrix} W_1 \\ W_2 \\ \vdots \\ W_n \end{bmatrix} \qquad (7-1)$$

式（7-1）中，X_{mn} 为第 m 县域第 n 项指标标准化数值；w 为指标权重。

（2）确定正负理想解，其中 $\{Z_j^+\}$ 是最优解，$\{Z_j^-\}$ 是最劣解。

$$\text{正理想解集合：} \{Z_j^+\} = \{\max g_{i1}, \max g_{i2}, \cdots, \max g_{in}\} \qquad (7-2)$$

$$\text{负理想解集合：} \{Z_j^-\} = \{\min g_{i1}, \min g_{i2}, \cdots, \min g_{in}\} \qquad (7-3)$$

其中，$\max g_{in}$ 是权重规范矩阵最大值；$\min g_{in}$ 是权重规范矩阵最小值。

（3）运用欧式距离法计算评价对象与正理想解和负理想解间距离 d_i^+ 和 d_i^-。

$$d_i^+ = \sqrt{\sum_{j=1}^{n} (g_{ij} - Z_j^+)^2} \qquad (7-4)$$

$$d_i^- = \sqrt{\sum_{j=1}^{n} (g_{ij} - Z_j^-)^2} \qquad (7-5)$$

其中，$i = 1, 2, 3, \cdots, m$；$j = 1, 2, \cdots, n$；$0 \leqslant d_i^+, d_i^- \leqslant 1$。

（4）计算评价对象与理想解的贴近程度 T_i。

$$T_i = \frac{d_i^-}{d_i^+ - d_i^-} \qquad (7-6)$$

其中，$i = 1, 2, \cdots, m$；$0 \leqslant T_i \leqslant 1$。

表 7-1　西南山区乡村地域系统生产-生活-生态功能评价指标体系

准则层	指标层	指标说明	指标属性	权重
生产功能	人均粮食产量（吨/万人）	粮食总产量/农村总人口	正向	0.062 9
	人均耕地面积（hm²/人）	耕地总面积/农村总人口	正向	0.067 9
	粮食单产（吨/hm²）	粮食总产量/耕地总面积	正向	0.066 0
	耕地平均斑块面积（hm²）	区域耕地斑块总面积/斑块数量	正向	0.171 1
	垦殖率（%）	耕地总面积/区域土地总面积	正向	0.134 0
	土地农业产出率（元/m²）	农林牧渔业总产值/土地总面积	正向	0.295 5
	人均农林牧渔业产值（元/人）	农林牧渔业总产值/农村总人口	正向	0.202 6

表7-1(续)

准则层	指标层	指标说明	指标属性	权重
生活功能	乡村人口密度(人/公顷)	农村总人口数/区域土地总面积	正向	0.119 2
	农村人均住房面积(m²/人)	乡村居民点总面积/农村总人口	正向	0.136 7
	农村地区用电量(万千瓦时)	反映农村地区居民的电气化水平	正向	0.167 5
	受教育水平(%)	中小学生数量/区域总人口	正向	0.083 8
	医疗服务水平(个/万人)	医疗单位床位数/区域总人口	正向	0.076 2
	农村居民人均可支配收入(元)	反映农村居民平均的可支配收入水平	正向	0.111 1
	人均地方公共财政支出(元/人)	地方公共财政总支出/区域总人口	正向	0.155 3
	人均储蓄存款水平(元/人)	居民储蓄存款余额/区域总人口	正向	0.150 2
生态功能	化肥施用强度(吨/公顷)	化肥使用量(折纯量)/区域土地总面积	负向	0.044 4
	植被覆盖指数	中国科学院资源环境数据平台	正向	0.283 9
	生态服务价值(亿元)	Costanza 等(1997)、谢高地等(2008)提出的方法	正向	0.416 4
	生物丰度指数	参考生态环境评价技术规范	正向	0.194 5
	荒漠化土地占比(%)	荒漠化面积/区域土地总面积	负向	0.060 8

二、耦合协调度模型

耦合协调度模型可以用于测度两个及以上系统间相互作用的协调程度。本研究运用耦合协调度模型来分析西南山区乡村地域系统生产功能、生活功能、生态功能的组合状态,评价乡村地域系统多功能间的协调发展水平和耦合互动关系。

(1)耦合度模型。

$$C = \left\{ \frac{ny \times sh \times st}{(ny + sh + st)^3} \right\}^{1/3} \tag{7-7}$$

式(7-1)中,ny、sh、st,分别代表农业生产功能、生活功能、生态功能的指数值。

（2）耦合协调度模型。

耦合度模型只能反映三种功能耦合作用的强弱程度，无法避免低水平高耦合现象。为更好地反映三种功能协调发展水平高低，本研究引入协调度模型，既能够测度三种功能的相互作用强度，又能反映各功能的发展水平。耦合协调度模型如下：

$$D = \sqrt{C \times T} \ ; \ T = \alpha \mathrm{ny} + \beta \mathrm{sh} + \lambda \mathrm{st} \tag{7-8}$$

式（7-8）中，T 为乡村生产、生活、生态功能协调度；α、β、λ 为功能系数。考虑到西南山区乡村地区发展实际，在广泛参考相关学术成果和咨询专家学者的基础上，对系统功能系数界定为 $\alpha = 0.35$，$\beta = 0.35$，$\lambda = 0.3$。

第二节　西南山区乡村地域系统功能的演变

乡村地域系统功能是指在一定的发展阶段，特定的乡村地域系统在更大的地域空间范围内，通过系统内各要素相互作用发挥其自身属性，并与其他系统共同作用下所形成的对自然界或人类发展有益作用的综合特性（刘彦随等，2011）。乡村地域系统功能的演变能够体现乡村地区的差异特征，综合反映乡村变化和发展的过程，是支持相关决策的重要理论工具。根据前文分析，西南山区乡村地域系统在 2000—2020 年的转型发展更为明显，且基于数据的可获取性，本部分分析讨论 2000—2020 年西南山区乡村地域系统功能的演变特征。本部分依据乡村地域多功能评价指标体系，计算得到不同时期西南山区乡村地域系统及各省（市）的生产功能、生活功能和生态功能价值。

一、乡村地域系统功能演变分析

西南山区乡村地域系统综合功能指数呈现持续上升的趋势（见图 7-1），表明 2000—2020 年西南山区乡村地域系统的综合功能在不断提升，且 2010—2020年间提升的速度更明显。

西南山区农业生产功能和生活功能指数也表现出持续上升的趋势，表明生产功能和生活功能在不断增强，且此两项功能在 2010—2020 年变化最为显著，但生产功能提升的速度较慢，2020 年生产功能指数低于了生活功能的指数。随着国家对"三农"问题的愈发重视，特别是精准扶贫和乡村振兴战略的实施，西南山区乡村的生产生活条件显著提高，生产功能、生活功能也不断优化提升，但西南山区农业现代化水平仍较低，土地农业产出率不高，加之近些年土地"非农化""非粮化"趋势明显，生产功能逐渐成为乡村发展的短板。

西南山区乡村地域系统中生态功能处于优势地位。虽然 2010 年的生态功能指数较 2000 年略有下降，但 2020 年又显著提高，表明 2010 年以后西南山区乡村地域系统的生态功能持续向好，这主要是由于党的十八大以来，以前所未有的力度推进生态文明建设，西南山区乡村居民对生态环境保护的意识不断提高，过去以破坏生态环境来换取物质生活资料的传统生活方式得以改变，毁林开荒的现象基本消失，生态服务功能在该时段得以优化提升。

相较而言，西南山区乡村地域系统的生活功能指数增长速度最快，表明生活功能提升最显著，乡村基础设施和公共服务水平大幅改善，农村居民收入快速增加，农民的生活质量显著提升。

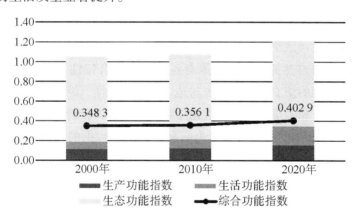

图 7-1　西南山区乡村地域系统各项功能指数

从乡村功能指数的变化特征来看（见图 7-2、图 7-3、图 7-4、图 7-5），四川省、重庆市、云南省、贵州省的乡村综合功能指数均呈现增大的趋势，表明这 4 个地区的乡村功能均在优化提升，且均在 2010—2020 年的这一时段内功能提升最为显著。

从生产功能来看，这 4 个地区的生产功能均在不断提升。其中，四川省的生产功能指数相对较高，但增长速度不及重庆市和云南省，2020 年生产功能指数甚至被重庆市超越，表明四川省乡村地域生产功能虽强于其他省份，但功能优化提升的速度较慢，而重庆市和云南省的乡村生产功能呈现快速优化提升的趋势。

从生活功能来看，除贵州省在 2000—2010 年的功能指数略微下降外，其他 3 个省份的生活功能指数均在增大，且 4 个省份在 2010—2020 年生活功能的优化提升非常显著，贵州省表现最为突出。从生态功能来看，2000—2010 年，4 个省份的生态功能指数均有不同程度的下降，重庆表现较为突出；2010—2020 年，重庆市与贵州省的生态功能指数仍略有下降，这分别与草地和林地的减少有直接关系。

相较而言，四川省乡村的生产功能、生活功能指数高于其他 3 个省份，但功能提升速度弱于其他 3 个省份，特别是农业生产功能的优化提升速度较慢。近年来，四川耕地面积减少明显，耕地细碎化的特征十分突出，农业产出率增长受限，农业现代化水平亟待提高，乡村的生产功能的提升也需要高度重视。重庆市乡村的生态功能优于其他 3 个省份，但生态功能退化的特征显著，乡村生产功能、生活功能与四川省的各项功能差别不大，且优化提升速度高于四川省。云南与贵州两省的乡村生产、生活功能指数低于四川省、重庆市，虽然功能优化提升速度十分明显，但差距仍较为显著。

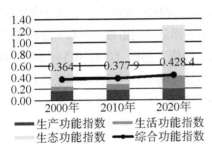

图 7-2　四川省乡村功能指数

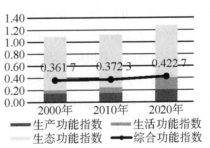

图 7-3　重庆市乡村功能指数

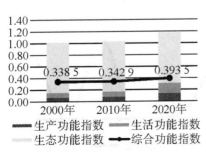

图 7-4　云南省乡村功能指数

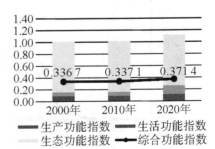

图 7-5　贵州省乡村功能指数

二、乡村地域系统功能的空间差异分析

县域不同年份乡村功能的频数分布特征见图7-6、图7-7、图7-8。可以看出，乡村生产功能指数主要分布在［0.1，0.3］，各县生产功能指数的分布区间范围较小，表明其生产功能的差异性并不十分显著。其中，2000年和2010年分别有55.09%和51.68%的县域生产功能指数分布在（0，0.1］；2020年生产功能指数频率分布"峰值"向（0.1，0.2］移动，表明西南山区大部分县域的生产功能在提升。

生活功能指数频数分布及变化规律与生产功能指数的特征十分相似，但生活功能指数在2020年向（0.1，0.2］和（0.2，0.3］转移的县域数量更多，表明在生产功能、生活功能协同提高的同时，生活功能优化提升的效果更加明显。

生态功能指数主要分布在（0.7，0.8］和（0.9，1.0），三个年份的功能指数频数变化不大，但2020年指数位于（0.9，1.0）的县域数量略有增加，表明西南山区各县域的生态功能变化不大，且趋势向好。

综合功能指数主要分布在（0.3，0.5］，2000年和2010年分别有70.22%和76.92%的县域综合功能指数分布在（0.3，0.4］，2000—2010年，县域综合功能指数频率分布的特征变化不十分明显，主要表现为小部分功能指数小于0.3的县域减少的过程。2010—2020年，县域综合功能指数的"峰值"移向（0.4，0.5］，55.58%的县域综合功能指数位于该区间，表明该时段大部分县域的乡村综合功能在提升，但同时乡村综合功能指数频率分布曲线离散化程度有所扩大，县域间乡村综合功能差距拉大，因而在乡村振兴推进过程中要注重县域之间的协同推进和均衡发展。

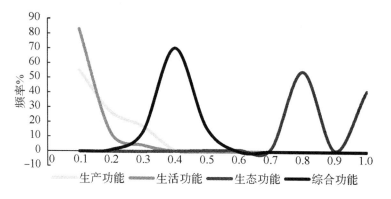

图7-6　2000年县域乡村功能指数频数分布图

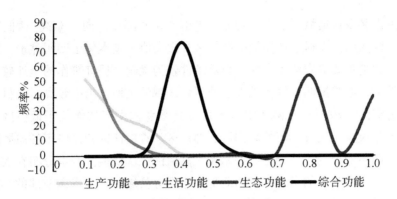

图 7-7　2010 年县域乡村功能指数频数分布图

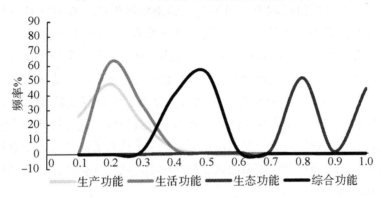

图 7-8　2020 年县域乡村功能指数频数分布图

三、乡村地域系统功能的空间格局分析

根据综合功能和各子功能的得分情况，本研究均将其划分为四个等级（见表 7-2），并运用 Arcgis 10.4 对不同功能指数的等级区间进行空间可视化处理。

表 7-2　功能指数分级表

指数名称	生产功能指数	生活功能指数	生态功能指数	综合功能指数
低值区	(0, 0.1]	(0, 0.1]	(0.3, 0.7]	(0.1, 0.3]
次低值区	(0.1, 0.2]	(0.1, 0.2]	(0.7, 0.8]	(0.3, 0.4]
次高值区	(0.2, 0.3]	(0.2, 0.3]	(0.8, 0.9]	(0.4, 0.5]
高值区	(0.3, 0.6]	(0.3, 0.5]	(0.9, 1.0)	(0.5, 0.6)

　　西南山区乡村地域系统生产功能呈现出"东北部高"向"东高-西低"演变的特征。西南山区乡村生产功能的高值区和次高值区基本位于四川盆地，该区域一直以来都是重要的农业生产区，自然条件较为优越，适宜耕作的土地较多且耕地斑块较大，温暖湿润的气候条件也使得该区域的土地产出率较高，乡村的生产功能优势突出。2000年，西南山区大部分县域乡村生产功能位于低值区，位于高值区的县极少，仅成都市的郫都区、温江区、青白江区和巴中市的恩阳区属于高值区，四川盆地的大部分县域都属于次高值区，次低值区基本分布在次高值区的外围，以及贵州省的东北部和西北部的小部分县域、云南省东南部的小部分县域。2010年，西南山区乡村地域的生产功能等级空间分布并无显著变化，零星县域从低值区向次低值区转变。2020年，西南山区生产功能的空间分布情况发生了显著改变，重庆、贵州、云南大部分县从低值区转为了次低值区，乡村生产功能有所提升，但四川省的甘孜、阿坝、凉山三州的大部分县的乡村生产功能仍保留在低值区，四川乡村生产功能的两极分化日趋显著。次高值区在原有范围的外围有所扩张。高值区的分布范围变化较为显著，明显特征是成都市的青白江区、郫都区和新都区从生产功能高值区降为了次高值区，这与耕地的非农化和非粮化有直接关系。重庆西北部与四川接壤处出现了连片的高值区，云南省玉溪市也零星出现了几个高值区。西南山区乡村地域生产功能在整体提高的同时，空间分布也更加均衡。

　　西南山区乡村地域生活功能呈现出从"多点多极"向"连片发展"的转变趋势。2000年和2010年，西南山区大部分县域的乡村生活功能都处于低值区，次高值区基本都是成都市的县域，次低值区主要分布在次高值区的外围以及遵义市、昆明市、玉溪市等大城市周边的县域。2020年，西南山区乡村地域生活功能的空间分布特征发生了显著变化，低值区完全消失，次高值区范围显著扩大，四川盆地及川西北地区的大部分县域乡村生活功能都变为次高值区，四川、重庆交界处以及昆明市和遵义市周边的县域也都转变成次高值区。一方面，西部大开发、乡村振兴战略的实施，使得西南山区乡村基础设施、公共服务水平有了整体提升，乡村生活功能也全面改善，特别是川西北地区乡村生活功能有了显著提升。另一方面，县域经济相对发达的县，其基础设施、公共服务水平相对也高，对乡村生活功能的提升具有重要的促进作用。

　　西南山区乡村地域生态功能的空间分布格局变化不是十分明显，基本呈现

"中部高、两侧低"的格局特征。整体看来，高值区的分布范围较广泛，主要集中在四川、重庆、云南、贵州交界处两侧，且分布范围不断扩大。次高值区分布范围极小，零星分布在高值区周边。次低值区主要集中分布在西南山区的东部，即重庆市和贵州省的东部、云南省的南部地区。低值区主要集中分布在川西高原，该区域虽然生态环境较好，但生态脆弱性极强，乡村生态功能得分并不高，因此该区域在乡村振兴过程中必须要高度重视乡村生态环境的保护。

　　西南山区乡村地域综合功能呈现出从"西低、东高"向"中部高、东西低"的空间演变特征。整体看来，川西北乡村的综合功能最低。2000 年，乡村综合功能的次高值区数量较少，主要分布在成都市、重庆市、遵义市和丽江市周边的县，这些县邻近大城市，受城市的辐射带动作用较大，基础设施和公共服务水平相对较高，乡村生产、生活条件较为优越，乡村综合功能相对较强。2010 年，西南山区乡村县域综合功能有所优化提升，主要表现为次低值区范围有所扩大，除四川甘孜藏族自治州的大部分县域、阿坝藏族羌族自治州的小部分县域以及云南省西部北部和西南部的部分自治县的乡村综合功能为低值区外，西南山区大部分县域乡村综合功能都位于次低值区及以上，但次高值区县域的分布范围基本没有变化。2020 年，乡村综合功能属于次高值区的县域数量明显增多，主要分布在西南山区的中部地区，即四川省的东部以及四川省和重庆市、四川省和云南省、云南省和贵州省的交界地带，从而使西南山区乡村地域系统综合功能呈现"中部高、东西低"的新空间分布特征。同时，零星出现了乡村综合功能等级为高值区的区域，分别为成都市的金堂县和崇州市、重庆市的合川区、自贡市的贡井区、德阳市的罗江区、广元市的朝天区、乐山市的五通桥区和玉溪市的澄江市，这些区域都位于城市周边，受工业化和城镇化的影响强烈，农业农村现代化水平较高，乡村综合功能也较强。但同时也可以看出，2020 年川西北的甘孜藏族自治州的大部分县域乡村综合功能指数仍位于低值区，在 20 年的时间里没有较大提升，该区域生态环境脆弱，是整个西南山区乡村综合功能最弱的区域，也是未来西南山区乡村振兴应当重点关注的区域。

第三节　西南山区乡村地域系统功能耦合协调度关系演变

西南山区乡村地域系统各项功能耦合协调度的时空演变轨迹是判别其转型阶段特征的重要依据。根据相关研究经验（韩冬，2021），结合西南山区的实际情况，本研究将耦合协调度划分成5个等级（见表7-3）。

表7-3　高质量发展耦合协调度等级划分

耦合协调度	耦合度等级	耦合协调等级
[0, 0.2)	初级耦合	初级协调
[0.2, 0.4)	拮抗耦合	中级协调
[0.4, 0.6)	中度耦合	良好协调
[0.6, 0.8)	磨合耦合	高级协调
[0.8, 1]	高度耦合	优质协调

一、乡村地域系统功能耦合协调度的演变分析

从整个西南山区乡村地域系统功能的耦合度和耦合协调度的变化情况来看（见图7-9），西南山区乡村地域系统功能"两两"耦合基本均处于磨合耦合和高度耦合阶段，且均呈现上升态势，表明生产-生活、生产-生态和生活-生态"两两"之间的相互驱动作用显著，其中生产-生活的耦合度最高，二者相互之间的影响显著。生产-生活-生态三者之间的耦合度先下降后呈现升高的趋势，从拮抗耦合下降到初级耦合后，再从初级耦合到拮抗耦合再到中度耦合，表明三个子功能之间的相互作用力在增强。乡村地域系统功能"两两"耦合协调度也均呈现上升的趋势，生产-生态的耦合协调度最高，但生活-生态的耦合协调状态演进速度较快，特别是2010—2020年最为突出，已达到高度协调状态。生产-生活功能耦合协调度相对最低，仅从中级协调变为良好协调，特别值得注意的是，生产-生活耦合度最高，但耦合协调度最低，表明西南山区乡村地域系统生产功能和生活功能虽然具有强烈的相互作用关系，但是二者却未能协调发展。这主要是由于虽然乡村人口不断减少，但是乡村人均居住面积不降反增，乡村耕地

面积却不断减少，乡村基础设施和公共服务水平明显提高的同时，乡村垦殖率不断降低，耕地斑块规模不断减小，土地农业产出率增长也相对较慢，乡村生活功能的提高在一定程度上抑制了乡村生产功能的提升，乡村生产功能发挥不足。生产-生活-生态三者之间的耦合协调度相对较低，表明西南山区乡村地域系统仍存在显著的功能短板，但2020年耦合协调度有所提升，从中级协调变为良好协调，也表明功能短板得到了一定的提升，三个功能的协同作用不断增强，乡村地域系统向有序发展演进。因此，西南山区全面推进乡村振兴要以补齐乡村生产功能短板为重要抓手，着力破解生产和生活功能中的不协调发展因素，推动生产-生活-生态功能协同快速提升。

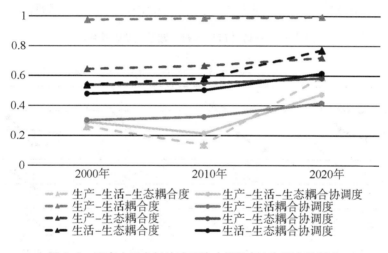

图7-9　西南山区乡村地域系统功能耦合度和耦合协调度

　　从各省份乡村地域系统功能的耦合度和耦合协调度的变化情况来看（见图7-10、图7-11），各省份乡村地域功能"两两"耦合度均较高，相互之间具有明显的驱动作用。生产-生活-生态三者之间的耦合度相对较低，但四川省和重庆市"三生"功能的耦合度增长加快，都进入了磨合耦合阶段。4个省份的乡村地域功能的耦合协调度也整体表现为上升态势，四川省乡村地域系统"三生"功能耦合协调度要优于其他3个省份，表明其乡村地域生产、生活、生态功能在发展过程中协调共进、发展有序。贵州省乡村各功能的耦合协调度相对较低，主要是因为乡村生活功能的短板比较突出，制约了乡村多功能耦合协调发展。4个省份均是生产-生活功能的耦合协调度最低，应加快提升乡村生产功能。

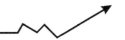

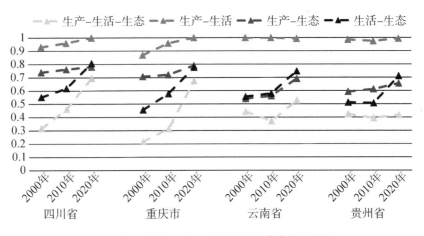

图 7-10　各省（市）乡村地域系统功能耦合度

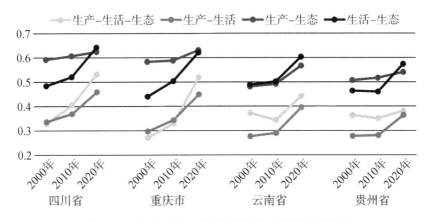

图 7-11　各省（市）乡村地域系统功能耦合协调度

二、乡村地域系统功能耦合协调度的空间差异性分析

西南山区乡村地域系统的生产-生活功能耦合协调度呈现出从"整体低水平耦合协调"向"多点良好协调发展"转变。2000—2010 年，主要表现为川西地区的 35 个初级协调县域向中级协调提升，良好协调的县域主要分布在成都市周边，但数量变化不明显。2010—2020 年，表现为良好协调的县域大幅增加，四川盆地、川南地区部分县域的生产-生活功能耦合协调度连片转为良好协调。此外，昆明市和遵义市周边的部分县域的生产-生活耦合协调度也上升为良好耦合

状态。这些区域生产、生活条件较好，生产、生活功能等级较高，二者相互促进、同步提高的作用显著。

　　西南山区乡村地域系统生产-生态功能整体耦合协调度较高。大部分县域处于良好协调状态，少部分县域达到高级耦合，且分布范围不断扩大，以四川盆地表现最为显著。昆明市周边个别县域的耦合协调度也达到高级耦合状态，这与区域生产功能较好有关。在新发展理念背景下，西南山区不断优化升级产业结构，推动传统农业转型与现代农业技术应用，产业绿色发展水平显著提升，产业发展与生态保护融合共进，产业生态化和生态产业化步伐不断加快，生产功能和生态功能相互促进提升的态势良好。

　　西南山区乡村地域系统的生活-生态功能耦合协调度呈现跨越式转变。2000—2010年，生活-生态功能耦合协调度变化并不显著，主要体现在少量中级协调县域向良好协调转变，这表明在这一时段，乡村生活和生态功能并未显著提高。2010—2020年，生活-生态功能处于高度协调的县域大幅度增加，从2010年的6.2%增加到2020年的56.6%，分布范围主要在四川省的北部和西南县域、重庆市的几乎全部县域、云南省西北部与东北部的部分县域。这些区域生活功能与生态功能协同优化提升显著，乡村生活功能的提高必然提升乡村居民的生态环境保护意识和对高质量生态环境的需求，乡村生态功能的增强也必定能够推动生态资源向生态资本转化，促进乡村生活环境的进一步提升。相较而言，贵州省生活-生态功能耦合协调度水平较低，大部分县域处于良好耦合阶段，仅遵义市和贵阳市周边的个别县域处于高级协调状态，这与贵州省乡村生活功能短板突出有较大关系。因此，在全面推进乡村振兴的过程中，要注重发挥生态资源优势，通过生态资本的积累促进乡村生活功能优化提升，加快弥补乡村生活功能的短板。

　　西南山区乡村地域系统生产-生活-生态功能耦合协调度呈现出"小分散"向"大集中"演变的态势。这表明乡村地域系统综合功能的空间分异性日益显著，要素优化重组具有显著的区域效应。整体看来，西南山区大部分县域处在中级协调和良好协调状态，表明"三生"功能的耦合协调度仍处于较低水平，系统结构虽有向好趋势，但协同提升作用并不十分显著。同样地，四川盆地的县域耦合协调度较高，昆明市周边以及遵义市与贵阳市之间的县域的耦合协调度都处于较高水平。这也表明了城市对推动乡村地域系统要素重组和功能优化具有重要作用。西南山区全面推动乡村振兴，一方面要通过要素的优化配置实现乡村"三生"功能的耦合提升,另一方面要通过优化地域空间结构,补齐区域发展的功能短板,激发区域的创新发展能力,发挥大城市辐射带动乡村要素优化和功能提升的作用,促进西南山区乡村地域空间的协同发展。

第四节　本章主要结论

(1) 西南山区乡村地域系统的综合功能及生产、生活、生态各项子功能均在不断优化提升,且在 2010—2020 年提升的速度更明显。生态功能是西南山区乡村地域系统的优势功能,但生活功能提升最为显著,生产功能在此阶段的优化提升速度相对较慢。四川省乡村的生产、生活功能指数虽高于其他 3 个省份,但功能提升速度较缓,特别是农业生产功能的优化提升速度慢。云南、贵州的乡村生产功能、生活功能指数优化提升速度虽然较快,但与四川、重庆的差距仍较为明显。

(2) 西南山区乡村地域系统生产功能呈现出从"东北部高"向"东高-西低"演变的特征;生活功能呈现出从"多点多极"向"连片发展"转变;生态功能的空间分布格局变化不是十分明显,基本呈现"中部高-两侧低"的格局特征;综合功能呈现出从"西低-东高"向"中部高-东西低"演变的空间特征,川西北乡村的综合功能得分最低。

(3) 西南山区乡村地域系统功能"两两"耦合基本均处于磨合耦合和高度耦合阶段,且均呈现上升态势,生产、生活、生态功能之间的相互驱动作用显著,其中生产功能和生活功能虽具有强烈的相互作用关系,但二者却未能协同发展。"三生"功能之间的耦合协调度相对较低但呈上升趋势。

(4) 四川省乡村"三生"功能耦合协调度要优于其他 3 个省份。4 个省份均是生产-生活功能的耦合协调度最低,应加快提升乡村生产功能。

(5) 西南山区乡村地域系统生产-生活功能耦合协调度呈现出从"整体低水平耦合协调"向"多点良好协调发展"转变;生产-生态功能耦合协调度整体较高,生产功能和生态功能相互促进提升的态势良好;生活-生态功能耦合协调度在 2010—2020 年呈现跨越式提升;生产-生活-生态功能耦合协调度呈现出从"小分散"向"大集中"演变的态势,综合功能耦合协调度的空间分异性日益显著,要素优化重组具有显著的区域效应,但存在显著的功能短板。

第八章　西南山区乡村地域系统演变的阶段性特征、驱动因素及演变机理

乡村地域系统演变的过程就是其转型发展的过程，是一个十分复杂且长期的过程。乡村地域系统演变是多种因素共同作用的结果，不同的因素的作用力大小和作用方向不同，起到的作用效果有所差异，从而推动乡村地域系统的演变产生了不同的结果。

第一节　西南山区乡村地域系统演变的阶段性特征

1978 年的改革开放拉开了我国农村改革的序幕，乡村地区开启了一系列变革。改革开放到 20 世纪 80 年代末，西南山区乡村地域系统的演变速度相对较慢，主要是对以家庭联产承包责任制为主体的经济制度的探索，这一阶段农业生产功能在乡村地域系统中占主导地位，主要表现为农业与乡村的耦合。20 世纪 90 年代，随着城乡发展差距逐渐拉大，农业农村可持续发展出现了许多新的问题，西南山区乡村地域系统也开启了快速的转型发展之路，农业生产、农村生态、农民生活都发生了深刻变化。

一、1990—2000 年：西南山区乡村地域系统加快分化阶段，乡村农业生产功能弱化，但社会、文化结构没有发生根本改变

20 世纪 90 年代，我国经济体制改革取得巨大成功，经济发展水平也不断提高，西南山区乡村地域系统的要素配置、功能、结构也都进入了一个加快转变的阶段。随着改革开放的不断深入和农村改革的不断深化，乡村工业化得到了一定的发展，市场在农村发展中的作用逐步显现并不断加强，西南山区城乡要素流动

得以加强，农村生产力不断被解放，粮食产量持续提高，大部分农村的温饱问题在那时得到解决，但农产品的结构性剩余和不足的矛盾依然突出，农村却继续为工业化和城镇化提供原料输送，乡村地域系统的主要功能仍然是追求农业生产的最大化。随着生产力的提高和温饱问题的解决，乡村人口仍然呈现较快增长的态势，但空间分异明显，特别是在少数民族聚居区人口增长率较高。由于该阶段生产力水平仍然十分有限，加之人口数量较多，因此乡村地域系统的人地关系矛盾也最为突出，生态环境问题日趋严重，林地、草地不断被开垦。

与此同时，受城乡二元结构的影响，农村剩余劳动力开始向城市转移，非农就业的比重有所提高，乡村地域系统要素开始单向向城市流动。但由于受到城乡二元体制的限制，这一阶段农民的跨区域流动并没有使农民真正融入城市，而是以"候鸟迁徙"的方式季节性地往返于城乡之间，他们大都倾向于到离家较近的城市或县城打工，即使外出务工也会在农忙季节回来耕种，对农业和农村有深厚的情感和依赖。虽然西南山区乡村地域系统中农民与土地的相互作用关系在经济上有所变化，但系统内部的社会、文化结构没有发生根本改变。

二、2001—2010 年：西南山区乡村地域系统快速转型阶段，乡村要素加速流失，乡村可持续发展问题凸显

进入 21 世纪，我国城乡关系出现革命性跃进，总体上进入"以工促农、以城带乡"发展阶段，统筹城乡发展战略初步形成并持续深化，"三农"问题越发受到重视。随着社会主义新农村建设的推进，西南山区乡村的经济、社会、政治、文化等多个方面都发生了显著的改变，西南山区乡村地域系统也开始快速转型，工业主义、消费主义的兴起逐渐削弱了西南山区乡村地域系统的农业生产功能，乡村的消费、生态、休闲等新的功能需求不断提升，但乡村的多元功能价值并未得到充分重视。

随着城镇化和工业化的快速发展，西南山区乡村地域系统中大量乡村劳动力向城镇和非农产业转移，乡村土地也向城镇建设用地转化，四川、重庆的乡村要素的城镇化过程在这一阶段表现得更明显。农民与土地的关系以及农民与村庄的联系在该阶段也开始发生根本性转变。与上一阶段外出务工的农民有所不同，该阶段的农民文化素质、技能水平等都相对较高，其表现出强烈的融入城市经济的倾向，更希望能够在城市获得一份稳定、体面的工作，不单纯只为获得更高的收入，也更愿意

向东部沿海等大、中城市迁移。他们与乡村的感情逐渐淡化,表现出明显的"留城、务工、离土、离农"的特征与趋势,对土地的经济依赖性大大降低。

受长期固化的城乡二元结构体制束缚,西南山区乡村地域系统的要素向城市单向流动的速度进一步加快,在乡村人口、土地、资金等生产要素大量向城镇和非农产业转移的同时,乡村面临着生产要素快速非农化、农村主体老弱化、土地严重空废化、居住环境污损化、文化建设趋同化、治理主体单一化等一系列问题。乡村逐渐衰落,与城市的发展差距不断拉大。

三、2011—2020 年:西南山区乡村地域系统有序转型阶段,乡村要素配置趋于优化,乡村多元功能得到大力发展

在这一阶段,西南山区乡村地域系统的综合功能稳步提升,各功能的耦合协调发展水平不断增强。自党中央提出实施"精准扶贫、精准脱贫"到脱贫攻坚战全面打赢,西南山区作为脱贫攻坚的主战场,乡村面貌发生了翻天覆地的变化。农业综合生产能力稳步提高,产业化水平不断提高,从传统的人力耕作向机械化生产转变,从传统粗放的种养殖方式到集约化、规模化生产,从家庭小作坊到新型经营主体,农产品也从以粮食作物为主向多元化的农产品转变。特别是蔬菜、水果等特色经济作物的种植面积不断扩大,农民的收入不断提升,收入来源更加多元化,非农收入在农村居民收入中的占比不断提高。土地改革的深入推进,在一定程度上鼓励和促进了土地经营权流转,但受自然环境条件、农民思想观念、农业社会化服务等一系列条件的制约,西南山区的土地流转规模较为有限。尤其是党的十八大以来,国家对生态文明建设十分重视,西南山区乡村生态环境持续改善,美丽乡村建设取得丰硕成果,乡村的生态功能、文化功能都得到激活和释放,生态产品、文化产品也成为乡村的重要产物,乡村的生态价值、文化价值逐步转变为经济价值,乡村三次产业加速融合发展,乡村为城市居民提供精神需求的功能不断得到拓展。

总体看来,在这一阶段随着城乡互动加深,西南山区乡村地域系统多元功能进一步拓展且得到较快发展,西南山区乡村地域系统人地关系矛盾也不断缓解,但区域发展不充分不平衡的矛盾依然显著,粮食安全、供需矛盾加剧、长效动力不足、农民增收放缓、巩固拓展脱贫攻坚成果压力大、自然灾害频繁、城乡资源要素配置失衡等也成为西南山区乡村地域系统发展过程中面临的新问题。

第二节 西南山区乡村地域系统演变的驱动因素分析

一、自然地理环境

地形、气候、水文、耕地资源等自然地理要素框定了西南山区乡村聚落空间分布的历史性格局，决定了乡村的宜居性。从全国范围来看，东部优越的自然地理基础条件决定了其在一定限度内可以支持人类大规模、高强度开发，乡村发展具有良好的物质基础；而西南山区脆弱的自然地理环境则决定了其不宜也不能进行高强度大规模开发，乡村从最原始的发展就受到了自然环境的限制，这就决定了一定历史时期内社会经济发展的格局（陆大道等，2016），这也是东部乡村经济发展快于西部的根本原因。西南山区由于自然资源贫乏，土地单位产出低，支持聚落生存的腹地范围需要更大，为了耕作方便，居民点通常散落于耕地附近，进而形成了西南山区村庄规模小、呈点状或带状分散分布的空间特征，限制了乡村生产功能、生活功能的发展。

从西南山区内部来看，自然地理要素及其组合的差异，也使得其内部乡村居民点的密度、规模、形态等呈现出不同的特征。通常，海拔越高，坡度越大，居民点规模越小，集聚性越差，人口密度也越低，如川西高原山地、横断山区的中高山区居民点分布分散，低山、河谷地带聚落众多，川中低山丘陵、云贵高原等地势起伏度相对较小的区域居民点分布集中且规模较大。乡村人口数量的增加必然引起村落的扩张，当人口数量超过了当地环境承载力时，多余的人口不得不开辟新的村落。对于自然环境条件恶劣、生态环境更加脆弱的西南山区来讲，自然环境的承载力十分有限，在乡村形成和发展的过程中约束性和支撑性更加明显，具有作用时间长且一定时期内相对稳定的特点（海贝贝等，2013）。同样地，海拔、坡度、地势起伏度、气温、降水等自然因素也会影响西南山区乡村的演变方向和演变速度。海拔越低、坡度和地势起伏度越小的区域，自然环境条件对乡村发展的限制越不显著，乡村的演变较为剧烈；相反，自然条件相对较差的区域，对乡村发展的制约明显，乡村整合发展进程相对较慢。西南山区乡村的演变具有明显向低海拔自然环境好的区域集聚的趋势。

西南山区的乡村对自然资源依赖性强，自然资源组合的独特性影响不同乡村的农业产业结构。例如，安宁河谷气温高、无霜期长、光照充足、水资源丰富、红色土壤肥沃，资源禀赋独特，发展生态农业、特色农业、立体农业的条件优越。云南的文山壮族苗族自治州（以下简称"文山州"）是我国公认的三七道地产区，光照充分、雨量充沛，具有年温差小但昼夜温差大的双重特点，土壤属黄红壤和红壤类型，土层深厚、疏松，富含稀土元素和铁、钙、钴、钼等微量元素，十分有利于对环境条件要求特殊的三七干物质的积累和有效成分的生物合成。自然资源的丰富程度对西南山区乡村的发展演变具有重要影响，自然资源丰富地区的乡村演变过程快且更为剧烈。资源的开发利用，不断带动乡村基础设施的发展，进而促进乡村人口多元就业和经济收入提高，从而推动乡村形态、结构、功能的改变。例如，云南省文山州马关县锡矿资源开发推动了农业劳动力向非农产业转移，改变了村庄的就业结构和农户的收入结构，促进了其乡村的发展。

随着社会经济的发展，人类改造自然的能力不断提升，自然要素对西南山区乡村的影响和作用力也在不断减弱，当乡村人口不再单纯依靠农业生产来维持生计，自然环境对乡村的约束也逐渐减小，适应自然的矛盾已隐退为次要内容。区位优势的凸显、基础设施的发展、技术的进步都会降低自然要素对乡村发展的作用强度，乡村为满足功能发展的要求，亦会寻求与之社会行为模式相适应的自然环境条件。例如，基础设施的改善可以降低通勤时间进而增大耕作半径，可以促进人口的集中居住；技术的进步可以提高粮食单产，使得相同土地能够养活更多的人口，推动乡村人口的增长。

但不可否认的是，自然灾害对西南山区乡村发展的影响依旧十分突出。西南山区生态环境脆弱，水土流失、土地沙化、石漠化等生态环境退化显著的地区，滑坡、泥石流、地震等自然灾害频发的地区，都不再适合人类居住。生态移民、农民自发搬迁等形式的迁移，使得部分村落不断萎缩甚至消失。对于西南山区来讲，地理环境依然是制约其乡村发展演变的最基础因素。

二、基础设施和公共服务发展

基础设施落后一直以来都是西南山区发展的短板，是乡村经济社会发展滞后的重要原因。在基础设施中，道路基础设施对乡村发展的影响最明显。山区地形地貌复杂，加之交通欠发达，区位优势不明显，商品运输距离远、成本高，要素流通受阻，限制了其与其他地区经济的交流与合作，特别在通信设施不发达的年代，交通条件的闭塞也阻碍了文化的传播与交流。乡村的发展变化与其区位、交通条件相互依存，区位与交通条件优越的乡村的经济社会文化演变的速度通常较快，各村落为了获得更加优越的发展条件也会主动向交通条件好的地方集聚，表现出沿交通线路扩展的趋势，乡村聚落演变呈现出"亲路"性特征（李孝坤等，2013）。例如，在很长一段时间里，四川凉山彝族自治州昭觉县古里镇的悬崖村，由于交通十分不便利，与外界沟通的只有一根藤梯，同外界的"现代世界"基本隔离。耕作方式原始，农作物也只有玉米、土豆等果腹之食，学生上、下学要攀爬危险的藤梯，十分不方便，老人基本从不下山出村，整个村庄都处于十分落后的"原始"发展状态。在各级政府的帮扶下，悬崖村的"藤梯"换成了钢梯，打通了与现代世界的联系，不仅使人们出行方便、安全，山上山下的货物也能更加自由流通，悬崖村还成为网红村庄，旅游产业得以快速发展。交通条件的改善能够消除乡城之间、乡村之间联系的阻滞，促进物质、能量、信息、人口等流动，推动资金、劳动力、资源等要素的交换和文化的融合，让乡村更好地融入城市市场，是推动农业农村发展的动力引擎。

水利、电力、能源等基础设施对乡村发展的影响也至关重要，且重要性不断增强。乡村水利、电力基础设施的发展水平不仅会影响农民的日常生活，还制约着农业生产。西南地区虽然水资源丰富，但时空分布不均，季节性缺水、区域性缺水的现象十分普遍，特别是在喀斯特地区，这种现象更为突出，水利基础设施的改造提升能极大改善了西南山区乡村的农业生产条件，提高了农业产业的发展水平。此外，农村地区畜禽粪便资源化利用设施、垃圾分类处理与回收利用设施、生产生活污水处理设施的使用和完善也会加速乡村环境的改善，提高乡村的宜居水平，提升乡村居民的环保意识，同时提高乡村居民的幸福感。

教育、医疗、卫生、养老等公共服务是推动乡村发展的重要原因。特别是近十年，衣、食、住、行不再是乡村居民考虑的重点问题，但其对公共服务的需求和要求越来越高。农村教育水平的提高能够提升农民的基本素质，村卫生室、卫生所建设不仅能够解决村民就地看病的难题，而且可以提高农民的健康水平，村图书室、文化活动室、体育健身设施等建设都能够提高村民的综合素质。在农村"空心化"趋势越来越严重的背景下，农村养老院的建立能够有效解决乡村老人养老问题。农村商业银行、农村信用社的建立方便和丰富了农民的储蓄、贷款等金融活动，为农民生产生活提供了保障。完善的公共服务建设能够减轻乡村居民生活的压力，提高居民的幸福感和安全感。同时，乡村居民对公共服务设施的需求也推动其向这些设施集聚，从而改变了乡村聚落的分布格局。但当本地的乡村公共服务的供给无法满足农民的需求时，农民就寻求向公共服务水平更高的地区迁移。

党的十八大以来，我国对农村地区的基础设施和公共服务建设越发重视，并进行了一系列规划，西南山区的基础设施和公共服务水平有了质和量的双重提升，农民的生活有了显著改善。但不可否认的是，现阶段西南山区城乡差距仍然较大，最直观的感受就是城乡基础设施差距明显，农村地区基础设施历史欠账多、公共服务水平较低，仍无法满足农民快速增长的需求。

三、科学技术进步

农业科技水平的提高可以使农业生产方式更加现代化、智能化、精准化和高效化，农业机械化、现代种植设施、新型化肥农药、新型种植养殖技术、绿色农业技术、精准农业等技术手段的应用，可以提高农作物的产量和品质。科学技术的创新、发展和普及，能够提高农业产业管理水平，优化农业产业结构，减少劳动力投入，降低产业生产成本并提高生产效率。西南山区自然环境条件恶劣，耕地资源十分有限，农业生产条件差，农业生产率低，农村产业化水平也不高，人地关系矛盾突出，严重制约了乡村的发展。因此农业科技的进步与应用，对于资源匮乏的西南山区来讲更加重要，且对其农业产业的影响更为深刻。农业科技水平的提升能够促进农产品产量的提升，单位面积耕地能够养活更多的人口，进而使得乡村人口增长成为可能。随着农业劳动生产率的不断提高，大量剩余劳动力被释放且转移到非农产业，从而为非农产业的发展提供了大量人力资源。

农产品加工技术的不断进步提升了西南山区农产品的附加值，延伸了农业产业链。冷链物流技术的进步使得农产品的储藏和长途运输成为可能，使农产品走出深山。大棚等种植技术的进步使得有些自然条件不够优越的乡村能够发展特色农业，通过人为控制温度、光照和水分，为特色农作物提供更适宜的生长条件，还可以进行反季节种植和异地作物品种的种植，甚至可以减少外界环境的污染，提高农产品的经济价值，降低农业生产对自然环境条件的依赖性。灾害预报预警技术的进步显著减少了西南山区农业发展的风险。互联网在乡村地区不断普及，借助互联网强大的功能，农村电商快速发展，拓宽了农产品的销售渠道，推动了西南山区特色农产品特别是一些封闭落后乡村的农产品走出深山、走到省外甚至国外。此外，农村电商平台还可以加强农业供应链管理，使农产品的生产与销售更为紧密地联系起来，从而降低交易过程中的中间成本，增加农民的收益。互联网技术支持下的智慧农业，不仅可以提高农业生产效率，还可以减少环境被破坏的现象，提高农产品的质量和安全。

西南山区新型建筑材料的应用不仅改变了房屋的外观，也提高了房屋的安全性和稳固性，人居环境得到改善。冰箱、洗衣机、电视等电器的普及，方便了农民的生活，提高了农民的生活质量。互联网通信技术的提高，扩大了农民与现代文明的接触面，让封闭的西南山区乡村与外界的沟通与联系不断加强，即使足不出户的农民也能了解外面丰富多彩的世界，不仅开阔了视野，而且通过潜移默化的影响增强了农民的科学意识、民主意识和法治意识等，也能激发农民走出乡村的动力，推动农民思想观念的变迁和新的道德规范的形成。

四、城镇化和工业化发展

城镇化和工业化对西南山区乡村发展的影响最直观的表现就是吸引了大量农村劳动力。这些劳动力进入城镇，从第一产业向第二、三产业转移，为农村人口提供了大量的就业机会。由于西南地区城镇化和工业化水平较低，许多农村劳动力都流向了东部发达地区，这也是西南山区的省份多为劳务输出大省的主要原因。在城镇化进程中农业劳动力不断向城镇转移，劳动力的数量、结构均发生了变化，劳动力数量减少能在一定程度上缓解西南山区土地细碎化的问题，提高土地流转率，从而推动土地规模化和专业化经营。乡村劳动力数量的减少也必然会导致乡村劳动力价格上升，为了能够在有限土地上创造出更多的价值，农民会主动寻求先进技术条件来提高劳动生产率和土地生产率，而工业化的快速发展催生了大量的先进技术，也让这些技术在农村应用与推广成为可能。外出人口受到城市经济、文化、生活方式的影响，又与乡村保持密切的联系，在一定条件下，他们将积累的资金、技术、经验以及被城市熏陶所形成的新的文化、思想观念和生活方式等带回乡村，推动了城市文化与乡村文化的交融，持续影响并改变着乡村的生产生活方式。同时，城镇化的快速发展也将推动更多的财政支出投入到乡村，增加农村公共品的供给，进而改善乡村生产生活条件，促进乡村经济发展。

不可否认的是，随着城镇化和工业化的快速发展，城市吸纳了乡村大量的资源要素，也挤占了乡村的发展空间。大量乡村青壮年劳动力流向城市，乡村的"空心化""老龄化"现象十分突出。城镇的发展与扩张使得大量的农业用地、林地、草地被建设用地、工业用地及公共设施用地等挤占，乡村生态环境遭到破坏。

城镇化和工业化对西南山区不同的乡村作用力不同，一般距离城市或城镇越近的乡村受到的辐射带动作用越明显。城镇的发展与扩张必然首先推动基础设施和公共服务向周边的农村地区延伸，村民的思想观念先进，乡村建筑、农民生活方式等也与其周边的城镇趋同。同时，依托靠近城镇的市场优势，农产品的市场更加广阔，销售更加便捷，相较而言，农村的社会经济发展水平较高。由于西南山区地域广阔、地形复杂，大中型城市对乡村的辐射带动作用比较有限，县城或中心镇对一些远离大城市的乡村的辐射带动作用更加明显。例如，贵州省丹寨县的万达小镇、晴隆县的阿妹戚托特色小镇，依托乡村旅游带动了周边乡村经济的快速发展，推动了乡村三次产业融合，还吸引了大量农村劳动力向小城镇聚集。此外，西南山区的易地扶贫搬迁、生态移民搬迁等就地就近城镇化措施，也都是推动乡村聚落演变的重要因素。

五、市场机制

党的十四大明确提出了建立社会主义市场经济体制，党的十八届三中全会提出让"市场在资源配置中起决定性作用"。随着党和国家对市场作用定位的不断深化，市场对乡村经济活动的调节作用也不断增强。20世纪90年代末，我国已基本上告别了农产品短缺，农产品总量供需基本实现平衡。21世纪后，居民的消费水平不断提高，食品消费结构也不断变化，对农产品的多元供给也提出了更高的要求，高品质的水果、蔬菜、畜产品的需求不断增多。市场作用的主要机制是无数个体理性选择的结果，农民生计策略的变化在很大程度上也是由无数个理性选择所致。据相关调查，2020年四川省水稻、小麦、玉米、油菜四大主要粮油作物扣除总成本后，平均每亩纯收益为-26.3元、-496.9元、-409.1元、-362.9元，加上补贴后为76.1元、-430.2元、-332.5元、-297.3元。而种植蔬菜、水果等特色作物每亩均收益大都在几千元甚至上万元。农产品的市场价格决定了农户种植作物的方向，这也是近些年来西南山区乡村粮食作物播种面积持续减少、经济农作物种植面积不断增加的重要原因。

　　自给自足的小农经济模式难以适应市场经济的特点，在市场规律的作用下，农村产业的结构必须不断调整，产业升级转型也成为必然。特别是经济社会发展进入高质量发展阶段后，结构性矛盾上升为主要矛盾，要求农业要从增产向提质转变，农村要从要素供给向生态空间、文化传承、新消费载体等转变，最突出的就是城市居民对乡村旅游发展的需求。随着物质生活得到极大满足，长期生活在城市的居民开始追求享受乡村田野自然风光、闲适的乡村生活和不一样的乡土人文情怀。西南山区自然、人文景观都十分丰富，少数民族文化特色鲜明，发展乡村旅游优势十分明显。园区农业、有机农业、观光休闲、生态旅游、健康养生等多元业态蓬勃兴起，推动了西南山区乡村产业结构的改变。许多农户从传统农业耕作、养殖等转向开办民宿、农家乐等乡村服务业，提高了收入的多元性和收入水平。同时，乡村旅游业的快速发展也必然带动西南山区基础设施、公共服务水平的提升，还能促进住房等人居环境的改善，优化乡村生态环境，促进历史文化资源的保护。在市场机制的作用下，乡村功能的内涵不断丰富和扩展，乡村的文化功能、休闲体验、健康养生等功能开始体现且不断凸显。

　　市场不仅在西南山区产业发展中起决定性作用，而且在生态环境治理、乡村集体经济改革发展中也起着重要作用。当前，市场对优良自然生态资源的需求很大且不断增长，这对于生态资源十分丰富的西南山区来讲是重要的发展机遇。西南山区可以通过发展与优良生态密切相关的产业，实现产业的生态溢价，促进乡村的快速发展。此外，农村大量的资源只有进入市场后才能真正被激活，只有在建立城乡一体的农民公共保障制度和农村集体"经社"适度分离与开放的基础上，赋予农村集体资源更完整的市场交易权，实现农民土地承包权、宅基地、农民住房、集体股份等集体资源资产的市场化，才能把农村集体经济做大做强（黄祖辉等，2021）。

六、政策

　　21世纪以来，我国农业发展滞后于其他行业，各级政府部门为了促进农业经济发展与其他产业发展相适应，破解城乡之间、区域之间发展不平衡不充分的问题，立足于我国农业农村发展现状，从我国农业长远发展的目标，出台了一系列政策措施，主要包括城乡统筹发展、新农村建设、精准扶贫、美丽乡村建设、乡村振兴战略、农业农村现代化等。

　　西南山区自然生态环境脆弱，大部分乡村闭塞、经济社会发展落后，乡村自身发展能力不足，政策支持与资本注入往往成为驱动其发展的前提和重要动力。政策支持主要表现在一系列的惠农政策，通过政策和制度的不断创新和完善，推动西南山区农业产业化经营、农业经营组织形式优化、农业基础设施持续完善、农业金融体系健全提升等，同时还改善了乡村发展环境、提高了农民种养积极性。例如，农业税的减免在一定程度上提高了从事农业生产人员的积极性。

　　党的十八大以来，以习近平同志为核心的党中央坚持把解决好"三农"问题作为全党工作的重中之重，特别是一系列脱贫攻坚政策对西南山区乡村的影响十分显著。西南山区区域性整体贫困得到解决，农村的生产生活条件显著改善，农村居民收入水平持续较快增长，生活水平不断提高，不仅夯实了西南山区乡村产业发展的基础，改善了乡村发展环境，更重要的是激发了西南山区乡村发展的内生动力。2017年，党的十九大提出实施乡村振兴战略，政府引导整合资源和人口配置，构建城乡融合发展的体制机制，推动资金、技术、人才、管理等要素向农村地区流动，引导乡村土地流转、规模化与现代化开发经营。国家实施的"三区"人才支持计划、大学生村官、大学生志愿服务西部计划、"三支一扶""巾帼行动"等政策措施，鼓励支持高素质人才回到乡村就业创业，不仅把先进的知识、技术、资金、管理经验等带回了乡村，还能带动乡村第二、三产业水平的提高，促进乡村三次产业融合发展。在政策的引导下，大量的资本进入乡村，包括政府的农业生产补贴、专项资金、扶贫资金以及大量的社会资本，改善了农村基础设施和乡村发展环境，成为西南山区乡村发展的重要力量和推动乡村发展的"增长点"，激发了乡村发展的动力。

　　此外，西南山区大部分属于国家重点生态功能区，国家生态环境保护措施的制定对乡村的影响也非常显著。20世纪90年代开始，为改善生态脆弱区和生态功能重要地区的生态环境，我国开始持续推动天然林保护、退耕还林等生态建设工程，这对西南山区生态环境保护起到了重要作用，乡村人居环境也显著改善。例如，三峡库区的生态移民搬迁、扶贫搬迁、美丽乡村等民生项目的实施，不仅推动了乡村宅基地建设依规划而行，促进了乡村人口集中居住，也改善了乡村聚落的区位条件，降低了乡村居民对自然资源的依赖度。但生态保护措施的实施也在一定程度上使得农民传统的资源使用权被剥夺，部分基础设施建设、产业发展受到限制，农民生产、居住行为及生计策略在政策的约束及引导下主动或被迫转型。但这一转型是一个循序渐进的过程，只有生态补偿措施与农户损失、生态贡献、生态效益之间实现对等，统筹考虑生态保护与民生改善，才能提高乡村地区的造血能力，才能推动农户行为规范化，缓解生态脆弱区的人地关系矛盾。

七、乡村文化

西南山区是我国传统文化的宝库，由于地形地貌复杂，地理上的隔离使得西南山区形成了众多的少数民族，苗族、土家族、壮族、仡佬族、布依族、彝族等多"大分散、小聚居"于此，因而形成了多种多样的乡村文化景观和风俗习惯。例如，西南山区特有的山地传统民居古建筑风格，梯田、山地田园等山地农业生产景观，差异化的语言、生产方式、节庆、礼仪、丧葬婚嫁等风俗习惯等。这些乡村文化不仅是西南山区乡村特殊自然环境下所形成的生产生活过程的真实记录与反映，其惯例、习俗等非正式制度在自治色彩浓厚的西南山区乡村社会起着很大作用，对于乡村及聚落传承与发展一直产生着深刻的影响。

但不得不承认的是，当地理隔离逐渐被打破，西南山区的乡村传统文化、民族文化受到了城市文化、互联网文化等强烈的冲击。在当前乡村的现实环境中，各种形态的文化现象交叉更迭、错综复杂。随着乡村人口的大量流失以及乡村生活节奏的加快，文化传承以及传统文化的载体不断消失，乡村文化也因城乡差距的增大得不到良好的发展并日益边缘化，城市文化消解着乡村文化的话语权，乡村文化的地位不断降低。

受多元文化的影响，乡村居民的生产生活方式也开始分异，呈现出多样化的特征，特别是受到城市文化、互联网文化的影响较大，作为乡村发展主体的农民的思想观念、思维方式发生了较大的转变，乡村原有的生活秩序被消解，乡村经济社会因受到新的文化观念的影响而发生变化。这种变化的影响是双向的，既有正向的推动，也有负向的阻碍。在现代文明、城市文明的推动下，西南山区乡村居民相对落后的思想观念得到解放，进而也解除了落后思想观念对乡村生产力的禁锢，城市文化前沿性、复杂性和多元性的特点也推动农民主动学习、跟上时代发展的步伐。

近年来，随着美丽乡村建设、乡村振兴、生态文明建设等的推动，乡村文化建设也越来越被重视，西南山区乡村文化资源的挖掘与传承不断深化，通过赋予传统文化新的内涵并与实体经济相结合，其文化价值不断凸显。但同时，强势的城市文化在削弱乡村文化话语权的同时，也使得基于乡村文化之上的传统道德观日益碎片化，道德评价标准失范，传统道德的约束力显著降低。例如，网络直播作为一种互联网文化产品正在快速地进入乡村，直播带货在农产品销售、乡村旅游中都发挥着重要的作用，推动着乡村产业的转型与发展。教育直播能够在一定程度上弥补教育的区域差距，促进教育公平，让更多山里的孩子能看到外面的世界。但直播带货由于产品质量参差不齐且难以监管，会对产品品牌造成一定影响。

随着多元文化不断深入乡村，乡村居民对多元文化活动的需求也不断增加，但相较而言，乡村的文化活动较为单一，不能满足不同年龄层次农民对文化活动的需求，特别是对于年轻人而言，城市丰富多彩的文化活动甚至超越了高收入对其的吸引力。因此，在城市文化与乡村文化、现代文化与传统文化、少数民族文化与汉族文化相交融的过程中，要承认不同文化之间的差异性、互补性和异质性，彼此尊重，相互吸收对方健康和先进的文化，使传统文化保持原有的文化底蕴，又要让其富含现代文明的精华，丰富乡村文化活动的形式，进而推动西南山区乡村向更加文明的方向演变。

八、农民思想观念与行为变化

农民是乡村发展的微观主体，其生产、经营、就业、消费、社会交往等行为是乡村经济发展的根本推动力量。从微观角度来看，乡村地域系统的变化就是农民多重行为作用下的外在表现（李伯华等，2012）。农民的行为取决于其思想观念，农民自主发展观念的强弱，直接关系其寻求发展机会愿望的高低，是带动乡村经济发展的重要力量。更新农民思想观念，比单纯强调宏观调控和政府组织行为更有效（倪叶颖，2021）。

西南山区乡村发展相对落后，很大程度上是受到农民落后思想的限制。农民的受教育程度普遍较低、知识水平不高，特别是一些少数民族地区的农民以农为本的思想根深蒂固，思想现代化程度不高，严重阻碍了其生计策略的选择和生计水平的提高，制约着乡村社会经济的发展。

近年来，交通、网络的快速普及，使得大量先进文化、知识进入西南山区乡村社会，脱贫攻坚中的一系列"扶智""扶志"措施，都使得农民的思想观念有了很大改变，最为显著的就是农民对教育的重视程度和对职业的期望有所提升，越来越多的农民认识到教育的重要性，鼓励支持子女接受更高水平的教育，掌握更多的技能，能够走出大山、走出农村。

随着外出务工人口的增多，城市的市场意识、创新意识、开放意识也逐渐渗入到农村居民的思想意识中，其进取精神不断增强，一些在城市积累了资金、技术的农民返回乡村创新创业。从事非农产业或者成为新型职业农民，不仅推动了乡村非农产业的发展和社会经济水平的提升，也带动了其他农民思想观念的转变和生计行为的提升，增强了乡村发展的活力。

此外，西南山区乡村的生育观念对其乡村发展演变也具有重要影响。一直以来，大部分少数民族都传承着"多子多福"的传统生育观念，这也是2010年之前大部分少数民族地区乡村人口数量仍持续增长的重要原因。近十年来，随着农民知识水平的提高特别是女性文化水平的提高，其生育观念发生了显著变化，从传统的注重人口"数量"向注重人口"质量"转变，这是引起西南山区乡村人口减少的重要原因，也在一定程度上缓解了西南山区人地关系紧张的矛盾。

第三节　西南山区乡村地域系统的演变机理

影响西南山区乡村地域系统演变的因素众多，从作用方式来看，这些因素可以归纳成五种驱动力，即支撑力、供给力、拉动力、需求力和管控力，这五种驱动力通过协同效应相互交织，共同驱动着西南山区乡村地域系统的演变（见图8-1）。

支撑力主要包括自然地理环境因素，是乡村地域系统形成与演变的初始条件，决定了乡村地域系统的承载能力，也是乡村地域系统分异的基础。基础设施、公共服务、科学技术等因素是乡村地域系统演变的供给力，通过这些要素的输入强化乡村的某种功能，或者推动乡村功能的优化与调整。城镇化、工业化、市场是乡村地域系统演变的拉动力，城市与乡村发展的差距、工业与农业劳动生产率的差异、市场需求与乡村产品供给的错位，都牵引着乡村资源要素的再配置。乡村文化、农民思想观念与行为是乡村地域系统的内部要素，也是乡村地域系统演变的需求力。乡村地域系统的微观主体在不同阶段对乡村功能的需求及对乡村发展方向的主体意愿，是乡村地域系统演变的动力来源。政策调控是乡村地域系统的管控力，通过政策调控与政府管理来引导、协调、平衡政府与农户和市场三者之间的利益，推动乡村地域系统各项功能的提升和系统的整体优化。

　　作用于乡村地域系统的这"五力"并非单独产生作用，而是通过协同共振效应，相互依赖、相互交织、相互制衡，即通过"五力"协同机制驱动乡村地域系统演变。支撑力为供给力、需求力和拉动力效应的发挥提供了物质与空间上的保障，同时在供给力、需求力和拉动力的作用下进一步优化或者受到扰动乃至发生重塑。当供给力、需求力、拉动力与乡村地域系统的支撑力相匹配，支撑力不断强化，甚至供给力的适度提高能够降低支撑力对于整个乡村地域系统的作用；但当供给力、需求力和拉动力超过了支撑力所能承载的极限，乡村地域系统的支撑力就会减少，甚至整个乡村地域系统的结构和功能都会遭到破坏，影响乡村地域系统的功能协调和可持续发展。供给力与需求力都是微观行为主体农民对乡村地域系统演变方向的意愿的体现。当供给力无法满足需求力时，农民会通过寻求能够满足其需求的新的区域进行生活；同时需求力的提升变化也会刺激和促进供给力的提升，进而推动乡村地域系统功能的升级和整个系统的更新。拉动力和供给力是一个协同提升的过程，拉动力的水平在一定程度上决定了供给力的水平，拉动力越强，供给力也必然越强，而供给力的提升能够让拉动力更好地作用于乡村地域系统。拉动力一方面潜移默化地改变了乡村行为主体的需求力，使需求力不断提升；另一方面也对乡村地域系统的功能提出了更高和更加多元化的需求，拉动了乡村地域系统功能的转型和升级。同时，乡村需求力的改变也促进了拉动力的快速提升。支撑力、供给力、需求力、拉动力的相互作用是否和谐、是否能够达到最优效能又依赖于管控力，合理的政策措施和管控手段是提高其余"四力"发挥效能的关键，而这四种力的关系也促进和推动了相关政策和措施的优化出台。

　　在西南山区乡村地域系统不同的发展阶段，各种作用力所起的作用大小和地位有所不同。支撑力在西南山区乡村地域系统演变的加快分化阶段起到了决定性作用，供给力、需求力和拉动力在快速转型和有序转型阶段的作用日益凸显，甚至超过了支撑力的作用，成为驱动西南山区乡村地域系统的主要作用力。管控力虽然在三个阶段都起到了重要作用，但随着政府对乡村地位和发展规律的深入认识，在第三阶段发挥的效用更加显著，特别是党的十八大以来各项促进农业农村发展的一系列政策措施，对西南山区乡村地域系统要素配置和功能优化起到了重要的推动作用。乡村地域系统演变的过程就是五力协同作用的过程，通过以力借力，以力补力，使乡村地域系统的要素配置更加合理、功能更加优化、系统更加协调，从而推动系统健康、有序演变，实现乡村的振兴发展。

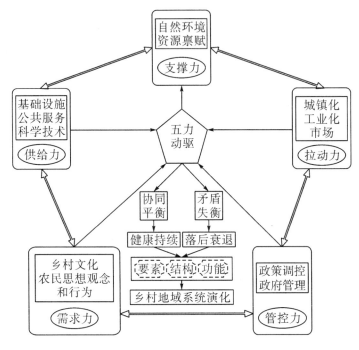

图 8-1　乡村地域系统演变的"五力"协同驱动机制

第四节　本章主要结论

（1）1990—2000 年是西南山区乡村地域系统加快分化阶段，乡村农业生产功能弱化，大部分农村的温饱问题在那时得到解决，但农产品的结构性剩余和不足的矛盾依然突出，农民与土地的相互作用关系在经济上有所变化，但社会结构、文化结构没有发生根本改变。

（2）2001—2010 年是西南山区乡村地域系统快速转型阶段，西南山区乡村地域系统的农业生产功能被削弱，乡村的消费、生态、休闲等新的功能需求不断提升。农民表现出强烈融入城市经济的倾向，对土地的经济依赖性大大降低，要素向城市单向流动的速度进一步加快，城乡的发展差距不断拉大，乡村可持续发展问题凸显。

（3）2011—2020 年是西南山区乡村地域系统有序转型阶段，西南山区乡村地域系统的综合功能稳步提升，乡村面貌发生了翻天覆地的变化。西南山区乡村地域系统多元功能进一步拓展且大力发展，人地关系矛盾也不断缓解，但区域发展不充分不平衡的矛盾依然凸显，发展过程中出现了新的问题。

（4）自然地理环境、基础设施和公共服务发展、科学技术进步、城镇化和工业化发展、市场、政策、乡村文化、农民思想观念与行为变化等都对西南山区乡村地域系统演变起着重要的影响。

（5）众多的影响因素形成了五种驱动力，即支撑力、供给力、拉动力、需求力和管控力。支撑力在西南山区乡村地域系统演变的加快分化阶段起到了决定性作用，供给力、需求力和拉动力在快速转型和有序转型阶段的作用日益凸显。

（6）西南山区乡村地域系统演变的过程就是五力协同作用的过程，全面推进乡村振兴就是通过以力借力，以力补力，使乡村地域系统的要素配置更加合理、功能更加优化、系统更加协调，推动系统健康、有序演变。

第九章　西南山区乡村地域系统演变分异结果分析

西南山区地域范围广泛，乡村发展呈现异质性和多样性。受乡村地域系统内部要素和外部要素的交叉作用，乡村不同要素的变化特征、变化程度、变化方向不同，乡村地域系统演变分异形成了不同的乡村类型。本章通过对西南山区乡村地域系统分异规律和结果的识别，明确不同类型乡村的演变机理，准确把握不同类型乡村的发展优势和潜力以及发展机遇和挑战，提出因地制宜的分类施策建议。

第一节　西南山区乡村地域系统演变分异结果划分

一、已有关于乡村类型划分方法的简述

当前已有一些学者研究过乡村类型的划分，大多是基于乡村经济发展情况进行分类，尝试从三次产业占比、区域功能定位、乡村发展职能等建立指标体系并进行具体类型划分，划分方法、划分结果呈多样化的特点。龙华楼等（2009）根据三大产业在地区生产总值中的占比将 615 个地区划分为农业主导型乡村、工业主导型乡村、商旅服务型乡村和产业均衡发展型乡村 4 种类型。孟欢欢等（2013）以县域为单元，基于乡村经济对区域经济发展的贡献度，把安徽省的乡村划分成农业主导型乡村、非农主导型乡村和均衡发展型乡村 3 种类型。刘自强等（2011）从乡村的职能和价值体现的角度，将乡村划分为农产品基地型乡村、生态保育型乡村、特色产业型乡村、城郊型乡村和文化价值型乡村 5 种类型。吴梦肖等（2007）根据乡村职能将陕西西安的农村划分为新型工业主导型乡村、特色经济主导型乡村、畜牧养殖主导型乡村、生态农业主导型乡村、旅游休闲主导

型乡村、商贸流通主导型乡村、合作经济组织主导型乡村、劳务经济主导型乡村、文化主导型乡村9种类型。文琦等（2019）以同心县为例，构建了基于乡村主体、产业发展、人居环境和资源禀赋4个目标层的综合指标体系，将乡村振兴村落类型划分为集聚提升类乡村、三产融合类乡村、城郊融合类乡村、特色保护类乡村和搬迁撤并类乡村5种类型。由于各学者的研究区域的特征和研究目的有所不同，其分类的方法和标准有所差异，加之乡村发展受多重因素的影响，有些因子如政策、文化、社会环境等难以量化，因此关于乡村地域类型的划分也没有形成相对成熟和明晰的指标体系，亦没有形成统一的划分方法。

二、本研究对于乡村类型划分的方法

基于前文对西南山区乡村地域系统要素、结构、功能演变过程的分析和演变规律的识别，通过实地调研，并结合已有学者的分类方法，本研究将西南山区乡村地域系统演变分异形成的结果划分为八种类型，分别是城镇带动型乡村、人地分离持续收缩型乡村、特色农业发展型乡村、农旅融合发展型乡村、生态康养型乡村、特色文化传承型乡村、高原农牧结合型乡村、发展动力匮乏型乡村。

第二节 城镇带动型乡村

一、演变特征

城镇带动型乡村主要指分布在城区周边且受城镇辐射带动作用强的乡村。该类型乡村区位条件优越，受城市辐射带动作用显著，乡村人口减少的速度快，乡村非农产业发达，乡村人均可支配收入较高且收入多元化特征明显。乡村各项功能水平较高，社会经济发展演变速度快，呈现出介于城市和乡村的过渡性特征。

（1）乡村人口向城镇和非农产业快速转移，但高频率返回乡村，对乡村生活功能的依赖性较强。该类型乡村人口表现为向县城或者条件相对较好的集镇迁移，或者居住在乡村，但在县城或集镇从事非农工作，即"离土不离乡"。由于此类乡村的农民返回村里的路程相对较短、次数也较多，能够有一定时间兼顾农业生产，多在农忙时返回家中进行农业劳作，因此多为兼业型农户。外出农民与农村的联系较为紧密，他们间歇性地进城务工或者能够高频率地返回乡村，对乡村的依赖性较强。

（2）传统的农业生产功能弱化，非农产业发达，土地城镇化速度快。该类型乡村多具有一定的资源优势，区位条件也相对较好，交通便利，经济社会发展水平相对较高。由于处于城市的边缘地带，城市的扩张吞噬着农村土地，可供农业生产的土地十分有限，呈现农业生产比重低、农民非农就业率高等弱乡村性特征。该类型乡村产业基础深厚扎实，特别是第二产业和第三产业发展较好，第一产业产值在三次产业中的比重较低，大量的农业剩余劳动力能够被第二、三产业所容纳，农民的收入水平相对较高，收入来源更加多元化，工资性收入在总收入中的占比较高。由于农民可以获得更多的非农就业机会，且非农收入水平高，农民从事农业生产的意愿低，因而流转土地的意愿较为强烈。

（3）乡村文明程度高，但乡村特性消失显著。乡村受城市文化的冲击也十分明显，部分乡村通过城镇化和工业化的带动已转型为现代城镇型乡村，特别是农民的生产方式、生活方式、思想观念趋于与城市"接轨"，更加"现代、文明、健康、科学"，属市场化程度较高的区域，村庄的居住形态、生活方式、产权秩序、治理结构都表现出介于城乡之间的特征。例如，在生产方式上更加追求以机械化代替手工劳作，愿意通过购买社会化服务代替自我劳动以便节约自我的时间成本；在生活方式上追求现代化，能够接受现代化的家具家电、现代化的装修风格，更加重视高质量的生活品质；在思想观念上也从物质追求向精神需求转变，特别注重对子女的教育。但受到城市文化的冲击，乡村特性消失速度在逐渐加快。

二、演变机理

城镇带动型乡村演变的先导因素是城镇化和工业化的带动，乡村人口更多地是在县域内部进行迁移。城镇更多的就业机会和更高的收入水平是乡村人口就地城镇化的根本条件。城镇完善的基础设施和较高的公共服务水平是吸引乡村人口流动的重要原因，同时城镇基础设施快速向周边乡村延伸，夯实了乡村产业发展的基础，提升了乡村发展优势，这也是城镇周边乡村发展快于其他乡村的主要原因。基础设施和公共服务的空间布局还改变了乡村的空间布局，引导居民点向基础设施和公共服务便捷的区域集聚。以现代工业文明为特征的城市文化对乡村文化和农民思想观念的冲击是乡村演变的根本原因，传统的小农思想被打破，乡村居民对高质量生活的追求驱动其进入区位条件、基础设施和公共服务条件更好的城镇地区，以便能够从第二、三产业中获得更高的收入，获取更好的公共服务，享受更高质量的生活。

该类型的乡村农民更愿意选择离家较近的县城或集镇工作或迁移，农民与乡村的联系较为紧密。由于该类型乡村的发展水平相对较高，一方面科学技术能够较快融入农业、农村和农民；另一方面乡村对现代科技的需求也更加旺盛，现代科学技术在乡村的应用提升了乡村的现代化水平，促进了乡村劳动生产率和土地生产率的提高，使得更多的劳动力从农业生产中解放出来。市场对该类型乡村的作用力相对较强，乡村在市场需求变化的牵引下功能更加多元化，突出的表现就是乡村旅游产品及其配套服务的蓬勃涌现。同时，政策的牵引也使得该类型的乡村成为城镇化速度较快的区域。自然环境在该类型乡村演变过程中的作用力相对较小，特别是科学技术的进步在一定程度上缓解了该类型乡村的人地关系矛盾，使得自然地理环境对乡村发展的制约日益减弱。

在该类型乡村演变的过程中，城乡之间发展的差距是乡村人口向城市流动的根本原因，也就是拉动力与供给力博弈下推动需求力改变而呈现的结果。乡村人口城镇化既是乡村发展的必然趋势，也是乡村振兴的重要途径，在这个过程中就必须要有强劲有力的拉动力吸引并承载更多的乡村人口，还需要拉动力同步带动供给力以提升应对需求力增强的现实，其关键就是要处理好外出农民与土地的关系。这就需要政策调控加快推动城乡要素实现自由双向流动，让拉动力、供给力和需求力实现动态平衡，并且与支撑力相协调，进而推动乡村地域系统功能的提升，实现乡村的振兴发展。

三、案例分析——贵州省安顺市西秀区：以新型城镇化带动乡村振兴

西秀区地处贵州省安顺市，紧邻省会贵阳市，区位条件优越，交通便利。依托发达的交通网络、完善的基础设施和稠密的商贸网点，西秀区成为区域重要的交通枢纽和物资集散地。西秀区下辖21个乡（镇、办事处）、3个新型社区，常住人口为87.0万人，农村常住人口为35.7万人。西秀区以新型城镇化为手段，探索出了一条山地特色乡村振兴之路，具体做法主要包括以下内容：

（1）大力推动县域产业发展，夯实就地就近城镇化的基础。西秀区把发展壮大县域产业作为提高县域综合承载力的关键，强化领军产业、完善产业链条、

加速产业集群，加快发展现代农业、生态工业和文化旅游产业，推动三次产业融合发展。西秀区紧紧围绕市场发展需求，把农产品精深加工作为引领产业发展的重要抓手，释放优势产业的潜力，2020年，仅南山婆品牌就实现销售收入1.83亿元。西秀区不断促进农业与旅游业深度融合发展，依托乡村生态、民族文化、农业特色产业等优势资源，充分发挥区位优势，高质量发展森林生态旅游和森林康养产业，2021年累计接待游客超过1.13亿人次，总收入达1 194.74亿元；大力发展商贸服务业，成功引进华润集团、大润发等一批大型企业，极大地带动了当地的就业。西秀区城乡居民人均可支配收入持续增长且差距不断减小，近十年累计新增城镇就业24.13万人，为农村居民就地就近城镇化奠定了坚实基础。

（2）坚持"基础设施+城乡面貌"两手抓，推动城乡协同发展。西秀区把保障民生作为乡村振兴的重要抓手，统筹城乡基础设施和公共服务布局，加快推动基础设施和公共服务向乡村延伸覆盖，城镇现代文明向农村辐射，在全省率先实现了村村通公路全覆盖、全部行政村接通宽带，城乡生活环境显著改善，乡村居民的生活满意度明显提高。同时，乡村基础设施的改善促进了乡村产业的发展，推动了乡村旅游业的发展和农产品向外输出。

（3）高质量打造特色小镇，辐射带动乡村发展。西秀区把特色小镇作为辐射带动乡村发展的重要节点，高质量打造了旧州、蔡官等一座座特色小镇，构建起"以镇带村、以村促镇、镇村融合"的镇村联动发展模式。旧州镇充分挖掘其作为中国屯堡文化发源地的文化资源优势，依托乡村良好的生态环境，大力发展乡村旅游业，并带动了周边乡村民俗客栈、特色农庄迅速发展，成为区域发展的重要增长极，为农村劳动力就地就近就业提供了大量的机会，推动了乡村人口集中居住，成为农民城镇化的重要载体。

第三节 人地分离持续收缩型乡村

一、演变特征

人地分离持续收缩型乡村主要分布在四川盆地边缘丘陵地带、盆周山区、川东平行岭谷区。该类型乡村人口流失严重，农业产业发展速度减缓，乡村功能持续退化，乡土特性消失最为显著。该类型乡村具有以下特征：

（1）乡村常住人口持续减少，人口流失十分严重。此类型乡村地势起伏度相对较小，自然环境相对较好，适宜人口生存，曾经历过快速城镇化阶段，但在全国城镇化的中后期，这些地区的城镇化动力减弱，大多已经结束了快速城镇化阶段。大量农业剩余劳动力向外流失，且多去往距离较远的省会城市、地市级城市甚至东部较发达的地区，仅过年回到乡村且多是短暂的停留，甚至多年都不再回去，乡村不再是值得留恋的"家"而成为一个"临时宾馆"，户籍人口城镇化率远低于常住人口城镇化率。

（2）乡村"空心化"特征十分明显，农业劳动力短缺现象突出。转移输出劳动力正呈现由原来的年轻人为主向中老年人一起、由男劳动力为主向男女劳动力并行、由家庭单个劳动力向多个劳动力、由夫妻单人向夫妻共同转变的基本态势，能够外出务工的基本上已经"走完"，农村的人口老龄化、孺幼化、家庭空巢化现象非常突出。随着城市对外来务工子女入学的支持，越来越多的年轻人在城市扎稳脚跟后选择把子女接到城市学习和生活，乡村剩下的更多是老年人，乡村人口结构发生了显著改变，乡村老龄化问题十分突出。据调查，有些县的农村劳动力在60岁以上的占到了70%以上。乡村老龄化问题严重的同时，该类型乡村还面临"谁来种地"这一严峻的问题。

（3）土地破碎化程度高，土地撂荒严重。由于该类型乡村多处于低山丘陵地区，自然环境条件相对较好，人口分布较多，"人多地少"的矛盾最为突出，因此土地景观的破碎度相对较大。由于人均耕地规模小，加之土地流转不规范，许多农民宁可撂荒也不愿意将土地进行流转。虽然近些年人口大量向外流失，但农村建设用地不降反增，有了"房子越建越多，越盖越漂亮，但是住的人却越来越少"的现象，这表明人口外流并未对宅基地做出有效反馈，乡村用地布局优化和土地资源集约利用需要通过适度集中居住来实现。

（4）农业副业化突出、农民收入与农业的关联越来越少。除了部分条件好的地区有现代农业产业基地和新型农业经营主体外，大部分地区是兼业农业、老人农业，其显著特征就是20世纪90年代曾经是以家庭经营为主的商品农业向自给自足的自然农业倒退，传统小农户经营农业能够给家庭带来的收入极为有限，收入增长主要靠外出打工，与农业的关联性越来越弱，非农化特征突出。

（5）乡村功能持续弱化。乡土文化受冲击严重，传统文化消失速度最快，传统道德比较淡漠，承载优秀农耕文化记忆和美丽乡愁的符号越来越少。由于文旅资源优势不明显,生态资源不丰富,该类型乡村产业多元化发展的基础较薄弱。该类型乡村受到政策倾斜的力度较小,造成目前农业基础设施改善相对滞后,宜居新村建设步伐较为缓慢,乡村生产功能、生活功能提升速度慢。

二、演变机理

人地分离持续收缩型乡村演变最为强烈,其先导驱动因素是城镇化和工业化的外在的巨大吸引力。自然地理环境是该类型乡村演变的基础性动力因素,自然资源禀赋相对优越,为该类型乡村早期快速发展奠定了良好基础,也是该类乡村人口众多、发展水平较高的原因,但在近20年时间里对乡村发展演变的作用力较小。乡村文化的进步和农民思想观念的现代化是该类型乡村发展演变的核心动力因素。由于该类型乡村受到城市的辐射较早且带动作用明显,乡村文化受城市文化冲击最强烈,农民的思想观念转变较快,推动其成为向城市转移人口最早、最快和最多的区域。由于该类型乡村人口素质相对较高,科学技术在该类型乡村的普及和应用速度较快,科学技术的发展推动了农业农村现代化水平的提升,在一定程度上削弱了乡村劳动力减少对农业生产的影响。市场的驱动让该类型乡村的产业更加多样化,非农产业发展迅速,农民的兼业情况突出。

在该类型乡村演变的过程中,城镇化、工业化强大的吸引力和容纳力推动了乡村人口的大量转移,在一定程度上缓解了该类型乡村人地关系的矛盾。但如果外在的拉力过大,乡村内在需求力无法相应转化与之匹配,乡村发展就会面临失衡问题,最突出的表现就是乡村人口大量流失,土地无人耕种,乡村的人地关系会再度失衡。市场的需求加速了乡村土地的"非农化"和"非粮化",乡村的农业生产功能大大降低,土地资源的配置状态无法满足市场化需求。强大的外在拉力削弱和侵蚀了乡村原本的特性,"乡土性"消失殆尽。这就需要有效的政策管控协调城乡资源要素争夺的矛盾、乡村功能不协调的矛盾,基于乡村要素的变化特征,优化乡村的功能配比和资源配置,同时强化供给力的效能,缩小城乡发展的差距。

三、案例分析——四川省绵阳市三台县:以优化土地资源配置为抓手,探索农业现代化的"三台路径"

三台县位于四川省绵阳市,属川中丘陵地区,丘陵、低山地貌占全县总面积的 60% 左右。受到城市虹吸效应的影响，城乡人口流失严重，乡村衰退特征凸显。根据全国人口普查数据，三台乡村人口大量向外流出，但人口基数大，人口老龄化、土地细碎化的问题严重，资源闲置等现象比较突出，耕地后备资源不足且复种指数高，严重地制约了三台县的农村经济发展。三台县以行政区划调整为契机，以现代农业园区建设为载体，多措并举盘活乡村闲置资产，积极探索农业农村现代化发展路径。

（1）积极推进乡镇行政区划和村级建制调整改革（"两项改革"），激活乡村发展潜能。针对镇村设置呈现"多而小、密而弱"的特征，三台县积极推进"两项改革"，共计撤并乡镇 30 个、村（社区）580 个，县域经济地理版图得到历史性重塑，资源要素配置更加优化，生产力布局更加合理，产业优势得以更好发挥。为了让"两项改革"后腾退的大量办公用房及活动阵地等资产"保值增值"，三台县以发挥"存量效益"为切入点，建立"资产管理台账""闲置资产台账""权属问题台账"三本台账，摸清了资产底数，探索化解公有资产权属难题，通过实行"六个一批"，推动了闲置资产有效利用，让闲置资产成为乡村发展的资本。

（2）加快现代农业产业园区建设，大力发展现代农业，提升产业发展能级。三台县以"两项改革"整合的各类资金为重要支撑，以农业园区化建设为抓手，以跨乡镇的高产示范片建设为引领，以高标准农田建设为载体，加快推进土地平整、土壤改良、灌溉排水、田间道路、农田防护等基础设施建设，围绕市场需求优化调整种植结构，积极推进绿色种养循环，探索绿色循环发展模式，提高畜禽粪污资源化利用率，构建优势突出、绿色高效、可持续发展的现代农业生产体系，提高农产品的供给质量。三台县充分认识到科学技术的重要作用，强化用现代技术改造传统农业，搭建了数字农业信息资源平台、粮油全程追溯系统、生猪5G 智能物联系统、病虫智慧测报及智慧渔政系统等多个数字化平台，提高农业数字化水平，提升产业发展能级。

（3）以全域土地综合整治为抓手，以招引和扶持农副产品龙头加工企业为核心，强化农业产业化经营。针对乡村青壮年劳动力大量外流、土地细碎化的现实，三台县以全域土地综合整治为抓手，加快农村产权流转交易市场建设，推动农村产权交易规范化，提高农民土地流转的积极性，加速推动农村土地流转。同时，三台县大力发展新型经营主体，实施家庭农场培育计划，开展农民合作社规范提升行动，以招引和扶持农副产品龙头加工企业为核心，以把小农户引入现代农业为目的，创新合作经营模式，形成了"一个龙头企业+一个特色产业+一片基地开发+一批农民致富"的"四个一"产业化经营格局，引领小农户牵手现代农业，带动小农户致富增收。2020年，三台县农村居民人均可支配收入为18 653元，年均增长9.2%，全县农业农村经济稳步增长，位居四川农产品主产区县首位。

第四节　特色农业发展型乡村

一、演变特征

特色农业发展型乡村主要分布在中山和低山地形地貌相对平坦、水土资源耦合性较好的地区。该类型乡村具有比较独特的自然资源条件，如优越的土地、水资源等基础生产条件，以及独特的气温、光照等气候条件。该类型乡村充分利用自身的资源优势形成了农业产业发展的优势，乡村的演变速度相对平稳，仍保留了一定的乡村特性，具有以下特征：

（1）乡村人口依然呈下降趋势，但近年来返乡创业人口有所增加。特色农业发展型乡村人口依然呈现不断减少的态势，乡村人口多流向大中型城市从事收入更高的非农产业。农村劳动力仍以兼业为主，但也有部分青壮年劳动力在城市积累了一定资本和技术以后回乡创业，多从事现代农业和规模化养殖。近年来，特别是实施乡村振兴战略以来，青壮年劳动力返乡的趋势明显增加，且多从事与农业生产相关的产业。

（2）形成了特色农业产业体系，土地规模化发展的趋势增强。特色农业发展型乡村的土地、水资源等基础生产条件相对优越，水土耦合度较高，具有特殊的气温、光照等条件，适宜农作物的生长。虽然地处山区，耕地资源并不十分丰富，但人口相对较少，人均耕地规模相对较大。特色农业发展型乡村通过发挥自身发展的比较优势，培育区域独特的农产品，形成了具有明显区域特点、独特竞争优势的农业产业。近年来，在政府的引导下，土地从之前的"小而散"逐渐向规模化、连片化发展，现代农业产业园区大规模发展。但同样地，在市场经济的驱动下，农民的农业生产活动也转向了以种植经济作物为主，特别是一些经济价值较高的蔬菜、特色水果等。由于该类型乡村土地生产率相对较高，种植经济作物的收入可观，因此农民的土地流转意愿并不强烈。

（3）乡村经济基础较为薄弱，但农业农村现代化水平不断提高。虽然特色农业发展型乡村的资源条件较为独特，但区位条件多不具备优势，乡村经济基础较为薄弱。农业收入在农户总收入中占的比例相对较大，对农户的生计具有重要的影响。基础设施和公共服务水平相对落后，也是制约该类型乡村发展重要原因。此类型乡村由于距离城市较远，受城市辐射带动作用小，同时受到城市文化的冲击相对也较弱，乡村性相对较强，但信息手段的发达依然推动了农民生产、生活方式不断发生转变，返乡的农民也将城市先进的技术、理念、消费方式带回了农村。值得一提的是，有了资本、技术、知识、经验等积累的返乡农民工成为乡村创业主体，开办了家庭农场、组建农民合作社等，成为新型经营主体，激发了乡村发展的新活力，也带动了当地农业现代化水平的提高，促进了农业农村现代化。

二、演变机理

特色农业发展型乡村演变的影响因素包括基础设施、公共服务、先进科学技术等。基础设施的完善改变了农业生产条件和农村生活条件，改善了乡村人居环境，不仅让农业高质高效发展成为可能，也为乡村发展新产业新业态夯实了基础，通过乡村产业的优化提升带动了整个乡村的发展。自然地理环境条件是该类型乡村发展的决定性因素，特殊的水、土、光、热条件组合是乡村发展特色产业的基础，也是该类型乡村最大的优势。科学技术的进步是乡村特色产业发展的核心动力，科学技术的发展与创新推动了农产品品种的优化，提升了农产品的产量与质量，促进了农产品加工业的发展，推动了产业链的延伸，提高了农产品的附加值。现代先进的城市文化在冲击传统文化的同时丰富了乡村文化生活，也提高了乡村精神文明水平，但该类型乡村农民的传统小农思想深厚。因此，农民市场意识、竞争意识和创新意识的建立与增强，对优化自然资源的利用形式、推进农业产业化经营、推动农村经济结构调整、提高农业的科技含量水平具有重要作用。城镇化和工业化吸引了乡村剩余劳动力转移，让农业规模化生产成为可能，并优化了乡村资源配置，但其作用力有限，特别是本地县城、集镇综合实力较弱，提供的非农就业岗位有限，能够承载的农业转移人口较少。

特色农业发展型乡村把独特的自然地理环境条件转化成产业发展优势，通过外界先进要素的供给持续增强产业发展的能力、扩大特色产业发展优势，并使其更加契合市场的需求，从而提高特色产业的产值和市场竞争力，通过产业发展与振兴带动乡村人才、文化、生态和组织振兴。在这一过程中，对区域资源优势的挖掘是关键，因地制宜发展优势特色产业不仅是产业做大做强的必要条件，也是产业可持续凸显优势的重要保障。供给力是特色产业发展的根本动力，在自然环境条件无法改变的现实背景下，产业发展所需的基础设施、先进科学技术不仅能够保障产业快速健康发展，还能在一定程度上放大或者弥补自然环境条件的优势或劣势，特别是对于自然灾害频发的西南山区至关重要。市场对产业的发展具有重要的指导作用，但优势特色产业的发展不能单纯地追逐市场，必须与资源环境相协调，与资源环境优势相契合，"舍本逐末"的产业发展方式只能扰乱整个乡村地域系统。我们在调研中发现了许多类似的问题，在脱贫攻坚和乡村振兴的推进过程中，部分乡村把发展"新产业"等同于产业振兴，盲目趋同，以当前市场的喜好为标准，完全放弃多年发展形成的优势特色产业，全部"推倒重来"，这不仅无法形成优势，而且降低了整个乡村的生产功能。

三、案例分析——四川省会理市：现代农业园区引领乡村振兴高质量发展

会理市属凉山彝族自治州，山高坡陡，地形复杂，山地垂直气候显著，素有"小春城"之美称。20世纪80年代的会理市同凉山州其他县一样，生态环境脆弱，水土流失严重，农业生产受到严重制约，乡村社会经济发展十分落后，被称为"人与狼争水的地方"。近年来会理市积极发挥日照充足、昼夜温差大等气候特征和土壤肥沃的资源优势，谋划石榴产业发展，按照"建基地、创品牌、搞加工、促融合"发展思路，全方位推动石榴产业做大做强，成为"中国石榴之乡"。截至2020年，会理市实现石榴产业基地规模全国第一、石榴果品产量全国第一、石榴产值全国第一、果农单户收入全国第一、石榴品种品质全国第一，农村居民人均可支配收入达到20 658.1元，乡村建设成效显著。会理市以石榴现代农业园区引领乡村高质量发展的主要做法如下：

（1）坚持规划先行，科学合理布局。会理市明确了会理石榴现代农业园区建设的发展布局及范围，指明了园区发展思路、建设目标，保障了园区的健康可持续发展。

（2）注重标准化建设，实现产品质量可控。园区先后建成4个"万亩亿元示范区"，示范引导全市现代石榴产业发展；建立健全产业标准化体系和技术服务体系，完善园区标准化生产示范基地；整合涉农项目，完善园区内路网、水网配套，推广"草→畜→沼→果"生态循环发展模式，加快农业社会化服务体系建设；核心示范区引进以色列智能灌溉技术，实现精准灌溉和施肥；全力推进农产品质量安全可追溯体系建设，强化石榴质量监管，确保石榴从生产、加工及销售一体化管理。

（3）注重农业新业态，助推产业提质增效。结合园区自然景观，打造石榴田园综合体，发展乡村休闲旅游观光产业。发展"互联网+农业"发展模式，打造电子商务产业。构建产业社会化服务体系，组建专业统防统治队伍。

（4）注重龙头企业带动，联农带动共发展。把培育龙头企业作为产业发展的重要抓手，并积极发挥龙头企业联动带农的作用，园区通过建立土地承包经营权入股、财政投入股权化、农村集体资产折股投入等创新性制度，构建"农业龙头企业（农业公司）+石榴专业合作社（家庭农场）+农户+基地""果业营销企业+石榴专业合作社+农户""公司+专业合作社+农户""公司订单+农户基地""党支部+企业+合作社+农户"等联农带农模式，使小农户有机融入石榴全产业链发展，合理分享产业链增值收益。

（5）注重产学研联盟，以科技创新驱动发展。会理市注重现代产业园区的科技水平提升，强化与高校、科研院所合作，组建四川会理石榴科技小院，不断创新石榴品种，开发多元化产品，优化栽培管理技术，研发提升石榴种植、采摘、加工等装备设施水平，为园区发展提供信息及技术支撑服务。同时，园区积极引进集约化高效生产、智能化设施设备以及绿色精深加工等先进技术，推动园区高效化、信息化和绿色化建设。

第五节　农旅融合发展型乡村

一、演变特征

农旅融合发展型乡村主要分布在农业特色资源突出、农业景观性强、旅游资源丰富的地区。该类型乡村依托独特的"风光、风貌、风物、风俗、风情和风味"等资源，为社会提供休闲、娱乐、教育等多种服务，以乡村旅游和民宿为牵引，推动三次产业融合发展、乡村环境和村容村貌提升、农民生产生活方式改变、乡村治理方式优化，提升农民的幸福感，其演变具有以下特征：

（1）乡村人口减少的速度相对较慢，青壮年劳动力比例较高。农旅融合发展型乡村人口虽然表现为减少的态势，但由于乡村旅游业的发展为农民提供了更多的就业机会和收入水平，乡村人口流失相对缓慢，且乡村中青壮年劳动力比例较高。乡村旅游业的发展促进了农户生计多样化和劳动力向非农转移，农村劳动力多为兼业农户。笔者在调研中发现，近年来随着乡村旅游需求的增加，越来越多的年轻人愿意留在乡村从事乡村旅游及配套服务工作，该类型乡村"空心化""老龄化"问题相对较少。

（2）乡村土地利用更加多元化，农民对土地的依赖性仍然较强。乡村旅游业的介入在改变了乡村产业结构的同时，也加速了乡村土地利用的转变。乡村旅游业的发展使农户能够就地发展非农产业，这就减少了农民在农业生产上投入的时间，但增加了化肥、农药的使用量，然而旅游服务与务农季节性的时间错位使农户仍然能够保持传统农业生产，在保障家庭口粮的同时为游客提供农产品，因此农民对土地的依赖性仍然较强，土地流转意愿较低，土地撂荒问题相对较少。同时，乡村旅游基础设施也会侵占耕地，造成用地矛盾，甚至改变整个村庄的土地利用格局。

（3）乡村人居环境得以改善，农民思想观念不断提高。乡村旅游业的发展对农村人居环境提出了更高的要求，乡村旅游业的发展能够有效带动乡村基础设施的改善，推动乡村人居环境的改善。大量城市游客进入乡村，能够多方位提升当地村民的思想观念、文化素养、生产生活方式，不断增强村民对人居环境提升的意识。同时，民俗文化也在乡村旅游发展过程中得到保护和创新。但不合理的乡村旅游开发，可能会加剧乡村生态环境、资源配置和空间争夺的矛盾，从而导致乡村地域系统向衰退方向剧烈演变。

二、演变机理

农旅融合发展型乡村演变是市场需求推动下乡村自然资源要素优势得以放大的过程，市场需求是根本动力，自然资源禀赋的独特性是乡村旅游发展的基础支撑。农民思想意识的转变是乡村旅游高质量发展的根本动力，农民的创新意识、生态保护意识是盘活乡村资源、挖掘乡村文化、改善乡村旅游发展环境的关键。基础设施、公共服务、先进科学技术改善了乡村旅游发展环境，提升了乡村旅游的便捷度和舒适度，是其高质量发展的重要保障。政策的宏观调控作用在旅游发展定位、景区规划、文化保护、基础设施建设、土地利用方面起到了重要作用。

农旅融合发展型乡村把农业特色资源与旅游资源深度融合并形成产业发展优势，二者在发展的过程中相互支持、相互促进。农旅融合发展型乡村满足市场的需求是关键，这就需要在放大自然资源优势的基础上增强供给力和充分发挥农民主体的能动性和创新意识，提高乡村旅游的质量，不断促进农旅融合。当前乡村旅游有盲目投资、遍地开花之势，并不是所有的乡村都适合走农旅融合发展之路，有些村庄并不具备发展乡村旅游的条件，既缺乏市场需求，也不具备发展乡村旅游的根本属性"乡村性"，过于注重眼前利益，没有长期发展规划，硬性上马，盲目开发，未能提升旅游的效益，反而增加了开发的成本，甚至让大片的农田被流转，侵占了优质耕地。这就需要发挥政策调控的作用，既要从宏观层面做好区域发展规划，明确适合发展农旅融合的乡村，也要在乡村旅游的开发过程中处理好农民主体和外来资本的关系以及要素的优化配置和各类空间的均衡利用。

三、案例分析——重庆市黄瓜山村：农旅互促高质量发展

黄瓜山村位于重庆市永川区南郊，多为低山地貌，森林覆盖率高，因所处山形与黄瓜酷似而被称为"黄瓜山村"。"三变"改革之前，歌谣"黄瓜山，山坡坡，石头多，红苕打烂锅，黄花闺女不愿嫁上坡"描绘了黄瓜山村的村情。由于土地贫瘠，20世纪90年代开始，黄瓜山村大量劳动力外出务工。2016年黄瓜山村抢抓"三变"改革机遇，立足于当地梨资源优势，把特色农业和乡村旅游作为乡村振兴的着力点，推动农旅深度融合发展，从曾经发展落后的小村庄发展成了远近闻名的小康村。近年来已有3 500余名新型经营主体返乡创业，从事乡村旅游、农业生产经营管理等，全村有乡村旅游直接和间接从业人员近4 500人。2020年，黄瓜山村人均可支配收入到达2.5万元。其发展有以下三个方面的经验：

（1）发展壮大优势特色农业，描绘乡村旅游发展底色。由于土地贫瘠、种粮效益不高，黄瓜山村根据地理环境和气候特点大规模发展梨树种植，从原有的十几亩规模发展到六万多亩，建成了重庆市规模最大的梨产业基地，并打造了享

誉度高的"黄瓜山梨"品牌，获得了国家地理证明商标和农产品地理保护标志。黄瓜山村依托特色农业产业发展现代农业观光、农产品采摘、农耕体验、乡村休闲度假等多元化的乡村旅游。

（2）以文化为内涵推动农旅深度融合，打造高品质乡村旅游。黄瓜山村以"黄瓜山梨"这一特色水果产业为依托，大力发展梨文化，建设了一批以梨为外形的各式各样的公厕，打造了以梨文化为内涵的乡愁广场。黄瓜山村随处可见以梨为元素的墙绘、彩色步道，形成了以梨文化为主、以村史文化为辅、以乡愁为载体的文化格局，让乡村各个角落都彰显梨文化，为乡村旅游注入了发展之魂。黄瓜山村将自然景观与人文景观深度融合，打造出中华梨村、百花园等10余个观光农业休闲景区，开发了一系列高品质旅游观光线路，让游客在回归田野的同时邂逅乡愁，丰富了游客的旅游体验。

（3）把乡村环境整治与美化作为发展乡村旅游的重要支撑。黄瓜山村坚持把优美的乡村环境作为乡村旅游高质量发展的根本保障，以"整洁有序""院落清洁""村庄绿化""景点升级"四大行动为抓手，实施院落整治工程，鼓励居民增种绿植，对院落进行绿化美化，提升村居颜值；把乡村基础设施与旅游基础设施统一规划、统一建设，不断完善旅游厕所、停车场、休息区等基础设施，更新旅游景区标识设施，夯实乡村旅游发展基础。

（4）创新营销模式，加大品牌宣传力度。黄瓜山村大力发展节日经济，每年举办多场形式多样的品牌文化活动，如黄瓜山赏花节、百里水果长廊采果节、年猪节等，吸引了全国各地的游客前来参观，进一步提升了黄瓜山村农产品的知名度，探索走出了"以旅强农、以农促旅、农旅互促"的乡村振兴之路。

第六节　生态康养型乡村

一、演变特征

生态康养型乡村主要分布在中、低山区生态环境优良、资源条件独特、基础设施完善、发展基础相对较好的地区。该类型乡村是针对城市化进程加快、人们对生活质量追求的提高，以及老龄化现象突显的现实，依托乡村独特的光热、气候和生态环境，通过发展生态康养产业整合资源、集聚人口，带动乡村基础设施和公共服务不断完善、乡村治理水平不断提升、乡村生态环境进一步优化，将生态资源优势转化成经济优势，具有以下特征：

（1）在乡村人口减少的同时，城市人口大量流入乡村。生态康养型乡村常住人口虽然有所减少，但其显著特征是大量城市人口涌入乡村，成为乡村的"新居民"。特别是随着人口老龄化问题日益严重，城市康养功能向乡村外溢，城市居民不断流向乡村且长期居住在乡村，增加了乡村的非农就业机会。这就降低了乡村劳动力特别是青壮年劳动力向城市转移的速度，因此该类型乡村"空心化"问题不突出。

（2）乡村产业转型速度加快，土地利用更加多元化。由于乡村生态康养产业覆盖面广、产业融合度高，其能够促进乡村产业链延伸和价值链提升。乡村生态康养产业是劳动密集型产业，不仅能够有效吸纳乡村剩余劳动力，而且随着城市人口大量进入乡村，城市的资本、技术、信息等随之进入乡村，从而加速产业转型升级。乡村土地利用更加多元化，农业的景观功能得到提升，但可能加速乡村宅基地扩张。

（3）乡村品质和居民文化素养不断提高。由于生态康养产业对乡村环境要求非常高，因此生态康养型乡村不仅具有良好的生态环境和独特的资源禀赋，生态康养产业的发展也能促进乡村环境和生活品质进一步提升。在与城市居民长期生活的过程中，城市居民的高消费力和追求高品质体验的生活理念也能辐射带动当地居民生产、消费观念的改变，有助于开阔乡村居民的视野、传播科学技术，提升乡村居民的文化素养。

二、演变机理

生态康养型乡村的发展演变过程同样是市场需求驱动下自然资源禀赋优势放大的过程。市场的需求是该类型乡村发展的根本动力，满足市场对乡村功能和产品的要求是其高质量发展的关键。自然环境本底和自然禀赋优势是决定该类型乡村能够发展生态康养产业的最根本条件，是衡量一个地区是否适合康养的首要因素。生态康养必须要有资源禀赋依托，主要体现为空气洁净、气温舒适、湿度适宜、日照充足、海拔高度适宜，此外还应具有丰富的林草资源或者有利于养生的湿地、温泉、湖泊等水资源。由于生态康养产业不同于一般的乡村旅游，更加突出健康、养生、恢复身体机能等功能，因此要能够提供医疗保障、养老保障和安全保障，既要有医疗卫生机构、养老服务设施、体育设施、休闲娱乐等完备的公共康养设施，还要有便利的交通条件。因此，基础设施、公共服务的供给质量对该类型乡村功能的提升起到重要的驱动作用。

生态康养型乡村发展演变的关键是利用乡村的自然资源优势打造高品质的乡村环境并能够满足城乡居民对健康养生功能的需求，支撑力对该类型乡村发展演变起着决定性作用。生态康养产业的发展对乡村生产、生活、生态功能的要求都较高，因此强大的外部供给力是提升乡村各项功能的重要支撑。但当前康养产业缺乏规范且完整的产业发展标准和行业监管机制，康养产业发展用地问题十分突出，无序发展必然扰乱乡村的结构和功能，城市要素的大量进入也可能会侵害当地农民的权益，因此政策有效的管控、调节是生态康养型乡村有序演变的重要保障。

三、案例分析——四川省攀枝花市贤家村：用阳光致富

贤家村位于四川省攀枝花市米易县，拥有典型的南亚热带干热河谷立体气候，年均气温 20.5℃，全年无冬，冬季气温仍保持在 15℃ 以上，拥有十分丰富的阳光资源。过去的贤家村，土地资源短缺、耕地细碎，水土耦合性不强，农业生产受限，农业收入不高，农民人均纯收入低于全县水平。2011 年，贤家村以新村建设为契机，发掘阳光资源优势和区位优势，开启了发展乡村生态康养之路，成为享誉全国的康养新村，解决了本地村民的非农就业问题，带动了农民致富增收。贤家村成功的关键在于：

（1）完善基础设施及配套服务，提升生态康养硬件水平。贤家村把完善康养服务设施作为发展壮大康养产业的关键和首要任务，以打造幸福美丽新村为抓手，通过盘活乡村闲置资产，打造了高质量的乡村康养中心，不仅配套了乡村卫生站、社区购物点、图书室、文化长廊、健身场所、健身步道等基础服务设施，还配套建成了游客接待中心、特色餐饮、山地公园、农事体验区、乡村酒店、旅游民宿等旅游基础服务设施。贤家村共有 1.1 万余个床位，年接待康养旅游人员达 20 万人次。此外，贤家村交通十分便利，高铁站位于村内，距高速口仅 2km，县城公交车直达村内，便利的交通条件也成为其吸引和留住游客的重要因素。

（2）构建优质的服务体系，提高服务品质。为提高服务品质，贤家村制定了统一的游客接待管理制度，由村委会统一进行监督，并对不遵守规章制度的农

户进行处罚，提高了服务的规范性和服务品质。此外，贤家村对外来企业也制定了标准化的运营管理措施，通过协商共建高质量的服务标准，推动康养服务提档升级。

（3）"康养业+农业"助力农民实现富裕生活。贤家村在发展康养产业的同时，推动全村向"康养+农业"模式发展，积极种植早春蔬菜。一方面依托区位优势，打造城市农产品供给基地；另一方面向游客供给，游客在康养的同时可以在地里采摘蔬菜和水果，还可将农产品拿回农家乐加工，这样能大大增农民的收入。

第七节　特色文化传承型乡村

一、演变特征

特色文化传承型乡村主要是少数民族聚集的乡村。该类型乡村通过深入挖掘乡村所承载的丰富文化遗产、民风民俗、历史文物内涵，并融入新的文明理念，使文化资源优势转化为经济优势，以经济发展促进乡村文化保护和文化价值提升，增强乡村审美韵味，焕发乡村文明新气象，培育乡村发展新动能。特色文化传承型乡村发展演变具有以下特征：

（1）农业生产功能逐渐弱化，青壮年劳动力多向非农产业转移。特色文化传承型乡村大都是少数民族聚居村落，具有独特的生产生活方式、文化、语言等。由于耕地资源有限，青壮年劳动力多不再从事农业生产，主要外出务工或转向非农产业，但多以向本地的县城和乡镇转移为主。随着城镇化、工业化的快速发展，现代文明冲击了传统的生产生活方式，乡村以农业为主的单一经济功能向三次产业融合发展的多元经济功能转变。近年来，随着乡村旅游的快速发展，越来越多的青年回到乡村从事乡村旅游、文创产品开发等非农产业。

（2）乡村性突出，但少数民族文化的独特性也受到城市文明的强烈冲击。特色文化传承型乡村拥有十分丰富的少数民族特色文化，是留住乡村记忆、延续乡土文化、传承中华文明的重要载体，对更好地保护、继承和发扬优秀历史文化遗产，弘扬民族传统和地方特色具有重要作用，是乡村性最突出的地方。但在现代文化的冲击下，现代文化观念不断融入民族村寨中，少数民族特色文化加速消失，传统乡村的空间结构不断发生改变，特色建筑风貌被现代建筑风格所取代，少数民族村落特有的内涵与品质逐渐被城市文化所同化。社会经济发展相对滞后，乡村的各项功能水平不高，但近年来随着乡村多元功能不断被挖掘，乡村呈现快速发展态势。

二、演变机理

特色文化传承型乡村演变的过程是少数民族传统文化与现代化相互冲突又相互融合发展的过程。城镇化与工业化是该类型乡村的先导驱动因素，不仅吸引了大量农村劳动力向城市和非农产业转移，城市文化也对少数民族传统文化造成了强烈的冲击。自然环境条件曾是制约其发展的关键因素，也造就了其独具特色的民族文化。基础设施、公共服务、先进科学技术在提升乡村居民生活质量的同时也改变了其传统的生产生活方式。农民思想观念和行为的变化是该类型乡村演变的直接动力。

自然环境特征和区位条件使得该类型乡村思想封闭、与外界交流阻滞，在形成了特有文化的同时，也使该类型乡村的社会经济发展缓慢。供给水平的提升能加速改善乡村的社会经济发展水平，但是对于该类型乡村而言，只加强外部要素供给难以实现可持续发展，必须激发乡村主体的能动性，发挥该类型乡村独特的文化优势，让文化优势成为符合市场需求的经济优势。值得注意的是，在基础设施、公共服务和先进科学技术输入该类型乡村的过程中，必须要与村落的传统风貌相契合，把传统村落的保护作为开发利用的前提。

三、案例分析——云南省普洱市老达保村：激活民族文化资源，文化赋能乡村振兴

老达保村位于云南省普洱市澜沧县，是传统的拉祜族村寨，全村村民都是拉祜族。老达保村文化底蕴深厚、文化资源多样、民族风情独特，是拉祜族传统文化保存最完好的地方，也是国家级非物质文化遗产《牡帕密帕》的保护传承基地之一。2013 年以前，老达保村基础设施落后，社会经济发展滞后，交通基本靠走、喝水基本靠背、通信基本靠吼。党的十八大以来，老达保村在外界力量的帮扶下，积极整合民族文化资源，大力发展民族文化旅游产业，探索出了一条文化致富增收的新路径。

（1）深挖民族文化资源，弘扬特色民族文化。依托拉祜人能歌善舞的优势，老达保村村民自发组织，先后成立了以拉祜族歌舞表演为主题特色的表演队、演艺公司，通过对拉祜族特色文化进行整合创新，创作了一系列民族特色鲜明的芦笙舞、摆舞和民间经典歌曲，并进行原生态实景演出，不仅让拉祜文化"走出去"，弘扬了民族文化，吸引了大量游客，同时也极大增强了老达保村村民的文化自信，激发了村民保护传承民族文化的热情。

（2）大力发展非遗产业，打造致富文化品牌。老达保村还大力发展非遗产业，打造"快乐拉祜"品牌，以特色文化庄园为载体，大力发展非遗工坊，以非物质文化遗产为依托融入现代科技和文化元素，积极探索发展文创产品，大力发展拉祜族芦笙制作、竹编制作、传统的拉祜族服饰、拉祜包编制等传统手工技艺，在非遗工坊向游客展示制作过程，供游客观赏和体验。老达保村还积极探索"互联网+文创产品""直播带货"等展示形式，扩大了产品的知名度，打造了地方文化品牌，让农民不出村就能够就业、致富。

第八节　高原农牧结合型乡村

一、演变特征

高原农牧结合型乡村主要是分布在川西高原和云南高原生态脆弱区。该类型乡村自然资源禀赋相对较差，自然环境恶劣，气候条件特殊，农业生产基础较为薄弱，畜牧业较为发达，社会经济发展水平相对落后。该类型乡村由于人地矛盾突出，原有产业发展方式无法满足和支持乡村可持续发展，必须依托自身资源的相对优势重塑乡村产业，以产业为核心，带动乡村社会经济发展水平不断提高。该类型乡村具有以下特征：

（1）乡村人口经历了快速增长又持续下降的阶段性特征，劳动力向非农产业转移的速度相对较慢。该类型乡村大都是少数民族聚集区，人口密度相对较低。在过去的 30 年间，该类型乡村人口大都经历了快速增长又持续下降的阶段性特征，1990—2010 年，人口表现为持续快速增长，2010 年以后乡村人口开始外流，但外流速度相对较慢，乡村劳动力仍以兼业为主。由于受城市文化冲击较小，仍然保留较为传统的生产生活方式和思想观念，重视家庭观念使得农牧民在劳动力资源分配上以照顾家庭为优先（龙磊，2020），加之大部分农牧民文化素质不高，部分农牧民用汉语交流存在障碍，且就业技能相对缺乏，难以适应现代企业的管理模式和工作强度，因此向非农转移的速度相对较慢，且以向本地城镇转移为主。人口城镇化率较低但增长速度较快，特别是近10年来，在政策等外力的驱动下城镇化率显著提高。

（2）草地资源丰富，生态环境脆弱，生态环境虽有所改善但问题依旧突出。该类型乡村自然环境条件较差，生态环境脆弱，虽然耕地资源匮乏，但草地资源十分丰富，然而在乡村发展过程中草地受到的扰动较大，土地沙化趋势突出。特别是2010年以前，乡村人口的快速增加也使得草原的畜牧量大幅上升，草场超载率常年在70%~80%[1]，牧草还未成熟就被反复采食，加之牲畜反复过度踩踏，导致植被质量下降、产量减少，土地逐渐沙化。2010年以后，特别是党的十八大以来，国家高度重视生态环境，践行"山水林田湖草是生命共同体"理念，乡村生态环境不断改善，高寒草原生态修复治理加快推进，草地退化趋势减缓但问题仍旧突出。

（3）通过家庭自主经营等方式实现非农转移，生产生活方式都发生显著改变。该类型乡村耕地资源十分有限，且占总面积的比例低。早期多以简单的种植业、养殖业为主，且多为满足自给自足的需要，近年来种植、养殖产品更加多元化且以满足市场需求为主。该类型乡村虽然资源环境条件差，但特色资源优势突出，乡村振兴战略实施以来，大量扶持政策和帮扶力量不断输入，乡村基础设施不断改善，特色产业不断发展，乡村人居环境改善的同时还带动了乡村旅游的发展，减轻了生态环境的压力，旅游收入已成为农牧民的重要收入来源，农民的就业结构发生了显著变化。加之政府在信贷支持、技能培训、合作社发展等方面给予了大量支持，农户能够通过家庭自主经营等方式实现非农转移，农民的生计活动和收入来源更加多元化，收入水平也不断提高，农牧民生计方式的转变也促进了生活方式改变，如牧民开始定居或半定居，乡村居民点的集聚性大大增强，从分散生活向"大分散、小集中"转变。

（4）乡村地域系统有序转型发展，但各项功能水平亟待提高。该类型乡村大多是少数民族聚集区，一直以来社会经济发展水平较低，大多数曾是深度贫困

---

① 数据源于：http://grassland.china.com.cn/2018-05/31/content_40359198.html。

县。受自身发展条件的限制，乡村各项功能均处于较低水平，原有产业发展方式无法满足和支持乡村可持续发展，但在政策的作用下通过外力扶持不断转型，依托自身资源的相对优势优化提升甚至重塑乡村产业，以产业发展为核心带动乡村社会经济发展水平不断提高，乡村各项功能不断提升，耦合协调度逐步增强，乡村地域系统在向有序发展方向转变。

二、演变机理

农牧结合型乡村演变的先导驱动因素是自然环境条件，由于乡村生态环境极度脆弱，生态环境退化严重，人地关系矛盾突出，自然环境无力承载快速增长的人口，无法支撑乡村地域系统的良性循环。该类型乡村只有改变生产生活方式，通过优化产业结构或发展方式，重新实现人-地-社会经济的和谐发展。虽然科学技术的进步使得自然地理环境对乡村的影响在减弱，但自然地理环境的驱动作用仍然决定了乡村的发展方向，且这一驱动作用长期存在。基础设施和公共服务的不断完善在很大程度上改变了该类型乡村"靠天吃饭"的生产生活方式，也为发展更加生态友好型产业提供了基础支撑。先进科学技术在农业生产中的应用，提高了农业劳动生产率和土地生产率，改变了乡村的人居环境，在一定程度上减轻了对生态环境的压力。农牧民思想观念的转变是乡村发展的根本动力，但是该类型乡村农牧民的思想文化观念仍较为落后，然而在政策和现代文化的引导下，农牧民的思想观念正在逐步转变，环保意识和法治观念的增强提升了其对乡村生态环境、人居环境保护的重视，竞争意识和市场意识的增强也推动了其选择更加生态环境友好型的产业或者提高生计策略的多样性，从而降低生计风险，提高生活水平。乡村文化的发展主要通过改变乡村居民的思想文化观念，特殊的传统文化也为乡村产业的优化重塑奠定了一定的基础。城镇化和工业化推动了乡村剩余劳动力转移，但对乡村的辐射带动作用十分有限。

该类型乡村只有立足于资源的独特性，优化调整产业发展方式，让产业发展与资源环境相匹配，与市场需求相结合，才能实现可持续发展。但由于缺乏一定的自我发展能力，只有通过强大的外部供给力和政策的牵引帮扶，才能让乡村发展逐步进入正轨。因此，该类型乡村在优化提升过程中，要坚持以保护和恢复生态环境为原则，优化乡村产业结构和发展方式，强化供给力和拉动力对该类乡村的带动作用，激发乡村发展的需求力。

三、案例分析——四川省阿坝州嘎尔玛村：产业绿色转型带动乡村全方位发展

嘎尔玛村位于四川省阿坝藏族羌族自治州若尔盖县唐克镇，有优质的天然草场和高寒湿地，生态景观十分独特。嘎尔玛村距唐克镇 2.1km，距若尔盖县城约 64km，国道 248 线紧邻该村，区位优势较为明显。嘎尔玛村所属的唐克镇是风景名胜黄河九曲第一湾的所在地，旁边还有著名的藏传佛教格鲁派寺院索克藏寺，嘎尔玛村距该景点仅有 11km。嘎尔玛村以藏族为主，多使用安多方言，是一个纯牧业的藏族聚居村。

（1）生态环境约束推动牧业转型发展。畜牧养殖业一直以来是嘎尔玛村的支柱产业。20 世纪 90 年代以前，嘎尔玛村逐水草而居。随着市场需求的不断扩大，牧民开始增加牲畜的养殖数量，致使草原生态环境持续恶化。20 世纪 90 年代中期，国家逐渐重视对生态环境的保护，出台了一系列草地恢复措施，从 2003 年开始四川实施了退牧还草工作，若尔盖草原也开始实施草场分化，草场安装围栏、补播草地，实行禁牧、休牧和轮牧。嘎尔玛村的村民在自家的固定的牧场进行放牧，养殖牲畜的数量也得到了一定的控制。随着"牧草+牦牛现代农业产业园"的建设，嘎尔玛村从"放养式放牧"向标准化集成化养殖转变，在减少养殖数量的同时提高了养殖收入，减少了对草原生态环境的破坏，推动了"人、草、畜"平衡发展。

（2）利用区位优势发展乡村旅游配套产业。嘎尔玛村依托区位优势，大力发展旅游服务配套产业，在公路两侧修建骑马点供游客骑马，售卖民族服饰、帽子、手工艺品等，有些牧民修建宾馆、开办民宿，有些牧民跑运输、开超市、开茶楼。2020 年，嘎尔玛村人均收入水平在 9 000~12 000 元。在旅游业发展的带动下，村庄的道路、通信等基础设施也不断完善，还出现了大量的商业超市、餐饮酒店、专业市场等旅游基础设施，乡村服务功能更加多元化，乡村人居环境也显著提升。

（3）产业发展带动农牧民思想观念提升。随着外来旅游人数的增多，当地牧民开始主动学习汉语和先进的技术知识，外出务工的意识和技能也有所增强，外出务工的人数也有所增多，农户的生计方式更加多元化，收入结构更趋合理，收入水平也显著提高，生计脆弱性明显降低，越来越多的农户逐渐改变了"等靠要"的思想，主动去谋求更好的生活条件。此外，农民的环保意识开始增强，逐渐认识到合理规模的养殖数量才能保证草原的可持续发展。

第九节　发展动力匮乏型乡村

一、演变特征

发展动力匮乏型乡村主要为分布在集中连片特困区的已脱贫的深度贫困村。该类型乡村多为社会经济发展滞后的少数民族聚居区，城镇化率低，乡村人口减少速度缓慢，自我发展的能力和动力十分匮乏，甚至有些乡村人口数量仍然不断增长。乡村长期处于低速发展状态，生产生活功能水平低，生产生活方式落后，功能的耦合协调度不高，其演变具有以下特征：

（1）乡村人口减少速度缓慢，乡村劳动力外出务工比例低。该类型乡村是人口减少最不明显的区域，甚至部分县域乡村人口仍呈现增长的特征。乡村人口的变化主要受乡村人口出生率的影响。随着生育观念的改变，乡村人口出生率逐渐下降。以凉山州喜德县为例，喜德县的人口出生率从 2000 年的 16.74‰上升到 2010 年的 18.28‰再降低到 2020 年的 15.26‰；城镇化水平普遍较低，但 2010 年以后速度明显增快，主要是通过易地扶贫搬迁的就地就近城镇化形式。劳动力外出务工的比例相对较低，但近年来有所增加，且以到对口帮扶地区务工的较多。

（2）资源禀赋差，乡村发展动力不足。该类型乡村资源禀赋差，自然环境恶劣且自然灾害频繁，耕地面积十分有限，且破碎化程度高，农业生产基础条件薄弱，普遍种植简单的粮食作物，且以自给自足为主，生产生活方式落后，但近年来在外界的帮扶下也因地制宜开始种植经济作物。乡村人口文化素质低，市场竞争意识淡薄，思想观念落后，改变自身发展现状的能力和动力均不足，乡村各项功能水平均较低。

（3）在政策等多重外力的帮扶下，乡村社会经济发展水平有了质的飞跃。党的十八大以来，国家以前所未有的力度推进脱贫攻坚，聚焦深度贫困地区，此类型乡村的社会经济水平发生了跨越式的转变。在政策等多重外力的帮扶下，乡村基础设施不断完善，公共服务水平显著提高，农民收入水平快速稳定增长，有些村庄、人口通过易地扶贫搬迁实现了就地就近城镇化，生活水平发生了历史性的转变。在物质生活发生转变的同时，农民的文化素养、知识技能不断提升，思想观念发生彻底转变，实现了社会文明的时代跨越，但农民的文化素养与现代社会发展需求不相匹配仍然是制约其自身甚至整个区域发展的重要因素。

二、演变机理

发展动力匮乏型乡村演变的先导因素是强有力的政策驱动。该类型乡村社会经济文化发展十分落后，自我发展能力、发展动力不足，无力改变现状，通过政策的干预和强有力帮扶引导，才逐渐与现代文明接轨，基础设施和公共服务水平不断提升，生产生活方式发生根本性改变，社会经济开启跨越式发展。该类型乡村的资源禀赋决定了乡村社会经济发展速度缓慢，其有限承载力决定了乡村必须扩大生产半径或者通过寻求资源环境条件更好的区域才能得以发展。该类型乡村大都是少数民族聚居区，长期以来保留了一些陈规陋习，缺乏市场意识和竞争意识，大部分村民崇尚"听天由命的人生观、得过且过的生活观、重农抑商的生产观、温饱第一的消费观、忠守故土的乡土观和多子多福的生育观"，农民改变自身现状的动力差、能力弱，这是乡村社会经济发展落后的根本原因，但其思想观念和行为的改变也是驱动乡村地域系统改变的核心动力。除了地理上的隔离，基础设施的匮乏也是造成该类型乡村与外界沟通较少的重要原因，基础设施的完善不仅改善了乡村人居环境，奠定了产业发展的基础，也加强了该类型乡村与外界的联系，增长了农民的见识，在一定程度上也改变了农民的思想观念。科学技术、城镇化和工业化、市场等外部供给力在该类型乡村发挥的效能不足，也是导致该类型乡村发展缓慢的重要原因。

该类型乡村在发展演变的过程中，支撑力、供给力、拉动力、需求力的效能发挥都较差，只有通过政策的调控力强化其他"四力"协同增长，加快弥补乡村发展过程中的短板，彻底改变原始落后的生产生活方式，才能让乡村重新焕发生机。在这一过程中，要把乡村文化和农村居民的思想观念的内部需求力转变作为着力点，通过激发需求力来增强乡村发展动能。

三、案例分析——四川省凉山州沙马乃拖村：利用比较优势壮大集体经济，利用集体经济激发奋斗动力

沙马乃拖村位于四川省凉山州美姑县，属高寒地区，自然环境恶劣，土地贫瘠，基础设施十分薄弱，生产生活方式落后，土地产出效益低，农业生产基本是

"靠天吃饭"，社会发育程度低，发展动力不足，曾是极度贫困村之一。沙马乃拖村在外界力量帮扶下布局特色产业，不断发展壮大集体经济，激发了村民的内生发展动力和可持续增收能力。主要做法体现在以下方面：

（1）利用帮扶力量发展特色产业。受气候条件制约和水土资源限制，沙马乃拖村难以发展种植业，但其地广人稀、气候寒冷、林草地资源丰富，适宜发展畜牧养殖业。沙马乃拖村利用各级帮扶、捐赠资金，以及技术力量支持，依托良好的生态环境，先后建立了养马场、养牛场和养鸡场，大力发展特色生态养殖产业，形成了美姑高山生态鸡、黑山羊、黄牛等特色产品。沙马乃拖村还积极推动种植业和养殖业配套发展，构建了"种养+"融合互补循环经济模式，将畜禽粪污用于牧草、玉米和中草药种植，有效减少了对环境的污染，提升了产业附加值。

（2）集体经济壮大与特色产业发展相互促进。特色产业的发展为集体经济注入了资本，马场30%的收入作为集体经济收入，养牛场按一定比例为集体经济分红，养鸡场也按照每只鸡向集体经济缴纳1元的标准缴纳管理费。集体经济的发展壮大又激发了农民发展其他产业的热情，沙马乃拖村以"党支部+企业+合作社+农户"的方式带动农户参与产业发展，全村所有农户都参与了土鸡养殖。2020年仅养殖土鸡，户均能获得1万元以上的收入。

（3）集体经济壮大带动生活条件改善和文明新风形成。特色产业发展和集体经济壮大也带动了沙马乃拖村居住环境的改变，基础设施和公共服务水平不断提升。产业发展促进了农民思想观念的转变，农民更加崇尚健康的生活方式，对教育、医疗的重视程度大大提升。越来越多的农民积极主动参加夜校，并鼓励支持子女接受更多的教育，提升文化水平。

第十节　本章主要结论

（1）西南山区乡村地域系统演变形成了八种不同类型的乡村：城镇带动型乡村、人地分离持续收缩型乡村、特色农业发展型乡村、农旅融合发展型乡村、生态康养型乡村、特色文化传承型乡村、高原农牧结合型乡村和发展动力匮乏型乡村。

（2）城镇带动型乡村表现为乡村人口向城镇和非农产业快速转移，但对乡村生活功能的依赖性较强；传统的农业生产功能弱化，非农产业发达，土地城镇化速度快；乡村文明程度高，但乡村特性消失显著。该类型乡村需要让拉动力、供给力和需求力实现动态平衡，并且与支撑力相协调，进而推动乡村地域系统功能的提升，实现乡村振兴发展。

（3）人地分离持续收缩型乡村表现为乡村常住人口持续减少、流失十分严重；乡村"空心化"特征十分明显，农业劳动力短缺现象突出；土地破碎化程度高，土地撂荒严重；农业副业化突出、农民收入与农业的关联度愈加松散；乡村功能持续弱化。该类型乡村要基于乡村要素的变化特征，优化乡村的功能配比和资源配置，同时提高供给力的效能，缩小城乡发展的差距。

（4）特色农业发展型乡村表现为乡村人口依然呈下降趋势，但近年来返乡创业人口有所增加；形成了特色农业产业体系，土地规模化发展的趋势增强；乡村经济基础较为薄弱，但农业农村现代化水平不断提高。该类型乡村要通过外界先进要素的供给支持持续增强产业发展的能力、扩大特色产业发展优势，既要满足市场需求，又要与资源环境相协调。

（5）农旅融合发展型乡村表现为乡村人口减少的速度相对较慢，青壮年劳动力比例较高；乡村土地利用更加多元化，农民对土地的依赖性仍然较强；乡村人居环境得以改善，农民思想观念不断提高。该类型乡村既要从宏观层面做好区域发展规划，放大资源优势，也要处理好农民主体和外来资本的关系以及要素的优化配置和各类空间的均衡利用。

（6）生态康养型乡村表现为乡村人口减少的同时，城市人口大量流入乡村；乡村产业转型速度加快，土地利用更加多元化；乡村品质和居民文化素养不断提高。该类型乡村要立足市场需求，通过供给力的提高增强乡村各项功能，同时通过政策的有效调控防止城市要素大量流入损害乡村居民的利益。

（7）特色文化传承型乡村表现为农业生产功能逐渐弱化，青壮年劳动力多向非农产业转移；乡村性最突出，但少数民族文化的独特性也在逐渐被城市文明所同化。该类型乡村在加强外部要素供给的同时，必须激发乡村主体的能动性，发挥该类型乡村独特的文化优势，让文化优势成为符合市场需求的经济优势。

（8）高原农牧结合型乡村表现为乡村人口经历了快速增长又持续下降的阶段性特征，劳动力向非农转移的速度相对较慢；草地资源丰富，生态环境脆弱，生态环境虽有改善但问题依旧突出；通过家庭自主经营等方式实现非农转移，生产生活方式都发生显著改变；乡村地域系统有序转型发展，但各项功能水平亟待提高。该类型乡村要坚持以保护和恢复生态环境为原则，优化乡村产业结构和发展方式，强化供给力和拉动力对该类型乡村的带动作用。

（9）发展动力匮乏型乡村表现为乡村人口减少速度缓慢，乡村劳动力外出务工比例低；资源禀赋差，乡村发展动力不足；在政策等多重外力的帮扶下，乡村社会经济发展水平有了质的飞跃。该类型乡村通过政策的调控力强化其他"四力"协同增长，把农村居民的思想观念的转变作为着力点，通过激发需求力来增强乡村发展动能。

第十章 国内外乡村振兴的经验做法与西南山区全面推进乡村振兴的逻辑基点

党的十九大首次提出实施乡村振兴战略，党的二十大对全面推进乡村振兴作出了重大部署。在今后较长一段时期内，全面实施乡村振兴战略，加快推进农业农村现代化，是我国"三农"工作的中心任务。

第一节 国内外乡村振兴的经验做法及对西南山区乡村振兴的启示

纵观世界发展史，在工业化、城镇化加速推进过程中，不少发达国家和地区的乡村都经历了从衰败到振兴的发展过程，形成了许多先进的做法和启示。自2004年我国连续颁发以"三农"为主题的中央一号文件以来，农村发展问题得到更多的重视，农业有了新发展，农村面貌有了新变化，农民生活也得到了新改善，尤其是2017年中央提出实施乡村振兴战略以来，我国各地已出现一批乡村振兴的典型案例。本研究通过总结国内外乡村振兴的先进经验做法和典型案例，为西南山区全面推进乡村振兴提供借鉴经验。

一、发达国家和地区乡村振兴的经验做法及借鉴意义

（一）主要做法

1. 德国：实施"乡村再发展"和"乡村更新"战略

乡村振兴战略最早起源于德国，其发展经验先后被复制到欧洲及以外的国家（如日本、韩国、加拿大等）。德国的乡村发展经历了两个阶段：第一阶段是

20 世纪50 至 60 年代，针对乡村空心化问题提出的"乡村再发展"战略，其主要内容为村落的集中整治、搬迁和再建；第二阶段是 20 世纪 70 至 90 年代初，针对乡村生活品质问题提出的"乡村更新"战略，其主要内容为重视村庄规划和生态环境的整治，强调乡村面貌的独特性，提升乡村经济价值、生态价值和文化价值，以此实现乡村特色与自我更新。作为乡村振兴的先驱者，德国在增加乡村就业机会、提升乡村生活品质、推进乡村产业融合上积累了丰富的经验。

一是通过实施产业"逆城市化"政策，增加乡村就业机会。第二次世界大战后，德国大规模进行城市重建，使城市成为经济和生活的中心，农业机械化的快速发展和使用使得乡村出现了大量剩余劳动力，并逐渐向城市和非农产业转移。为了应对越来越严重的乡村空心化现象，德国制定了一系列政策措施，鼓励和推动小规模农户将土地集中流转，促进农业规模经营的发展；遵循"城乡等值化"理念制定了城乡空间发展规划，缩小城乡之间的发展差异，让城乡居民能够享有均等的基础设施、公共服务和就业机会。随着乡村空间布局的优化和功能的完善，加之乡村土地价格低廉和优惠的税收政策，乡村成为大中型企业的首选之地。这一转变为乡村创造了更多就业机会，加快了乡村的现代化进程，促进了城乡之间的均衡协调发展。

二是通过实施"村庄更新"计划，提升乡村的生活品质。产业"逆城市化"的发展使大量非农人口流入乡村，德国乡村的人口结构发生了逆转，非农业人口增加。这就对乡村的功能提出了新的要求，不仅要有足够的就业承载力，而且要有让人们宜居的生活环境。为满足这一需求，德国于 1977 年正式启动了"村庄更新"计划。该计划包括基础设施改善、农业和就业发展、生态和环境优化以及社会和文化保护四个方面的内容。政府主导并积极推动该计划，采用多元化的投入方式，该计划 50%的资金来自欧盟，25%的资金来自联邦政府，剩下 25%的资金由市级政府筹集。"村庄更新"计划通过整体推进的方式提升了乡村的宜居水平，确保乡村在生活、教育、医疗、就业等方面与城市享有相同的机会，增强了乡村地区的可持续发展能力和吸引力。

三是重视先进科学技术向乡村地区渗透，利用生物质资源推进乡村产业融合。德国高度重视乡村的可持续发展，将乡村可持续发展视为国家战略，把生态环境保护作为乡村发展的重要抓手，强化先进科学技术在生态环境保护中的应用，特别是将生物质资源的开发利用作为可持续发展的重要支撑，大力发展生物能源、生物原料开发利用，积极探索生物废弃物利用的路径，不仅创造了就业机会，还促进了农业产业链的整合，提高了农业的附加值，扩大了农场收入来源，解决了农业废弃物污染的问题，为乡村产业融合注入了新的活力，推动了农村经济的可持续发展。

2. 法国：促进城乡资源优化配置，大力发展"农业+"生态旅游

法国是全球农业最发达的国家之一，仅用了20年时间就实现了农业农村现代化。农业经营已经实现专业化，乡村发展已成功转型，新一代农民收入处于当地中等或以上水平。

一是实施均衡化"领土整治"，促进城乡资源优化配置。为有效解决东部工业城市和西部农业乡村之间产生的严重贫富经济差距，法国实施以"均衡化"为目标的领土整治运动，即通过国家相关的法律法规支持，综合利用计划手段、行政手段、激励手段来支持经济欠发达地区和乡村地区发展计划的实施，实现农村社会资源的优化配置。经过长期的建设，领土整治行动取得显著成效，约750万人从东部城市地区迁移到西部农村地区，极大地加快了西部地区的城镇化进程。

二是以培育现代化新型农民队伍为抓手，推动农业专业化生产经营。法国致力于培育现代化的新型农民队伍，使他们能够运用先进的技术和管理手段，提高农业生产效率和经营效益，推动农业的专业化和现代化发展；把提供高质量的农业教育和培训作为培育现代化新型农民的重要举措，在全国普及农业教育，农业学校和农业技术培训中心提供与现代农业技术、管理和经营相关的课程，帮助农民获得必要的知识和技能；通过制定农业经营专业化的政策，鼓励各类高校提高对农学专业的招收比例，将农业经营资格与职业教育、财政补贴和各种优惠贷款挂钩，要求只有接受职业教育并获得合格证书，才能享受财政补贴和各种优惠贷款；将农业经营资格与市场主体挂钩，要求从事农业经营必须注册为公司。

三是大力发展"农业+"生态旅游，推动乡村经济多元化发展。在欧洲整体生态农业发展趋势的推动下，法国大力发展"农业+"生态旅游，走上了生态农业发展之路。法国依托自身独特的资源优势，大力发展葡萄种植业，打造高品质的葡萄园和酒庄，并以此为依托发展乡村旅游，构建集科学教育、观光休闲、商务会谈等多功能于一体的乡村发展模式。由葡萄种植延伸来的文旅产业延长了产业链，提升了产品附加值，实现了三次产业融合发展。法国政府还鼓励乡村地区

的创新和创业活动，通过设立创业孵化器、提供贷款和补贴、培训创业技能等，为创业者提供支持，推动乡村经济的多元化和创新发展。

3. 日本：立法先行、"一村一品"、乡村工业化、乡村艺术化

日本是一个典型的山地国家，耕地资源极为有限，耕地面积仅占到国土面积的12%。自20世纪60年代初，日本开始实施乡村振兴运动，坚持立法先行、设立乡村振兴专门机构、坚持"一村一品"发展理念、推行乡村工业化、推动乡村艺术化等，很大程度上提高了农村地区活力、振兴了农村经济。具体做法包括：

一是立法先行。这是日本最具特色的做法。日本颁布了大量促进乡村发展的政策法规，如《农业基本法》《离岛振兴法》《山村振兴法》《半岛振兴法》《促进特定山村地区农林业发展基础整备法》《过疏地区自立促进法》《食品农业农村基本法》。立足于区域发展实际和特色，日本因地制宜地制定了针对不同特殊地区农业农村发展的具体目标和实施路径，在缩小区域发展差距的同时促进了区域的协同发展。同时，日本政府通过地方分权政策，将更多的权力和资源下放到地方政府，使其能够更自主地制定相关策略。

二是坚持"一村一品"发展理念，做大做强特色产业链。日本在快速工业化、城市化的过程中，农村空心化和农业萎缩现象非常严重，为此提出了"一村一品"运动，目的是通过走特色化差异化的发展路径，提高产品竞争力。具体做法是围绕市场需要，每个村庄以特色资源为核心，发展和推广具有地方特色且竞争力强的主导产品和产业。该项运动十分强调发挥农民的主体地位，由农民自主参与，以打造世界品牌为目标，通过因地制宜选取特色产品，之后逐渐延伸为特色产业链，将各种要素融入其中，整体推进乡村发展。在该项运动的推动下，日本诞生了营业收入超亿元的乡村产业，有效带动了农民致富增收，同时促进了日本乡村文化的保护和传承，推进了农业农村现代化进程。

三是引导城市工业向乡村转移，推动产业融合发展。日本把提高乡村工业化水平作为乡村振兴的重要抓手，从20世纪50年代初开始，日本从税收、贷款等多个方面制定法律法规，增加对乡村工业开发区的财政支持，增强乡村地区的吸引力，开展了大规模的乡村工业化运动，有序引导城市工业向乡村地区转移；注重将工业高新技术向农业产业转移，提高农业生产效率；促进工业与农业部门融合发展，依托乡村工业大力发展农产品加工，打造生产与加工一体化的特色农业

生产经营链条；通过推动农业剩余劳动力向非农产业转移实现农业农村现代化。据相关统计，1990—2015年，日本农户数量减少了44%（何关银，2022）。

四是注重文化在乡村建设中的作用，为乡村注入持续发展活力。20世纪60年代，日本为了改善农村的人居环境开展了"造村运动"，大力开发和推广乡村旅游资源，以其丰富的自然景观、传统文化和历史遗迹营造出良好的艺术生活氛围，赢得了展览举办机会；创新发展模式，以文化为魂，以旅游为核，形成了当地村民参与的产业集群，加强艺术与乡村的联系，提升了乡村地区的知名度和吸引力。此外，为了保护和传承乡村文化遗产，日本政府还制定并实施了相应的政策和措施，支持传统文化活动和传统手工艺的传承与发展。这种用艺术唤醒乡土文化的方式，不仅延续了乡村文化的生命力和持久力，而且为乡村发展注入了新力量。

4. 韩国：新村运动、多元参与，培养"新村精神"

1970年韩国开始实施"新村运动"，大力提升了农业现代化水平，促进了乡村社会经济结构的多元化转型、农民的市场化转型，激活了乡村发展的动力，是全球乡村振兴的典范之一。

一是针对村庄的发展阶段和特征，制定差异化的发展措施。韩国政府针对乡村的发展水平和发展短板制定了分类指导的政策措施。对于发展水平较为落后的村庄，一方面通过补齐村庄的基础设施短板，为村庄发展提供基础支撑；另一方面，把增强村庄发展的内生动力作为重要抓手，通过培养农民的"自立"精神，提高农民自我发展的能力。对于农业发展潜力较大的村庄，韩国鼓励农民"自助"发展，政府重点帮助提升农业物资装备水平，延伸农业产业链条，促进乡村多元化经营。对于发展基础比较好的村庄，韩国以协助其产业提升作为立足点，把培育现代化的农民作为重要抓手，通过技术支持，推动先进技术在农业生产中的应用，鼓励规模化经营，完善生活福利设施。

二是鼓励多方主体参与乡村建设，培养"新村精神"。新村运动成功的关键是农民主体的参与，重要的手段就是实施"新村教育"。在新村运动初期，韩国政府起主导作用，政府对新村的整体规划和发展提供指导，确保新村建设符合农民的需求和实际情况；通过资金的投入，为新村教育提供必要的经济支持，以确保教育资源的供给和改善。在政府的引导下，农民逐渐认识到新村教育的重要性，各地纷纷兴建村民会馆，举办各类培训班和交流会，农民积极参与其中，增强了农民的合作观念和主人翁意识，激发了村民的内生发展动力，使得新村运动后期转变为完全由农民自发参与的民间社会运动。在这个过程中，韩国政府注重鼓励和引导其他社会力量参与"新村教育"，如鼓励公务员、大学教师和农业技术员到农村进行教育活动，传授先进的农业技术、推广科技知识，并分享有关文化、健康、环境保护等方面的信息；支持企业提供资金、技术和专业知识。这些举措进一步丰富了新村教育的资源和内容，形成了全社会共同参与的多元化教育局面，为农民提供了广泛的学习和发展机会，促进了农民素质的提升。

三是强化精英引领，注重对基层领导的培养。新村运动成功的另一个关键因素就是有高素质的农村基层干部带领村庄发展。新村运动注重农村基层干部能力的培育与提升，通过成立新村领导人研修院，为村庄指导员开设通识课程和专业培训，包括宏观经济发展和国家安全等问题、农业生产技术、工程维修等基本技能、成功案例分析等；通过官员和社会精英共同学习，既能让各界加深对新村运动的认识，也能让官员发现问题进而优化政策。

四是重视培育民间组织，积极发挥多重作用。非政府组织在新村运动中承担了重要角色并蓬勃发展。特别是经济领域类的非政府组织发挥了十分重要的作用。例如，农民合作经济组织（农协）是新村运动中不可替代的力量，农协发挥了三个方面的作用：负责统购生产工具、农药等，确保价格便宜，帮助农民降低生产成本；引导农民发展经济，提供先进技术支撑，创造好的经营环境和发展机会，推动农业生产和销售实现规模化；办理"农协超市"，向农民收购农产品，拓宽农产品销路。

（二）借鉴意义

不同的发达国家及地区在解决乡村发展停滞问题时，都采取了符合乡村发展规律的措施来助力乡村振兴与发展。整体看来，欧美发达国家乡村发展的策略主要是把乡村的传统禀赋和现代元素深度融合，以促进乡村经济的多元化和现代化。亚洲发达国家注重从注入内生动力与挖掘潜在价值两方面入手，激发乡村的经济潜力和创新活力，实现乡村经济的可持续发展。但这些国家也形成了一些共性的经验启示。

1. 建设具有自身特色的"一村一品"产业链

乡村振兴的关键是要形成具有竞争力的产业，这就要求要充分利用本地的资源禀赋形成具有地域特色的优势产业。我国要借鉴日本"一村一品"的成功经验,打破农民长期以来形成的"小农意识",以产业思维谋划乡村振兴,以差异化和特色化发展为核心,推动生产、加工、销售环节资源有效整合,构建特色农业产业链和多元化发展模式,形成品牌效应。在这个过程中,政府应当合理引导乡村土地的确权与流转,以适度规模经营推动农业现代化,挖掘新型经营主体的潜在效益。此外,值得借鉴的是,这些发达国家和地区十分注重将特色农业产业与旅游业深度融合,特别是把乡村旅游赋予文化内涵,以构建高质量的乡村旅游发展模式。

2. 优化生产力布局发展乡村工业

无论是德国的"产业逆城市化",还是韩国的乡村工业园区、日本的乡村工业化运动,其发展理念都是将城市的工业引入乡村。主要做法就是利用乡村土地成本低廉的优势,通过空间规划和税收等区域政策,引导城市工业向小城市、乡镇甚至村落布局,发展乡村产业,增加乡村就业机会,让农民能够实现就近就地就业并提高收入,同时辐射带动农业产业的提升和整个乡村地区的发展。西南山区乡村振兴同样需要紧紧抓住新发展阶段沿海地区、城市产业转移的机遇,并且创造条件,有选择地将工业合理有序地引入乡村,通过完善小城镇基础设施和公共服务布局、增加建设用地指标等措施创造引入条件,增强小城镇的发展活力,使其成为城乡融合发展的关键节点,有效带动乡村发展。

3. 把土地整治作为促进乡村振兴的重要平台

这些发达国家和地区的经验表明,乡村土地整治是乡村发展与振兴的重要切入点,是解决快速城镇化过程中各种矛盾的关键,但在不同发展阶段要赋予其不同的内涵与功能。德国的经验表明,随着城市化的快速发展,城乡居民对乡村功能提出了更高层次的需求,乡村土地利用结构、空间布局、功能都会发生急剧变化,但仅靠土地市场需求的推动难以适应这种急剧变化,而且无法保证乡村土地利用向有序的方向发展,需要政府以法律、规划、建设项目等方式保障乡村土地的合理开发与利用。西南山区土地资源稀缺,人多地少的矛盾十分突出,更应该把农村土地整治作为实施乡村振兴战略的重要抓手和突破点,推动土地整治与农业规模经营、乡村旅游、基础设施布局、景观打造、和美乡村建设等有机结合。

4. 以农民为核心,鼓励公众参与乡村建设

无论是欧美还是亚洲国家和地区,其在乡村振兴发展中始终坚持以人为本,把提高农民参与的积极性作为重中之重,引导农村居民认识和发掘自身潜力,激

发农民的主人翁精神，有助于各项政策在乡村实施与落地。因此，西南山区在全面推进乡村振兴的过程中，要把激发农民的内生动力作为核心任务，始终坚持农民的主体地位，建立有效的沟通机制和参与平台，让农民能够充分表达自己的意见和需求，并参与决策过程。同时，制定政策和分配公共资源要从维护农民的利益出发，充分考虑农民的实际需求，发挥农民的积极性和创造力。

5. 既注重对传统文化的保护，也强调现代元素与传统文化相融合

发达国家和地区在制定推进乡村振兴的法规和政策时，都强调保护乡村古建筑和历史文化资源的重要性，并且许多都明确提出了保护措施。韩国"一人一村"项目、欧美发达国家的人与自然和谐发展的理念以及新型农业经营模式等不仅强调保护的重要性，还注重传统文化与现代元素的融合，通过保护和传承乡村的历史文化资源，不仅保留了乡村的独特魅力和身份认同，也为乡村发展注入了新的活力。西南山区文化振兴，要特别加强对传统文化、少数民族文化的保护，处理好民族传统文化和现代文化的关系，让优秀的传统文化与现代元素有机结合，让优秀传统文化再活起来。与此同时，西南山区可以通过科学的规划将历史文化元素融入乡村建设中，让文化保护与乡村建设相互促进、共同发展。

6. 提升乡村治理水平，向治理现代化转变

欧美发达国家乡村治理得益于建立了完善的乡村治理法律框架和法规体系，明确乡村治理的责任和权限。韩国的"一人一村"运动也强调乡村治理的合理性与现代化，注重通过自我管理和自我服务解决乡村发展中的问题，推动农民参与决策和规划过程，发挥主体作用，提升乡村治理的参与度和可持续性。西南山区要实现乡村的有效治理，应当加快完善法律服务体系，确保乡村治理按照法律规范进行；加强对农民的法律教育和培训，增强其法律意识，提高其法律素养；鼓励农民组织自己的自治组织和合作社等，提升自我管理与自我服务水平。

二、国内典型地区乡村振兴的经验启示

全国各地都在大力推进乡村振兴战略的过程中取得了初步成效。这些有特点、有成效的做法为西南山区全面推进乡村振兴提供了学习借鉴。

（一）坚持因地制宜，走差异化的振兴之路

实施乡村振兴战略的关键是依托资源优势走特色化和差异化的道路，不能千篇一律，不能盲从，应结合乡村自身发展实际，宜粮则粮、宜林则林、宜牧则

牧、宜渔则渔。西南山区应该基于农村生产发展与生态资源的存续利用、历史文化传承的内在统一，让农业生产、农村人居环境提升与生态环境保护相结合，与繁荣传统乡风文化相融合，通过多样化的发展方式和展现形式，保持乡村固有的历史、文化、风俗和风貌，增强农民对乡村文化的自豪感和认同感，让乡村成为"乡愁"的寄托。例如，山西省阳城县皇城村在矿产资源萎缩枯竭后积极探索转型，深挖"皇城相府"文化资源，并且联合周边村落协同发展，根据各村优势确定发展定位，形成发展合力，推动了乡村旅游业的高质量发展，并且带动了特色农产品加工与营销，也让民俗文化焕发了活力，走出了一条"文化支撑、旅游兴村"的乡村振兴之路。

（二）大力发展特色经济，推进产业融合发展

产业振兴是乡村振兴的基础。各地的资源禀赋不同，比较优势也有差异，产业振兴重点是依照当地的资源禀赋，开发拥有竞争力的特色产品，顺应乡村发展的基本规律和演变趋势，发展具有地域特色的主导产业。西南山区要注重产业的一体化和差异化布局，突出中心镇的区域带动作用，邻近区域的村庄要注重差异化的产业分工定位，统一标准的产业模式反而不利于各村镇的联动发展。村庄之间、产业之间的协同分工，基础设施、公共服务配置上的不同侧重，可以有效分散产业配套建设方面的资金规模压力。西南山区要重视产业链与价值链的深化和拓展，通过三次产业深度融合，推动乡村产业升级转型，打造具有影响力的品牌，提高农产品的附加值。加大土地使用权流转力度，加强土地资源的有效配置和集约利用，集中资源优势发展优势产业和特色产业，推进规模化经营，提高产品质量和稳定产品供给，增强乡村产业的抗风险能力；注重对资源的深度挖掘开发和特色改造，让资源变成致富的宝藏。天津市双街村通过向以葡萄为主的规模化农业转型，从一个贫困村变成了富裕村。双街村抢抓旧村改造的机遇，立足土地集中优势，逐步形成了以葡萄种植为核心，以花卉种植、果蔬种植、蚯蚓养殖为基础，以旅游观光为配套，以先进技术为支撑，集种植、养殖、加工、配送、采摘、垂钓、旅游观光于一体的综合性农业示范园区，探索出了一条产业融合发展的乡村可持续发展路径。

（三）用文化唤醒乡土，以创意激活乡村，让宜居重归乡村

西南山区可以通过乡村文化的重塑，提升乡村的价值，改变长期以来对乡村的偏见和负面印象；在此过程中，通过引入新的思维方式、先进的技术和创新的

方法，对乡村资源加以活化利用，赋予乡村新的功能和内涵，积极倡导乡村新生活方式，让乡村成为城乡居民都向往的优质生活空间和承载新创业方式的生产空间；加强农村人居环境整治，赋予山、水、林、田、湖、草资源新的生态价值、社会价值和经济价值。重庆市永川区黄瓜山村突出乡村旅游和特色农业两个亮点，围绕"农文旅商康"融合发展思路，深挖乡土文化内涵，以传统文化为载体发展乡村旅游，创新营销模式，大力发展节会经济，赋予农产品以丰富的文化内涵。黄瓜山村还注重乡村环境整治与美化建设，为乡村旅游发展创造了良好的空间载体。

（四）充分发挥农村集体经济的引领带动作用

纵观我国一些知名村庄的发展经验，其中有一条共同经验是，大力发展农村集体经济。农村集体经济是社会主义公有制经济的重要组成部分，是推进乡村振兴的重要依托。西南山区可以通过充分发挥农村集体所有制的制度优势，积极探索农村集体经济的多种实践形式和途径，有效整合项目和资金，把党和国家的有关政策落到实处，做大做强农村集体经济，带动产业、乡村和农民共同发展。陕西省金台区东岭村以村委会集体股名义参股东岭集团，发展壮大村集体经济实力，将村民和企业紧密联结为利益共同体，村民能够获得工资、股份分红和集体分红等收入，确保农民收入持续增长。东岭村利用集体经济所获收益打造生态宜居环境和提供公共服务，完善乡村基础设施，做好住房、养老、医疗和教育等服务工作，增强村民的获得感和幸福感，走出了一条"集体经济+党的建设+村民共享"的乡村振兴之路。

（五）发挥基层党组织服务群众、凝聚人心的作用

西南山区可以在实施乡村振兴战略过程中，注重发挥基层党组织的引领作用，强化党组织的政治功能，充分发挥基层党组织的战斗堡垒作用，探索创新"基层党组织+"的发展模式，将其政治优势、组织优势转化为推动群众创业致富、乡村产业振兴的发展优势，让党建引领成为乡村振兴的"加速器"。山东省兰陵县代村按照"产业相近、资源互补、地域相邻"的原则，创新发展方式，突出党的一元化领导，与周边四个村庄成立联合党支部，在社区党委的统一领导下实现资源的有效整合和协调配置，利用集体经济创新土地经营管理模式，实现土地集约化和规模化经营，走出了一条"党建引领+土地整理+集体经济"的乡村振兴之路。

（六）加速体制机制改革创新

制度创新是乡村振兴的根本保证，国内许多典型案例都体现了制度创新的关键作用，通过打破阻碍乡村振兴的体制机制弊端，推动土地制度、农村金融体系、产权制度创新，为乡村振兴注入了活力。湖南省长沙县浔龙河村抢抓城乡一体化和城乡融合发展机遇，以打造"城镇化的乡村、乡村式的城镇"为目标，推进土地改革，创新实践"以政府投入为主导、以村集体经济投入为主体、以社会资本投入为主力"的多元投入体系，吸引大量资本、人才下乡，挖掘乡村资源价值，走出了一条"多元投入+土地改革+生态供给+人才利用"的城乡融合发展路径。

第二节　西南山区全面推进乡村振兴的逻辑基点

乡村振兴的关键是要尊重乡村变迁逻辑，在历史基础、资源禀赋与区位条件的现实中正视自身发展的短板，找出自身的发展优势与特色，从而确定自身发展的目标与方向。基于前文对西南山区乡村地域系统的演变过程与规律的分析，可以看出，西南山区全面推进乡村振兴要基于以下五个特征：

一、耕地资源有限、生态环境脆弱的局面不会发生根本性改变

自然资源条件是乡村发展的基础，也制约着乡村发展的速度和方向。虽然自然地理环境在西南山区乡村地域系统演变过程中发挥的作用力在不断减小，但其基础支撑作用不会发生改变，而且也是西南山区全面推进乡村振兴路径选择时要遵循的首要条件。西南山区以山地为主，地形地貌复杂，生态环境脆弱，生态灾害频发，耕地资源匮乏，且破碎化程度高，人口与水土资源关系紧张的基本特征和小农经济条件决定了西南山区在全面推进乡村振兴、实现农业农村现代化的过程中既不具备西方发达国家的先决条件，也不能按照东部沿海发达省份乡村振兴的路径复制推进，不能走依赖资源消耗的粗放式发展道路。因此，全面推进西南山区乡村振兴，必须坚持人与自然和谐共生，践行"绿水青山就是金山银山"的发展理念，把环境资源承载力作为乡村产业要素投入的基本保障。农业生产、农村建设、新产业新业态的发展都要充分考虑生态环境承载力，加强国土空间管

控，全力筑牢国家西南生态安全屏障，提升西南山区乡村地域系统的可持续发展能力。但在全面推进乡村振兴、实现农业农村现代化的进程中，西南山区还需要超越农业社会传统乡村自然演变的局限，利用先进的科学技术弥补西南山区水土资源禀赋的先天性不足，用好有限的土地资源，提高土地的有效利用率和劳动生产率，加快提升农业现代化水平。

二、生态资源、文化资源优势突出，山地气候资源独特

产业振兴是乡村振兴的重中之重，是激发乡村发展活力、促进农民增收、吸引人才回流的重要手段。特色资源优势是产业差异化发展的重要基础，也是塑造乡村产业核心竞争力的关键。相较而言，西南山区乡村的生态资源、生物资源、少数民族文化资源优势更为突出，山地气候形成的特殊自然地理环境也是发展特色农业的优势与独特之处。西南山区乡村产业发展必须"靠山吃山"，以特色资源为依托发展壮大特色产业，但又不能局限于"看山是山"，必须积极利用新技术、新理念、新模式，开发新功能、创造新价值，为特色资源赋予时代特征，使其更加凸显地域特色、更加彰显优秀内涵，为产业发展提供新动能。同时，产业发展的定位与布局要立足于人与自然和谐共生，突出山区绿色发展的主色调、山区生态保护的主旋律、山地垂直气候的特色和山区多元文化的底蕴，巩固农业基础、守护青山绿水、传承优秀传统文化，把资源优势更好转化为产业发展优势，加快形成特色鲜明的优势产业发展体系，以产业振兴带动乡村组织、人才、文化、生态全面振兴。

三、乡村劳动力向城镇和非农转移的速度相对较慢

西南山区城镇化率低，与全国的差距有增大的趋势。而且西南山区已经错过了乡村大规模工业化的时机，资源环境承载力和区位条件等限制也不允许其大规模推进乡村工业化发展，加之西南山区农村劳动力整体素质偏低，因此，未来西南山区乡村劳动力向城镇和非农产业转移的速度依旧不会太快。这就决定了西南山区乡村的农业农村现代化是一种"不太充分"的农业农村现代化。这也就要求西南山区在实施乡村振兴战略，加快推进农业农村现代化的同时，要注意把农民全面现代化作为重要战略抓手，通过提高农民的文化素养、知识技能、道德品质、思想观念、行为方式等让其能够稳定地融入城市，并逐步让渡在农村的土

地，实现农业规模化生产经营，也让留在乡村的农民成为乡村振兴强有力的人才支撑与保障。同时，西南山区还要切实保障进城落户农民的合法土地权益，引导其依法、自愿、有偿转让相关财产权益，真正提升农民的获得感和幸福感。

四、小农户仍然是乡村振兴的主体

西南山区的资源禀赋、乡村人口演变特征、农民思想观念等决定了其农业经营的主要形式是以小农户为主的家庭经营，并且也是其农业农村发展必须长期面对的现实。西南山区既无法实现西方以资本逻辑为主导的农业农村现代化，走投入高成本、家家户户设施装备小而全的路子，也不可能走平原地区大规模集中经营之路。因此，西南山区乡村振兴只能在依托小农户的基础上全面推进，需要探索一条小农户和现代化农业的发展有机衔接，实现小农户振兴的路径。而对于分散经营、积累率低下、发展动力不足的西南山区小农经济而言，其根本路径是发展壮大农民集体经济组织，依靠集体经济组织以提高小农户的积累率，并依靠农民组织实现对基层的有效治理。同时，西南山区要处理好培育新型农业经营主体和扶持小农户的关系，不断推出针对小农户的扶持政策，在推动土地经营权加快流转的同时，健全面向小农户的社会化服务体系，鼓励推动农户将重要的田间作业环节托转给新的服务主体，在土地经营权不流转的前提下通过服务形成规模化经营，将现代生产要素有效导入小农户生产，促进小农户和现代农业的有机衔接，从传统小农户向现代小农户转变，实现农业生产过程的专业化、标准化、集约化。

五、巩固拓展脱贫攻坚成果任务重、难度大

巩固脱贫攻坚成果是实现乡村全面振兴的前提。西南山区作为长期以来的脱贫的重点对象和难点地区，虽然同全国一起全面实现了脱贫任务，但脱贫不稳定人口及边缘易致贫人口依然存在。特别是西南山区环境条件恶劣，自然灾害频发，人口素质偏低、社会资源短缺，产业发展基础较弱，大部分少数民族聚居区留守人口基数大，且脱贫理念还未深入人心，内生发展动力还未形成，抵御市场风险能力不强，多重致贫因素交织易造成区域性的规模返贫。西南山区巩固拓展脱贫攻坚成果任务重、难度大，防止"规模性返贫"既是巩固脱贫攻坚成果的必然之举，也是全面推进乡村振兴的关键之策。西南山区必须要做好巩固拓展脱

贫攻坚成果同乡村振兴有效衔接，增强乡村振兴中规模性返贫风险预警，进一步完善农村家庭规模性返贫的外生风险抵御机制，特别是要通过重塑家庭的主体性，提升农村家庭规模性返贫的内生风险抵御机制的有效性，切实激发增强脱贫地区和脱贫群众的内生发展动力，让脱贫基础更稳固、成效可持续，在巩固拓展脱贫攻坚成果的基础上，逐步实现向全面推进乡村振兴平稳过渡。

第三节　本章主要结论

（1）在推进乡村振兴的过程中，欧美发达国家注重从传统禀赋与现代元素两个维度着手，亚洲发达国家强调从注入内生动力与挖掘潜在价值两方面入手。这些国家的经验表明：乡村振兴的关键是要形成具有竞争力的产业，建设具有自身特色的"一村一品"产业链；优化生产力布局，将城市的工业引入乡村；把土地整治作为促进乡村振兴的重要平台；强调农民的主体地位，注重社会力量与乡村民众的参与；既注重对传统文化的保护，又强调引导现代元素与传统文化相融合；注重通过自我管理和自我服务解决乡村发展中的问题。

（2）我国各地区在大力推进乡村振兴的过程中取得的经验和启示包括：应结合乡村自身发展实际，以资源禀赋优势为突破点，走差异化的振兴之路；大力发展特色经济，推进产业融合发展；用文化唤醒乡土，以创意激活乡村，让宜居重归乡村；充分发挥农村集体经济的引领作用，积极探索农村集体经济的多种实现形式和途径，带动产业、乡村和农民共同发展；注重发挥基层党组织服务群众、凝聚人心的引领作用；通过体制机制的创新为乡村振兴赋能。

（3）西南山区耕地资源匮乏，且破碎化程度高，生态环境脆弱且自然灾害频发，人口与水土资源关系紧张的特征显著，环境资源承载力是乡村产业要素投入的基本保障。

（4）西南山区乡村的生态资源、生物资源、少数民族文化资源优势更为突出，山地气候形成的特殊自然地理环境十分适宜发展特色农业，这是西南山区全面推进乡村振兴的独特优势，也是实现乡村振兴的重要抓手。

（5）与全国相较而言，西南山区乡村劳动力向城镇和非农产业转移的速度相对较慢，是农业农村现代化进程中的重要阻碍因素。西南山区要注意把农民全面现代化作为重要战略抓手，处理好农民与土地的关系。

（6）未来西南山区农业经营的主要形式仍然是以小农户为主的家庭经营，分散经营、积累率低下、发展动力不足是其主要特征，促进小农户和现代化农业的有机衔接，是西南山区全面推进乡村振兴的重点任务。

（7）西南山区巩固拓展脱贫攻坚成果任务重、难度大，必须要做好巩固拓展脱贫攻坚成果同乡村振兴有效衔接，才能夯实西南山区全面推进乡村振兴的基础。

第十一章　西南山区全面推进乡村振兴的路径选择

无论是发达国家乡村振兴的方案还是我国其他地区乡村振兴的先进做法，都有许多值得西南山区借鉴的经验启示。但是西南山区乡村的资源禀赋、发展水平、发展阶段、演变规律都与之有所差异，地方财政实力、基层领导素质、社会发展理念等也与之有较大差距，很多经验做法和发展模式无法完全照搬和复制。因此，西南山区全面推进乡村振兴必须要尊重乡村演变的逻辑、正视乡村发展的特征，立足于乡村发展的实际问题，因地制宜、因时制宜、实事求是地选择适合西南山区的乡村振兴之路。

第一节　西南山区全面推进乡村振兴的总体路径

一、以生产要素自由流动为核心，走城乡融合发展的乡村振兴之路

西南山区地域广阔，城乡、区域发展不平衡不协调问题比较突出，因此走城乡融合发展之路，推动城乡要素双向自由流动，为农业农村发展持续注入新活力，是实现乡村振兴的关键。城乡融合发展重点应在劳动力、土地、资本等要素的自由流动、平等交换和公共资源的均衡配置。西南山区城镇化率仍然较低，特别是少数民族聚居区城镇化速度缓慢，一方面要加快引导农村剩余劳动力就地、就近转移就业及市民化，确保转移人口在城镇落得下、稳得住；另一方面要善于把城市里的人才吸引到农村，加快建立制度性通道，完善乡村地区人才引进、培养、使用、评价和激励机制，营造良好的就业创业环境，让更多的优秀人才投入到西南山区乡村振兴中。在土地要素上，西南山区要以农村土地制度改革为抓手，赋予农民更多的土地使用权、经营权、财产权，最大限度地激发农村土地生

产力，让更多的土地增值收益留在农村、留给农民；通过土地用益物权作为质押撬动城市资本下乡，带动生产要素向农村积聚、流动；通过城乡土地要素的合理配置来促进城乡关系优化和乡村的转型升级，促进农村三次产业融合发展，多维度提升乡村价值。西南山区还要加强市场在资源配置中的决定性作用，充分发挥财政资金的引导和杠杆作用，撬动更多社会资金投入，鼓励引导金融资本、工商资本投向农业农村，创新探索在政府引导下工商资本与村集体多元合作共赢模式。

二、以县城为主要载体，走新型城镇化驱动的乡村振兴之路

县域强农业才可能强，县城强则县域经济才能发展壮大。县城和小城镇是集聚生产要素的重要载体，是服务经济产业的重要空间，是农民生活服务保障的长久中心、享受社会公共服务均等化的基础平台。只有县城和小城镇实现高质量发展，不断提高产业发展的承载能力，才能吸收和容纳更多的具有较强"恋土情结"的乡村剩余劳动力就近就地就业，让更多的农民就地过上现代文明生活。西南山区要以人的城镇化为核心，以建设成为发展生产、服务农民的区域中心为定位，完善县城功能，加强县城产业支撑能力，提升县城基础设施和公共服务水平，提高公共服务供给的普惠性与精准性，推动县城公共产品配置与常住人口规模相匹配；完善农业转移人口市民化奖励机制，让土地的城镇化速度与人口的城镇化速度相匹配，提高常住人口和户籍人口两个城镇化率；强化县城对乡村发展的辐射带动作用，推动县乡村产业功能互补，促进县城基础设施和公共服务向乡村延伸覆盖；推动中心镇、集镇和特色小镇建设，加快发展小城镇经济，强化产镇融合，提升小城镇配套功能，让小城镇成为城乡融合发展的纽带。

三、以土地整治为突破口，走特色农业产业化带动的乡村振兴之路

土地经营规模小是制约西南山区农业现代化的突出瓶颈，也是推进乡村振兴亟待破解的难题。西南山区应该以农村土地综合整治为突破口，立足土地整治多功能定位，优化乡村生产、生活、生态的空间布局，不断释放农村土地资源和空间要素红利，提高乡村发展的前瞻性和可持续性，为乡村振兴和农业农村现代化注入新动力；积极探索"统一流转""规模经营"的发展模式，对经全域土地综合整治、新增耕地同步由村集体收包后统一流转，吸引和培育新型经营主体形成

多种形式的农业适度规模化经营模式；推动土地整治与多元要素跨界融合，探索"土地整治+产业转型升级""土地整治+农用地整治""土地整治+建设用地整理""土地整治+美丽乡村建设""土地整治+乡村生态保护修复"等多样化实施模式，改善农村生产生活条件，推进特色农业适度规模化、产业化，打造区域特色业态，加快推进农业农村现代化。

四、以文化传承创新为内涵，走农商文旅深度互动的乡村振兴之路

西南山区传统文化丰富多样，农耕文明博大精深，民族文化绚丽多姿，红色文化基因深厚。受这些文化的熏陶，西南山区形成了非常多具有农耕特质、民族特色、地域特点的物质文化遗产，这些都是繁荣兴盛新时代乡村文化的根本依托，也是实现城镇居民"乡愁"和"乡梦"的重要载体。西南山区要秉持"农业是根、文化是魂、旅游是路"的理念，以尊重传统文化和风土人情为前提，以保护历史文化和乡土村落的传统形态为核心，深入挖掘传统文化的内涵，突出地域人文元素，加强传统文化的弘扬与宣传，运用新兴数字技术搭建文化开放平台，打造文化品牌，打通文化产业发展的"主动脉"，探索多元化的农商文旅融合发展模式，让农村田园风光与民俗文化深度互动、融合，发展新产业新业态，提升乡村价值链。

五、以生态保护和价值转化为重点，走绿色发展引领的乡村振兴之路

良好的生态环境是西南山区乡村的天然财富，是乡村振兴的重要资源优势。西南山区要始终坚持"绿水青山就是金山银山"的发展理念，顺应、尊重和保护自然生态环境，构建绿色安全、优质高效的乡村产业体系，大力推广生态农产品，提高农产品的供给质量；以满足人民日益增长的对绿色生态消费品需求为目标，发挥生态环境优势，增加乡村生态产品和服务供给，培育生态环境产业，延长生态链、环境链、产业链和财富链；构建绿色生产、生活方式，注重农业资源的集约、节约和高效利用，确立新的绿色生活观和消费观，建设绿色宜居的生活环境；完善引领农业农村绿色发展的政策措施，构建市场化多元化生态补偿机制，降低乡村生态环境保护与治理的成本，让良好生态环境成为乡村振兴的支撑点。

六、以治理体系和治理能力现代化建设为主攻方向，走充满活力、和谐有序的乡村振兴之路

乡村治理现代化是农业农村现代化的重要内容，也是实现农业农村现代化的重要手段。西南山区农民主体作用发挥不充分是阻碍乡村振兴的重要因素。因此，西南山区要以治理体系和治理能力现代化建设为主攻方向，构建德治、法治、自治有机融合的乡村治理体系，建立健全以基层党组织为领导、村民自治组织和村务监督组织为基础、集体经济组织和农民合作组织为纽带、其他经济社会组织为补充的村级组织体系，健全"政府+市场+乡村社区"协作机制，激活乡村治理多元力量，形成合力共同参与乡村发展；通过激活乡村文化、提振农民精神、丰富农民生活、尊重农民意愿，有效调动农民主体的积极性、能动性和创造性，并积极响应和接应外部发展的传导效应，让农民能够更便捷地获得现代的、新的生产要素和资源，从而使乡村实现可持续发展。

七、以新型集体经济和农民持续增收为抓手，走共同富裕的乡村振兴之路

农民的共同富裕是乡村振兴的核心目标。西南山区农户生产规模小、组织化和社会化程度低是推进农业农村现代化、实现乡村振兴面临的重要阻碍。在农村实施家庭联产承包责任制解决了农民的温饱问题，农民分工分业和大规模外出务工解决了农民的小康问题之后，当前实现农民的共同富裕在很大程度上要靠农村集体经济的发展。西南山区可以通过发展新型农村集体经济，以利益为纽带，以劳动联合或资本联合为手段，把集体、农户和企业有效串联起来，促进土地规模化经营，提高农业生产专业化和组织化水平，增强小农户在市场中的竞争力和抵抗风险的能力，提高小农户的收入水平。同时，西南山区可以加快农村集体产权制度建设，探索集体经济的多种实现形式，充分发挥集体经营性资产在初次分配和再分配环节中的重要作用，通过合理的资源配置和收益分配机制，以及对资产的有效管理和利用，为集体成员提供就业机会、收入来源和社会福利。

第二节　西南山区不同类型乡村振兴的路径选择

西南山区乡村地域系统演变的复杂性、多元性和差异性，决定了其不能按照同一种路径推进，必须立足于不同地域乡村类型的发展实际和演变规律，按照乡村发展问题导向和乡村振兴目标指向，坚持因地制宜、突出重点、分类施策，着力破解其在发展过程中的关键制约因素，走差异化发展的实现路径。

一、西南山区城镇带动型乡村振兴路径

城镇带动型乡村主要是要依托乡村邻近城镇的区位优势，放大城镇辐射带动作用，发挥乡村土地潜在价值、交通及信息通达度高等相对优势，依托城市经济社会发展需要，以服务城市、承担城市一部分分工为目标，推动乡村与城市在人口、产业和土地等方面的流动与融合，在融合中推进乡村有效治理、文化复兴和人居环境改善，构建新型社区，率先整体实现农业农村现代化。

（一）加快县城和小城镇建设

以发展壮大县域产业为核心，以县城产业配套设施提质增效为抓手，推动人、财、物等生产要素向县城合理流动，推进经济结构和劳动力就业结构升级，提升县城就业承载能力，吸引更多的农村剩余劳动力向县城转移。持续优化公共服务供给，构建优质均衡的公共服务体系，推进城乡基本公共服务均等化，保障农业转移人口在就业、医疗、教育、文化等方面的权益，丰富多层次多样化的生活服务供给，提升县城人居环境质量，将县城打造成人口和服务的集聚地，让县城能够留得下农民、留得住农民，增强进城农民的获得感和幸福感。按照特色优势突出、功能互补、空间布局合理、规模适度的原则，培育一批高质量的卫星镇、专业功能镇及综合性小城镇，鼓励发展劳动密集型产业，支持中小企业和服务业发展，强化科技创新引领，加快传统产业转型升级。发挥小城镇对农民就地就近城镇化的重要作用，为部分不具备能力在县城安家落户的农民提供转移就业和享受更高等级公共服务的机会。

（二）大力发展都市现代农业

以发展全产业链现代农业为抓手，以城市居民的"菜篮子"或休闲度假亲

近自然场所地为定位，以"高品质生产、高科技装备、高水平经营、高值化利用、高效益产出"为目标，用工业化理念谋划农业，打造高质量的都市现代农业。重点培育打造一批具有核心竞争力和带动能力的产业化龙头企业，大力发展以家庭农场、合作社为核心的新型经营主体。加快农业发展数字化转型，大力发展智慧农业。依托该地区工业基础较好的优势，积极发展并做大做强农产品加工业，立足县域布局特色农产品产地初加工和精深加工产业集群，培育一批大型农产品精深加工龙头企业，推动农产品深加工、精加工和标准化生产。大力发展高质量的休闲农业和乡村旅游，推动传统农业向休闲观光、创意农业、乡村旅游、健康养老等新型业态拓展延伸。

（三）打造田园综合体"升级版"

依靠乡村特色农业资源，强化农业农村"片区开发"理念，以美丽乡村建设为抓手，通过发展乡村旅游延长乡村产业链，实现三次产业融合发展，形成聚集效益强、辐射能力大的农业产业功能载体和区域经济增长极。加强农田景观的打造，将农业的生产性与审美性相结合，使乡村的生产、生活、生态功能有机融合。突出农业科技引领和乡村数字经济发展，推动田园综合体发展智慧农业、循环农业、创意农业、农事体验、农业科普等产业，实现农村地区生产和生活数字化。充分发挥市场的作用，探索创新"以农民为主体、以政府为主导、社会资本广泛参与"的"共建共享"模式，全面激活市场、激活要素、激活主体。大力盘活农村存量建设用地，鼓励通过入股、租用等方式，将村集体的闲置房屋、废弃厂房或经营性建设用地用于田园综合体建设。

（四）创新新型农村社区治理体系

打破村社界限，加快城乡基础设施互联互通，强化公共服务共建共享，引导部分靠近城市的村庄逐步纳入城区范围或向新型农村社区转变。有机融合城镇与农村两种治理体制，既要输入城市社区居民自治制度，又要保留农村原先的制度性权利，构建"城乡协同共治"模式。通过加快产权制度改革理顺村民与集体经济的关系，利用区位与土地资源优势，做大做强集体经济。以群众受益为目标，创新推进新型农村社区治理体系建设，积极探索建立民主协商议事机制，强化村民自我约束，构建村民参与的社区共治共建共享模式。加快乡村治理的数字化体系建设，推动数字技术在基层党建、民主选举、公共服务、村务公开、农村集体资产管理等方面的应用，提升农村社会治安防控体系数字化建设水平，增强乡村应对突发性公共事件的能力，通过数字技术打造可视化治理体系，让其治理形态与空间形态、产业形态相匹配。

二、西南山区人地分离持续收缩型乡村振兴路径

西南山区人地分离持续收缩型乡村要针对其人、地要素关系不匹配，乡村功能退化的演变特征，加速推动土地规模化经营，提高农业产业化水平，改善乡村人居环境，加快推动农业农村现代化建设。

（一）加速土地流转，解决劳动力进城留下的土地问题

要全面激发农民参与土地流转的积极性，推行"互换并地、小块变大块、多块变一块""确权不确地、土地换股权"等做法，打破原有家庭经营边界，推动减垄增地、减沟增地、减路增地，积极探索农村土地承包权村内有偿流转机制，集中连片统一耕种或对外流转。同时，要创新土地流转模式，通过"自主流转出租""土地托管入股""龙头企业承包"等方式推动农村土地经营权流转，支持专业大户、家庭农场、农民合作社、龙头企业开展规模化经营。建立健全土地承包经营权流转市场，完善农村土地基础信息网络平台，构建具有"市场服务""纠纷调解""流转监管""信息咨询"等多种职能多层级的土地流转服务平台，加强土地流转服务。探索建立土地流转防范风险机制，完善土地承包经营纠纷的仲裁调解体系和调处机制，探索建立由"各层级政府+经营主体"共同出资的土地流转保障金制度。统筹高标准农田建设、特色农产品基地建设、农业产业化项目等涉农项目建设与规模化生产经营有机结合，优先向已形成规模化经营、符合条件的主体提供土地。

（二）大力提高农业经营服务组织化程度，解决老人农业和兼业农业问题

针对该类型村庄青壮年劳动力大量转移、兼业农户多的现实状况，提高农业经营服务组织化程度，大力培育专业大户、家庭农场、农民专业合作社（联合社）、农业产业化龙头企业等新型农业经营主体，并积极发挥其带动小农户进入市场、增加收入、建设现代农业的引领作用，支持鼓励各新型农业经营主体构建利益联合体。进一步完善扶持新型农业经营主体发展的优惠政策，鼓励设立财政专项发展基金，并在贷款、税收等方面给予新型经营主体优惠。鼓励探索创新激发新型农业经营主体发展壮大的政策制度，如四川省的新型职业农民制度等。加强新型经营主体的培训指导，不断提升其经营管理水平。

持续提升农业社会化服务水平，加快推动以政府主导的公益性和准公益性农业社会化服务体系，以涉农企业主导的经营性农业社会化服务体系，以农民合作社主导的互助型农业社会化服务体系，以新业态支撑、企业主导型的农业社会化服务体系协同发力，健全农业社会化服务标准体系，完善社会化服务的市场监管制度，提升服务质量标准。由于该类型乡村的农民综合素质相对较高，应当鼓励农业社会化服务主体利用数字技术开展服务创新，探索区域性的、本地化的具体方案，强化农技推广服务，完善基层农业技术推广机构的管理机制，以社会化服务为载体带动小农户间接走上数字农业发展道路。

要充分发挥农村集体经济的组织功能作用，支持农村集体经济组织牵头提供农业生产性服务，支持村集体经济组织盘活利用撤并村闲置活动阵地、办公用房等资源资产，与新型农业经营主体和农业生产社会化服务组织开展合作，解决农机生产用房和农业生产设施用地难等问题。

（三）合理科学推动乡村工业发展，解决劳动力就地就近务工问题

合理、适度的乡村工业是驱动乡村经济发展的动力之一，能够增加就业岗位和提升农民收入。西南山区人地分离持续收缩型乡村区位条件、交通条件较为优越，农村劳动力素质相对较高，要依托乡村资源优势和区位优势，积极发展新型乡村工业。对于区位、交通以及村民的素质都较好的乡村，适宜引入新经济、新业态，布局发展科技型、创新型企业和项目；对于区位条件相对一般的乡村，应当发展以小微企业或作坊等为主的劳动密集型产业，带动劳动力就业。

在发展乡村工业的过程中，要引导乡村工业与农业生产融合发展，着力提升农业工业化水平，通过工业企业的引入改变传统农业的生产方式，用现代工业的经营理念、组织方式等来实现农业生产和经营的现代化，将工业生产资源与农业生产对接，推动农业机械化、规模化、现代化、标准化及生态化发展，实现工农联动。要把大力发展农产品加工业作为人地分离收缩型乡村工业的重点，根据市场需求和资源条件，积极发展适合本地产业特点的农产品加工业，延长农业产业链、就业链和效益链，提高农产品加工的深度和增值程度。

必须注意的是，乡村发展工业必须以不破坏生态环境为底线，根据村庄的环境特征制定企业准入负面清单，坚决淘汰落后产能，防止落后的企业、产业、产能回流。大力建设生态园区、生态厂区，鼓励复垦复绿或改造为公园。完善环境保护的监测机制，确保工业转移不给乡村生态环境带来负面效应。

（四）把推进人口适度集中居住和优化乡村人居环境作为该类型乡村建设的重要任务

人地分离持续收缩型乡村居民点多而分散，因劳动力外出务工而空心化问题突出，乡村人居环境改造比较滞后。因而该类型乡村要把推进人口适度集中居住和优化乡村人居环境作为重要任务；把改善农村人居环境作为提高乡村居民幸福感、获得感和安全感的重要措施。针对该类乡村人多地少、城镇化速度较快的特点，适度推动人口集中居住，以集聚建设农民新居和公共设施为抓手，以放大土地整治的整体效应为目的，全面打造美丽田园、美丽庭院、美丽村庄，提升村容村貌，改善乡村生活质量。既要推进乡村"路、水、电、气、网"等基础设施提标升级，又要提升基础设施的使用效率，以满足农民对现代化生活的需要，从而大力推动数字乡村建设进程。持续推进基本公共服务均等化，着力扩大普惠性公共服务供给，增强公共服务的均衡性和可及性。发展绿色循环农业，促进农作物秸秆、畜禽粪便等废弃物资源循环利用，提高资源利用效率，严格控制农业面源污染。

三、西南山区特色农业发展型乡村振兴路径

西南山区特色农业发展型乡村要依据区域内整体资源优势及特点，注重差异性和特色性，围绕市场需求，高效配置各种生产要素，放大资源优势和产业优势，建立特色突出、效益良好和产品具有较强市场竞争力的农业产业体系，以农业现代化引领农业农村现代化。

（一）注重特色化发展

特色农业产业的核心是"特"，以特色农业发展为核心的乡村振兴就必须依托于资源、气候特征，因地制宜走特色化、规模化、差异化的农业产业发展路径。充分挖掘特色农业文化内涵，结合地域文化，融入现代元素，讲好特色农业产业故事，构建"一村一品"特色产业体系，积极开发具有区域特色、品牌特色、附加值高的产品，防止产品同质化，减少恶性竞争，增强地方特色产业的整链发展能力，提高农产品附加值。

（二）着力培育壮大新型经营主体

加强对专业大户、家庭农场和合作社的政策支持，加速推广以"合作社+家庭农场"为主的乡村产业振兴的基本模式，推动土地流转向新型农业经营主体集中，鼓励更多农民走职业化、专业化道路。针对西南山区耕地细碎化的特征，大力发展农业社会化服务主体，发展全程、半程或关键环节托管，以完善的社会化服务带动适度规模化经营。

（三）强化农业基础设施和物质装备支撑

继续大力实施高标准农田建设工程，加大对高标准农田建设的投入力度，提高建设标准和质量。加快现代农业产业园区建设，提高园区辐射带动能力。强化农业科技支撑，围绕区域优势特色产业，加快建设技术创新中心、产业技术研究院、产业技术创新联盟等科技创新平台。充分发挥科技特派员作用，强化农业科技服务，探索推广"技物结合""技术托管"等创新服务模式，促进产学研、农科教紧密结合。加强农民实用技能培训，通过"理论+实践""线上+线下"的培训方式，让农民及时获取最新政策资讯和专业知识技能。推广现代设施装备应用，加快研发适合山区的农机设备。

（四）延长产业链条

努力构建从生产到消费的完整产业链条，加快发展农产品加工业，加强农产品加工业发展的政策引导，推动农产品初加工、精深加工和综合利用加工统筹协调发展，以农产品加工关键环节为重点，推进农产品加工技术创新与推广应用，结合该类型乡村的特征，加快研发一批适宜就地加工的小型化、智能化、多功能、组合式、适用性强设施，扩大农产品加工范围，提升农产品加工层次水平。提高农产品复杂度，开发多样化农产品，增加农产品文化含量，赋予农产品知识含量，实现农产品由"土"变"特"，提升农产品价值。培育壮大区域性的农产品品牌，在提高农产品标准化水平和质量安全保障能力基础上更大力度地实施品牌战略，注重品牌宣传，扩宽品牌宣传渠道。重点挖掘和发展农产品地理标志产品，支持农产品商标注册，对获得质量体系认证的农产品生产企业、农民专业合作社和家庭农场给予一定的资金奖励。

（五）高质量发展特色农业保险

对于以发展特色农业为主的乡村，其核心问题是有效降低农业生产的风险，因此，高质量的特色农业保险是此类型乡村振兴的保障。应继续加大财政支持，优化财政补贴政策，加快探索开发特色农业保险，鼓励更多的商业性承保机构加入特色农业保险市场，扩大对特殊农业保险种类补贴范围，探索将特色农产品纳入政策性保险补助范围。

四、西南山区农旅融合型乡村振兴路径

西南山区农旅融合型乡村要依托山区乡村田园景观、农业生产设施、农耕与民俗文化、农家生活等丰富资源，通过科学规划和合理开发，让特色农业与乡村旅游深度融合、互促发展。

（一）依托资源特色选择发展路径

对于一些有市场但资源特色不突出的村庄，可以走休闲农业观光旅游的发展路径，紧扣城市人久居城市对田园生活的极度向往，特别是一些成年人更倾向于让小孩子去接近自然、体验自然的需求，大力发展休闲观光农业，建设以设施特色农业为基础，集休闲、观光、度假、教育于一体的综合性休闲农业园区、农业主题公园、观光采摘园和休闲农庄等。对于自然资源丰富、民族风情独特的村庄，以生态保护为核心，以宜居宜业和美乡村建设为抓手，紧密依托自然特色、生产资源、历史文化与独特民风，大力发展生态游、景观游、红色旅游、民俗风情游、特色农（牧、渔）业游等。对于一些著名景区周边的村庄，要充分发挥地理优势，针对名胜景区周边游客资源量大，餐饮、住宿等接待设施压力大，游客游览名山大川、名胜古迹之后还希望体验当地的风土人情、品尝当地美食等需求，以与名胜景区功能衔接和特色互补为重点，强化住宿、美食、休闲体验功能，满足游客多元化需求。

（二）让乡村旅游与乡村特色文化深度融合

充分发挥西南山区乡村文化底蕴深厚的优势，全面挖掘民俗节庆、民间文艺、特色建筑、婚俗礼仪、趣事传说等乡土文化资源，将文化元素融入乡村旅游的各个环节，丰富乡村旅游的文化内涵，形成多元化的旅游体验产品，推动乡村旅游提质升级与乡村传统文化保护相互促进，增强对城市游客的吸引力。

（三）将旅游功能完善与乡村风貌改善相结合

以和美乡村建设为抓手，把乡村旅游基础设施、公共服务设施、信息服务设施建设与乡村基础设施建设同步规划、同步建设，让乡村地区风貌改善与乡村旅游主题相统一，让数字乡村建设推动乡村旅游数字化、智慧化发展，提高乡村旅游的自主性、便捷性和时代性，提高游客的满意度。

（四）进一步完善乡村旅游支持政策

加强乡村旅游市场监管，制定行业标准或规范，促使乡村旅游市场进一步规

范化，为游客提供优质服务。加强乡村旅游的政策支持，完善扶持和引导行业发展的财政、金融、税收、土地等政策，特别是点状供地政策。但在大力发展乡村旅游的过程中，要防止乡村旅游无序、低层次发展，要以市场需求为导向，加强政府在宏观层面的科学规划，防止只重眼前利益的盲目开发以及乡村旅游在开发建设中侵占优质耕地的行为。

五、西南山区生态康养型乡村振兴路径

西南山区生态康养型乡村要立足乡村生态环境的独特优势，完善生态康养基础设施和公共服务配套建设，打造多元化的生态康养产品，做大做强生态康养产业，将生态资源优势转化成经济优势。

（一）打造高品质的乡村康养产业综合体

城市化进程加快、人们对生活质量追求的提高，以及老龄化现象凸显的现实，激发了农村的康养功能。"康养"不是简单换个地方居住，而是对理想生活方式的一种追求。因此以发展生态康养为特色的乡村要以养生为手段，以满足人们对高品质生活的追求为目标，通过多元化的产品吸引不同需求的客人。生态环境优质的乡村很多，但并不是所有的村庄都适合发展生态康养。甄选具有发展潜力和条件的乡村，制定差异化的发展目标，开发具有区域特色和品牌效应的乡村康养目的地，大力培育建设乡村康养机构、精品民宿等市场主体，打造呈现乡村自然形态、山水田园风光，集运动健身、休闲度假、康体养生、生态游乐、农业观光于一体的高品质乡村康养产业综合体。

（二）打造具有知名度和辨识度的康养品牌

创新"康养+"开发经营模式，挖掘和利用阳光、药材、温泉、森林等乡村特色资源，依托农耕、农事体验等乡村特色活动以及地方传统饮食、传统民俗等乡村文化资源，进行休闲农业、医疗服务、休闲娱乐、养生度假等多功能开发，打造具有乡土特色的多元化康养产品。积极发展"互联网+康养产业"的现代化产业发展模式，充分利用大数据、物联网、人工智能、云计算等先进信息技术手段，构建完备的市场需求与生态康养产品供给对接路径，发展全龄化的生态康养产品，通过线上线下同步推介打造具有辨识度和知名度的康养品牌。加快乡村康养相关地方标准的制定，营造规范、健康的产业发展环境，制定乡村康养基地认证办法，实现规模化经营与精细化服务相结合、规范化管理与动态化监测相补

充，提高康养品牌的竞争力。

（三）提高生态康养基础设施建设和公共服务水平

把美丽乡村建设与生态康养产业发展相结合，加大公共基础设施建设投入力度，强化交通设施、市政公用设施等配套建设，完善健康医疗服务、文化教育服务、农业生产服务、居家生活服务等多重公共服务体系建设，优化配置医疗卫生资源，支持推动优质医疗资源向生态康养区倾斜。鼓励有条件的地区大力发展生态康养产业，在市场准入、财税金融、土地利用、医养融合等方面加大改革和支持力度，支持鼓励社会资本进入乡村发展生态康养产业。

六、西南山区特色文化传承型乡村振兴路径

特色文化传承型乡村振兴就是把西南山区乡村民俗传统文化、少数民族特色文化资源与现代经济发展理念和产业经营概念有机结合，即以新的文明理念重新激活乡村文化资源，提供独具特色的文化产品和服务，使乡村特色文化在现代条件下获得新的显现载体和表现形态，成为乡愁记忆的真实承载。

（一）加强对文化资源的保护

加大对历史建筑、特色建筑、民俗文化、文物、非遗技术的保护力度，加快保护标准的研究、制定，将民居院落、生产工具等"有形"的物质遗存和少数民族独特的风俗礼仪、农事习惯等"无形"的文化遗产都纳入保护范围。实施传统村落风貌提升工程，按照轻介入、微改善的理念，修复村落格局与肌理，恢复水系原貌和功能，加快改善基础设施和公共环境，对历史建筑、传统建筑按照原状修缮，在不破坏原有结构的基础上可适当进行宜居性改造，保持村庄的完整性、真实性和延续性，鼓励村民在标准下根据村庄实际制定村庄开发细则。加强对民族文化、传统文化的教育宣传和普及，开设文化普及课程，增强乡村青年对民族文化、传统文化的认识和兴趣。

（二）构建"文化+"产业链

充分挖掘传统文化、少数民族特色文化的思想内涵和内在价值，构建"文化+"产业链，促进文化与特色农牧业、乡村旅游、传统手工艺品加工、农村电商等深度融合，发展新型乡村旅游、文化产业和创意产业，打造民族文化新亮点。支持文创产品的开发，加强对传统手工艺的保护和传承，将传统手工艺与现代技术相结合，培育和吸引一批有情怀、有创意的手工艺人，打造文化创意品

牌，积极探索深度体验式营销，增强传统手工艺品的吸引力，构建乡村经济增长点。深入挖掘历史文化名镇名村、传统村落、少数民族村落等资源禀赋优势，挖掘和开发衍生功能和衍生产品，推动乡村旅游、休闲度假、民宿等产业协同发展。建立民俗博物馆，弘扬民俗文化。加大对历史文化名镇、名村、少数民族特色村落的专业人才配备，从而更好地指导村、镇的整体建设。加强现代科技元素的融入，逐步提升村落网络设施水平，让传统村落融入现代生活，实现传统村落的多维延展。

（三）鼓励社会力量参与保护与开发

加强文化传承与交流，定期组织开展乡村文化艺术节、乡村文化产品推介会等活动，搭建乡村文化旅游活动载体，提高城乡居民参与乡村文化旅游的积极性。发挥市场机制作用，支持鼓励民间资本进入乡村兴办艺术馆、民俗博物馆、美术馆等，完善乡村文化展示平台。支持各类文化从业者、高校师生、志愿者团队深入乡村开展创新创业活动，发展壮大乡村文化产业。

七、西南山区高原农牧结合型乡村振兴路径

高原农牧结合型乡村振兴是通过重新审视和挖掘西南山区高原乡村资源优势，以生态环境承载力为约束，围绕市场需求，优化升级产业结构，壮大特色优势农牧业，推动产业绿色协调发展，提高产品市场竞争力，激活乡村发展新动能。

（一）加快补齐农牧业发展短板

在改造传统农牧业、转变农牧业发展方式的过程中，必须要加快补齐产业发展短板，夯实现代农牧业发展的基础。推动适度规模标准化养殖基础设施建设，积极引进现代化种养设施设备、畜牧业牲畜良种繁育设施，适合农产品不同加工阶段的简易、精深加工设备，以及农业废弃物资源化利用的设施设备，着力补齐农机装备短板。以现代产业园区建设为抓手，遵循"经济区"思维、"园区化"模式、"市场化"理念的发展思路，整合优势资源，推动特色农牧业产业连片规模化发展，引领带动区域传统农牧业向现代农牧业转型发展。不断提高产业园区的科技贡献率，增强园区的综合生产能力。

（二）推动农牧业产业化发展

优化农牧业结构，推动农业与牧业融合发展，积极探索道地中药材、高原蔬

菜等特色作物种植，提高土地农业生产潜力。提高农牧产品初加工和精深加工水平，完善农牧产品仓储和冷链物流设施，推动冷链物流仓储的数字化平台建设，打造一批集集货、预冷、分级、包装、仓储和配送等功能于一体的产地综合性集配中心，推进市场流通体系与储运加工布局有机衔接，促进农产品加工业与农村产业融合发展，提高农牧产品综合收益。加大绿色有机产品培育力度，打造民族区域品牌。充分发挥产业园区产业集群、龙头集中、技术集成、要素集聚、保障集合的平台优势，培育多元化的新型农业经营主体，同时强化农业新型经营主体联结带动小农户的作用，财政补助资金重点向扶持带动小农户发展的新型农业经营主体倾斜，提高新型经营主体联农带动的积极性。

（三）推动农牧业绿色化发展

以提高资源利用效率和生态环境保护为核心，构建绿色低碳循环产业体系。大力发展生态循环农业、绿色畜牧业，建设绿色标准化示范基地，推动农牧企业循环式生产、种养加产业循环式组合，采用"种植业+养殖+有机肥加工"的循环农牧业模式，推动规模养殖场将畜禽排泄物"统一收集、统一利用"，实现"粪便收集→有机肥生产→种植业利用"的绿色生产大循环，促进农牧业的可持续发展。充分发挥生态资源优势，积极发展生态旅游。

（四）把加快乡村生态建设作为乡村振兴的重中之重

要把生态环境保护作为乡村发展的第一要务，加强森林、草原、湿地等资源的保护，广泛开展退牧还草、宜林荒山造林等行动，加强生态保护修复和生物多样性保护，持续开展土地沙化和水土流失综合治理、湿地修复建设，提高生态系统质量，增强生态环境承载能力。接续大力实施农村人居环境整治提升行动，持续推动村庄清洁和绿化美化，立足于山区、高原的环境特征和农民实际需求，推进农村生活污水治理、生活垃圾源头分类减量和厕所改造提升。以改变群众的生产生活习惯为主抓手，遵循"留住乡愁记忆"和"谁参与谁受益"原则，加强思想宣传和行动引导，加强村规民约、卫生评比"红黑榜"的约束和激励作用，通过正向激励与反向警示相结合，以典型激励的方式，提高农民群众"绿水青山就是金山银山"的发展意识，激发群众保护提升环境、追求健康生活方式的积极性和主动性。

八、西南山区发展动力匮乏型乡村振兴路径

发展动力匮乏型乡村振兴的关键是扎实推动巩固脱贫攻坚成果与乡村振兴有

效衔接，强化易地扶贫搬迁后续扶持力度，依靠发展壮大集体经济与农户形成稳定的产业带动和利益联结关系，增强农民的内生发展意识和可持续发展能力。

(一) 扎实推动巩固脱贫攻坚成果与乡村振兴有效衔接

要做好巩固拓展脱贫攻坚成果同乡村振兴有效衔接，在注意巩固"两不愁三保障"的基本标准、保持脱贫政策稳定不变的同时，还要从集中资源扶持的政策向激发经济活力、增强自身发展能力的政策转变。健全完善防止返贫的动态监测和预警预控体系，开展定期检查和监测，跟踪农民收入变化，并在教育、医疗、养老等公共保障领域，建立长效减贫的体制机制与防止返贫的制度安排，确保不发生规模性返贫的现象。加大政策整合力度，将产业发展、农村基础设施和公共服务建设、生态环境改造、少数民族优惠等各类支持政策有机衔接，通过后续政策扶持等手段增强脱贫攻坚中"产业扶贫"项目抵抗市场风险的能力。加强扶贫资产管理，创新扶贫资产管理方式，鼓励立足于区域实际探索扶贫资产所有权、经营权、收益权、监管权分置的有效实现途径，加强扶贫资产管理专业人才队伍建设，提高村干部经营管理能力，完善收益分配和监督处置机制，确保资产收益主要用于防止脱贫人口返贫。

(二) 以发展壮大集体经济增强农民群众内生发展动力

加快培育集体经济"领雁人"，发挥农村基层组织和乡村能人在促进农村集体经济发展上的关键作用，构建基层干部和乡村能人参与集体经济发展的激励机制与合作机制，探索将精英人才纳入村级领导班子或集体经济组织管理层，或者通过产业合作的方式实现收益共享等多种合作模式。充分发挥好驻村帮扶干部的作用。

创新集体经济发展模式，以"党建+"引领集体经济发展，鼓励村集体领办、创办合作社，采取"党支部+合作社+基地+农户"的方式，把村集体的土地、资金等集体资源量化入股到集体经营主体。鼓励将财政对农村基础设施建设投入形成的资产和财政扶持资金股份量化给集体经济组织，支持集体经济组织以所量化股份入股各类新型经营主体，形成集体的分红收入。支持集体经济组织承接政府公共服务项目，赋予集体经济组织直接承接微小型基础设施建设的资格，拓展政府购买集体经济组织公共服务的范围。鼓励集体经济组织发展生产性服务业，为小农户和新型经营主体提供土地托管、农资供应、技术指导、烘干收储、营销流通等服务。以产业园区和产业链条为载体，鼓励联村连片发展跨行政区划的集体联合社，探索开展合作经营新模式。适度放宽社会资本进入农村的限制，允许社会资本在符合规划、不损害农民利益、不破坏乡村生态，且落实国家防止耕地"非农化""非粮化"的条件下进入农业农村，以多种方式盘活集体内部资源。

（三）强化易地扶贫搬迁后续扶持

"易地扶贫"搬迁是该类型乡村演变过程中非常重要的一个特征。虽然易地扶贫搬迁是在政府统一组织下，农民自愿搬迁到更适宜生存的区域，生产生活条件都得到显著改善，但生产生活环境的变化必然会改变农户的生计方式，并使其产生一些心理上的不适应。因此，要强化易地扶贫搬迁后续扶持，不仅要让搬迁农户住得下，还要让他们能够更好地融入新环境，提高搬迁群众的获得感、幸福感和安全感。要把培育发展产业作为重要抓手和治本之策，大力发展劳动密集型的生态产业，以安置区为中心，加快产业基地、产业园区建设，确保每个安置区至少有一个主导产业，保障易地扶贫搬迁的群众在家门口就业。加大政策扶持培育各类龙头企业，通过采用一次性吸纳就业补贴、保险缴费优惠、税收优惠等财政补贴或奖励办法，支持企业优先使用易地搬迁劳动力，引导就近就地就业。支持党员干部和能人大户带头致富、带动群众共同致富，发动群众居家发展小种养、小加工、小作坊、小买卖等多种灵活就业方式，开发物业、绿化、保洁、保安、网格员等公益服务岗位，拓展就业途径，确保人人有事做、户户能增收。围绕群众就业需求和用工企业要求，结合劳动力的综合素质，开展有针对性的技能培训，完善就业服务体系，积极与用工单位进行对接，鼓励带动有条件的群众外出务工。

强化党建引领，创新社区治理，积极探索"党支部+网格员+楼栋长"的社区治理模式，畅通搬迁群众参与社区管理渠道，以精神鼓励和物质奖励相结合的形式对搬迁群众进行奖励扶助，引导群众形成良好的卫生习惯，增强遵纪守法的意识，提高搬迁群众参与社区治理的积极性，增强身份认同感和地域归属感。推动搬迁群众旧房盘活、迁出地耕地和山林地流转，对于有条件开发的迁出地要因地制宜发展特色产业，并让闲置资源充分参与，增加搬迁群众收入。

第三节 本章主要结论

（1）西南山区全面推进乡村振兴，总体而言要走城乡融合发展之路、新型城镇化驱动之路、特色农业产业化带动之路、农商文旅深度互动之路、绿色发展引领之路、文化昌盛之路、共同富裕之路。

（2）城镇带动型乡村要增强县城和小城镇对乡村的辐射带动作用，推动乡村与城市在人口、产业和土地等方面的流动与融合。大力发展都市现代农业，打造田园综合体"升级版"，形成聚集效益强、辐射能力大的农业产业功能载体和区域经济增长极。创新新型农村社区治理体系，让其治理形态与空间形态、产业形态相匹配。

（3）人地分离持续收缩型乡村要依托资源和区位优势积极发展新型乡村工业，继续推动农业剩余劳动力向非农产业转移，加快土地流转以解决劳动力进城留下的土地问题，大力提高农业经营服务组织化程度，解决老人农业和兼业农业问题，推进人口适度集中居住，优化乡村人居环境。

（4）特色农业发展型乡村要依托区域内整体资源优势及特点，构建"一村一品"特色产业体系，着力培育壮大新型经营主体，大力发展农业社会化服务主体，强化农业基础设施和物质装备支撑，构建从生产到消费的完整产业链条，探索发展高质量的特色农业保险体系。

（5）农旅融合发展型乡村要依据资源特色选择发展模式，充分发挥西南山区乡村文化底蕴深厚的优势，让特色农业、特色文化与乡村旅游深度融合、互促发展，将旅游功能完善与乡村风貌改善相结合，既增强乡村旅游的舒适度也提升农民的幸福感。

（6）生态康养型乡村要放大乡村生态环境的独特优势，着力完善生态康养基础设施和公共服务配套建设，打造高品质的乡村康养产业综合体和多元化的生态康养产品，提高康养品牌的知名度和辨识度，将生态资源优势转化成经济优势。

（7）特色文化传承型乡村要把保护少数民族特色文化作为核心任务，通过对传统特色文化赋予新的时代内涵，构建"文化+"产业链，提供独具特色的文化产品和服务，加强文化传承与交流，挖掘乡村经济新的增长点。

（8）高原农牧结合型乡村要以生态环境承载力为约束，把产业发展与生态环境建设相结合，加快补齐农牧业发展短板，优化升级产业结构，推动农牧业产业化、绿色化发展，提高农牧产品市场竞争力。

（9）发展动力匮乏型乡村要扎实推动巩固脱贫攻坚成果与乡村振兴有效衔接，强化易地扶贫搬迁后续扶持，推动政策从集中资源扶持向激发经济活力、增强自身发展能力转变，依靠发展壮大集体经济与农户形成稳定的产业带动和利益联结关系，增强农民的内生发展意识和乡村的可持续发展能力。

第十二章 主要结论及政策建议

第一节 主要结论

第一，西南山区乡村地域系统演变中乡村常住人口数量持续减少，城镇化速度持续加快，但城镇化率仍低于全国平均水平。人口要素演变呈现出"缓慢减少→加速减少→大量减少"的阶段性演变特征和"东部稠密、西部稀疏"的整体分布特征。区域人口密度差异在逐渐缩小，人口的空间分布更加均衡，但空间集聚性趋势增强，西南山区乡村人口分布的重心向西南方向偏移。乡村人口高值聚集区在不断减少，低值聚集区有扩张的趋势，乡村人口空间分布呈现显著的正相关特征。

第二，西南山区乡村地域系统土地要素变动呈现出"草地减少面积最多、耕地次之，建设用地增加面积最多、林地次之"的特征。2010—2020 年是西南山区乡村地域系统土地利用变化最显著的 10 年，突出表现为建设用地的增加和草地、耕地的减少。林地、草地、耕地之间相互转化突出，耕地单向向建设用地转化的特征显著，人地关系的阶段性矛盾是推动土地利用类型转化的重要原因。城镇用地和乡村居民点用地均表现为以原有用地扩张为主，集聚发展态势明显。耕地的破碎化趋势加剧，旱地表现尤为明显。

第三，西南山区乡村地域系统的经济结构演变特征如下：农林牧渔业总量持续增长，但其在三次产业中的占比仍高于全国平均水平；经济结构不断调整，牧业、林业等经济活动不断增加；多业融合发展的态势明显，乡村休闲旅游业快速发展；新型经营主体逐渐发展壮大，经济组织更加多元化；农业经营性收入逐渐多元化，非农收入占比不断提高；农村居民消费从温饱型、生存型向现代化的小康生活转变，精神需求消费支出占比逐渐增高。西南山区乡村地域系统的社会结构呈现出从熟人社会逐渐向没有主体的熟人社会演变，农民越来越依赖于亲缘、血缘和地缘之外的社会组织和公共生活，农村家庭规模趋向小型化；少数民族人口数量和占比均在不断增加。乡村文化从封闭向开放转变，多元性不断增强，乡村居民的市场意识、契约精神显现，同时乡村传统文化也在加速消失。乡村治理正在从二元主体治理向多元主体协同治理演变，农民集体意识逐渐淡化。乡村聚落结构也从分割到融合，基础设施、公共服务水平不断提升，乡村人居环境更加宜居，但传统民居也在逐渐消失。

第四，西南山区乡村地域系统的综合功能及各项子功能均在不断优化提升。生态功能是西南山区乡村地域系统的优势功能，但生活功能提升最为显著，而生产功能优化提升速度相对较慢。川西北乡村的综合功能得分最低。西南山区乡村地域系统的生产、生活、生态功能耦合协调度相对较低但呈上升趋势，从中级协调上升到了良好协调，生产和生活功能的协同发展作用最差。西南山区乡村地域系统综合功能耦合协调度的空间分异性加强，要素优化重组具有显著的区域效应，但存在显著的功能短板。

第五，20 世纪 90 年代，西南山区乡村地域系统进入了加速分化阶段，乡村农业生产功能弱化，但社会结构、文化结构没有发生根本改变；2001—2010 年，西南山区乡村地域系统进入快速转型阶段，乡村要素加速流失，乡村可持续发展问题凸显；2011—2020 年是西南山区乡村地域系统有序转型阶段，特别是党的十八大以来，乡村要素配置趋于优化，乡村多元功能得到大力发展，人地关系矛盾也不断缓解，但也出现了一些新的问题。影响西南山区乡村地域系统演变的因素众多，这些因素形成了支撑力、供给力、拉动力、需求力和管控力。乡村地域系统演变的过程就是五力协同作用的过程，但五种作用力在不同的阶段发挥的作用和效果有所差异。

第六，西南山区乡村地域系统演变形成了八种类型的乡村：城镇带动型乡村、人地分离持续收缩型乡村、特色农业发展型乡村、农旅融合发展型乡村、生态康养型乡村、特色文化传承型乡村、高原农牧结合型乡村和发展动力匮乏型乡村。不同类型乡村表现出不同的演变特征，各影响因素对不同类型乡村的作用力大小和作用方式不同，各类型乡村的演变机理亦有所差异。

第七，西南山区全面推进乡村振兴，必须要正视以下问题：耕地资源有限、生态环境脆弱的局面不会发生根本性改变，既要充分考虑生态环境承载力，还需要利用先进科学技术突破农业社会传统乡村自然演变的局限；城镇化率低且乡村劳动力向城镇和非农产业转移的速度相对较慢，要把农民全面现代化作为重要战略抓手；小农户仍然是乡村振兴的主体，要处理好培育新型农业经营主体和扶持小农户的关系，促进传统小农户向现代小农户转变；巩固拓展脱贫攻坚成果任务重、难度大。但同时也要看到其生态资源、生物资源、少数民族文化资源优势更为突出，山地气候资源独特，实现乡村振兴具有独特优势。

第八，西南山区全面推进乡村振兴，总体而言要走城乡融合发展之路、新型城镇化驱动之路、特色农业产业化带动之路、农商文旅深度互动之路、绿色发展引领之路、文化昌盛之路、共同富裕之路。

第九，西南山区全面推进乡村振兴要根据不同类型的乡村特点和演变规律，选择差异化的乡村振兴路径。城镇带动型乡村要增强县城和小城镇对乡村的辐射带动作用，推动乡村与城市在人口、产业和土地等方面的流动与融合。人地分离持续收缩型乡村要依托资源和区位优势积极发展新型乡村工业，继续推动农业剩余劳动力向非农产业转移，加速推动土地规模化经营。特色农业发展型乡村要依托区域内整体资源优势及特点，注重差异性和特色性，着力培育壮大新型经营主体，强化农业基础设施和物质装备支撑，因地制宜地把特色农业做大做强。农旅融合发展型乡村要让特色农业、特色文化与乡村旅游深度融合、互促发展，依据资源特色选择发展路径，带动乡村环境和村容村貌提升、农民生产生活方式改变，提升农民的幸福感。生态康养型乡村要放大乡村生态环境的独特优势，完善生态康养基础设施和公共服务配套建设，打造多元化的生态康养产品，将生态资源优势转化成经济优势。特色文化传承型乡村要在保护特色文化的同时，赋予其时代内涵，以新的文明理念重新激活乡村文化资源，提供独具特色的文化产品和服务。高原农牧结合型乡村要以生态环境承载力为约束，优化升级产业结构，推动农牧业产业化、绿色化发展。发展动力匮乏型乡村要扎实推动巩固脱贫攻坚成果与乡村振兴有效衔接，强化易地扶贫搬迁后续扶持，依靠发展壮大集体经济增强农民的内生发展意识和乡村的可持续发展能力。

第二节　政策建议

一、坚持分类推进西南山区乡村振兴

乡村振兴战略的本质是基于由一个个村庄联结起来的乡村地区的发展战略，其根本任务是化解城乡与区域发展不均衡的难题（陈雪原和周雨晴，2019）。从全国范围来看，西南山区乡村振兴困难多、任务重，乡村发展具有显著的区域性特征，乡村发展的水平和阶段也不同于其他地区，乡村振兴面临的主要问题和制约也不尽相同。全面推进西南山区乡村振兴必须立足于其乡村演变逻辑，制定符合西南山区乡村发展实际的政策措施，既要避免简单地将东部的先进经验和措施做法复制到西南山区的乡村，更不能要求西南山区的乡村振兴采用同样的标准、呈现同样的效果，不能超越乡村历史发展阶段。从西南山区内部来看，西南山区乡村的资源禀赋有所差异，发展水平有所不同，乡村发展形成了不同的分化趋势，如果采取"一刀切"的发展政策不仅会对城乡关系造成影响，而且可能会削弱农民作为主体参与乡村振兴的积极性，甚至损害农民的利益。全面推进西南山区乡村振兴必须根据村庄的不同类型加强顶层设计，以推动高质量发展为主题，突出区域发展战略引领，按照村庄的发展趋势有选择、有重点、有侧重地制定更加细化的、差异化的政策措施，明确不同乡村类型的功能定位，更好地发挥不同乡村类型的优势，激发农民群众的内生发展动力，确保乡村振兴的顺利实现。

二、着力提升西南山区乡村地域系统的生产功能

从西南山区乡村地域系统的演变特征可以看出，乡村生产功能提升速度慢，成为乡村发展的短板功能。因此，在全面推进西南山区乡村振兴的过程中，要高度重视生产功能的提升。

一是要防止耕地过度"非粮化"和"非农化"。确保重要农产品稳定供给，是实施乡村振兴战略的首要任务。优化生产布局，优化粮食补贴标准，根据粮食种植成本的区域差异，分类分区制定补贴措施，激发农民种粮积极性。推进耕地"非粮化"治理、撂荒治理与耕地质量保护提升。

二是夯实农业生产基础。加快高标准农田建设，针对不同地形地貌分类制定高标准农田建设的内容和标准，并探索实行差异化的投入补助措施。加快推进农田水利工程建设，全面提升灌溉保障供水能力。稳步推进农田宜机化改造，解决农机无路可走、下田作业难的问题。

三是强化科技创新，补齐农业生产短板。强化现代农业科技与装备支撑，加快推进山区农机装备制造与普及，加强农业装备科技攻关，研究、制造、推广一批适合山区的轻简型、智能化、复合型农机装备，提升农业机械化水平。充分利用信息化手段赋能，推进农业全环节的信息化，强化互联网技术、电子商务等在农业生产经营中的作用。

四是加快推动土地流转。规范农村产权流转制度，建立农村产权流转管理服务平台，支持涉农企业参与土地流转，提高土地流转的便捷性、积极性和规范性。充分盘活零星分散的低效耕地，提高土地集约化经营水平，提升耕地产出效益。

三、完善西南山区乡村振兴投入机制

西南山区乡村发展基础薄弱，社会经济发展相对落后，聚落分布分散，且大部分乡村正处在传统向现代的转型期，必须依靠大量的投入才能改变乡村发展现状，乡村振兴的投入机制是构建乡村振兴机制时需要考虑的首要问题。单纯增加投资的数量并不能保证投资效益，只有合理规划投资结构、提高投资效率，确保投资的数量、结构和效益协调统一，才能实现乡村振兴的投入可持续。

一是建立稳定的财政支农增长机制。持续加大公共财政对乡村振兴的投入，各级财政资金进一步向农业农村倾斜，确保投入力度不断加大、总量不断增加，规范地方政府财政资金的使用和管理，将大量的预算外资金纳入规范的预算管理。

二是提高财政涉农资金的使用效能。进一步完善涉农资金统筹整合长效机制，逐步建立以绩效评价结果为导向的涉农资金和任务清单设置机制及资金分配机制，优化调整财政支农资金投入的使用方向，推动财政资金的投入使用向非竞争领域倾斜，集中力量优先开展普惠性、基础性、兜底性民生建设，并进一步发挥财政资金放大效应和杠杆作用，吸引各方面资金向农业集聚。

三是建立主体多元化投入机制。强化农业财政支持的导向功能，引导金融机

构支持乡村振兴发展，撬动社会资本投入乡村建设，鼓励引导农民成为乡村振兴投入的主体，把政府直接投入具体项目转变为加大对农民和社会资本承办项目的补助，提高农民和社会资本参与乡村振兴的积极性。

四是创新农村金融服务。建立健全农业信贷担保体系，支持发展政府性农业融资担保，引导银行保险机构探索开发信用类金融支农产品和服务；支持扩大农产品保险范围和规模，开发绿色金融产品，将绿色债券、绿色贷款等金融产品应用于农村环保、可持续农业、生态修复等领域。

四、加强西南山区乡村振兴的组织构建

在全面推进乡村振兴阶段，依然要通过强化组织的建构与深化，推动制度向组织延伸。西南山区乡村组织化程度不高，大部分基层党组织的辐射带动作用有限，农民的规则意识、主体意识较弱，农业专业化组织人才缺乏，只有不断完善提升各类组织，充分发挥各类组织的作用，让各类组织各司其职、各尽其力，从宏观层面发挥制度优势，才能激发并增强西南山区乡村发展的内生动力和能力。

一是增强基层党组织的政治功能和组织功能。强化基层党组织在乡村振兴中的核心地位，提高基层党组织挖掘人才、培育人才、吸引人才的组织能力，培育提升基层党组织在乡村规划、村庄建设方面的专业技术能力，提高基层党组织盘活资源、开发资源、利用资源的服务能力。

二是创新基层党组织设置模式。根据西南山区乡村演变规律，探索建立跨区、跨界联合党支部，推动基层党组织建设与产业发展的领域、环节相结合，推动党支部结对共建，联合、联动发展。

三是培育壮大农村经济组织。大力发展家庭农场、农民专业合作社、农业龙头企业，强化生产能手、经营能人、能工巧匠、村组干部等人才支撑，打破村域界限，探索以特色小城镇为单位和载体的专业化组织培育模式，推动各类经济组织专业化发展，增强市场竞争力。

四是着力推动集体经济组织发展壮大。根据西南山区乡村演变类型，探索具有区域特色的、多样化的集体经济发展模式，强化集体经济组织与其他组织功能互补，支持集体经济组织与其他农业企业、合作社联合合作，推动农村集体经济组织向多元化、现代化的方向发展。

五、强化市场机制在西南山区乡村振兴中的作用

政府主导是西南山区打赢脱贫攻坚战的根本保障，各级政府应发挥投入主体和主导作用，大量的投入为打赢脱贫攻坚战提供了强大资金保障。然而，与只是针对少数贫困对象、聚焦贫困户脱贫增收的扶贫开发有所不同，乡村振兴面向的是所有农村和全部农民家庭，目的是实现乡村产业、文化、人才、生态和组织等的全面振兴。西南山区农民的主观能动性较差，乡村发展特别是产业发展多是政府主导投资、建设，经营主体普遍对政府支持形成了惯性依赖，缺少市场竞争行为，自我持续发展能力不强，一旦政府支持减弱或者离开政府支持，产业项目很难继续维持。因此，全面推进西南山区乡村振兴，政府不可能也不应该"大包大揽"，而应当发挥市场在资源配置中的决定性作用，进而激活主体发展动力、提升产业效率、增强产业竞争力。

一是要协调好市场与政府的关系，推动有效市场和有为政府更好结合，让"看不见的手"和"看得见的手"发挥协同作用。政府要在顶层设计、政策引导、示范带动等方面发挥积极作用，更加注重对公共性事务进行主导，并且为充分发挥市场制度的作用夯实基础。市场不仅要在产业发展中发挥决定性作用，还要让市场在推动乡村生态价值转化、乡村环境治理以及乡村集体经济改革中发挥重要作用。

二是推进乡村资源要素与大市场直接对接，通过市场机制优化乡村资源要素配置以实现乡村应有的价值。延伸乡村资源要素的流动半径，破解资源要素在现行的行政架构内进行配置的局限，推动以经济片区为单元发展特色农产品，加强城乡资源的连接和城乡产业的对接，发挥城、乡、村各自的功能优势，在"村-乡-县"三级行政区内构建完整的产业链条，拓展西南山区农产品的销售半径，全面激发乡村发展活力。

六、加强西南山区乡村振兴中的潜在风险防范

乡村振兴是一项长期的、复杂的系统工程，涉及乡村的方方面面。西南山区乡村振兴不仅任务重、难点多，而且潜在风险点较多。要保障西南山区乡村振兴全面推进、顺利实施，就必须强化风险导向，有针对性地建立风险预警机制和管控措施，助推乡村各方面有序、协调、健康发展。

一是要防止产业发展盲目化和短期化。产业振兴是全面推进乡村振兴的关键，也是乡村振兴的基础。西南山区乡村产业发展基础薄弱，产业发展的限制性条件多，部分乡村依靠政策红利超越现实需求进行过度和过量扩张，乡村产业发展受制于地方领导的喜好，不仅会导致乡村产业发展缺乏可持续性，还会导致乡村地域系统功能下降。因此，西南山区乡村振兴必须要立足于县域视角形成高质量的规划，特别是县域经济发展规划要对各乡村产业发展有清晰的定位，明确区域经济优势产业，全面建立乡村规划目标清单管理制度，强化规划的引导、约束和执行，把乡村产业发展中具体措施的实施情况和实施效果作为地方政府和相关部门的重要考核内容。

二是要防止规模性返贫。西南山区脱贫人口基数大，防止规模性返贫任务重。强化防止返贫动态监测和精准帮扶，建立监测标准年度调整机制，用发展的理念和措施推动巩固拓展脱贫攻坚成果有效衔接乡村振兴，聚焦发展高质量乡村产业，促进脱贫人口稳定就业，发展联农带农效果强的劳动密集型产业，精准有效地组织乡村劳务输出，着力提高农民就业能力和发展动力。加大对易地扶贫搬迁集中安置区的支持力度，建立健全转移支付机制，加快安置区后续产业发展，深化东西部协作，推动搬迁群众稳定就业。

三是防止政府债务风险。国家对西南山区乡村振兴给予了大量资金支持，国家对乡村建设项目采用奖补而非兜底的方式，地方财政需要进行一定比例配套。但西南山区经济发展缓慢，县域财政实力较弱，有的政府为了大量争取国家资金支持，不顾发展实际盲目上项目，大量贷款，加之基层工作人员对政府债务政策理解不够深入，形成了大量的显性债务和隐性债务。因此要加快摸清存量债务底数，强化债券资金绩效管理，构建乡村振兴债务风险监测机制，完善农业项目资金整合机制，优化对基层政府的考核机制，防止"造盆景""堆亮点"的乡村建设。

四是减少自然灾害损失。西南山区自然灾害种类多且频发，农业风险的不确定性日益提高，自然灾害增大了农村居民因灾返贫的风险。要健全乡村灾害应急管理体系，加强灾害信息监测预警网络建设，完善多元力量参与的应急保障系统建设，鼓励各县、各乡镇结合当地灾害类型和现有防灾减灾条件，制定符合区域实际的具体应急措施。同时，加快完善农业保险，针对西南山区农产品类型多样的特征，进一步扩大农业保险的覆盖范围和险种范围，鼓励地方政府探索特色农业保险产品，提高保险保障水平，满足不同农户的风险保障需求。

参考文献

敖丽红，韩远，贺翔，2016. 中国新型城镇化发展与供给侧结构性改革的路径研究 [J]. 中国软科学 (11)：98-108.

蔡昉，2017. 改革时期农业劳动力转移与重新配置 [J]. 中国农村经济 (10)：2-12.

蔡为民，唐华俊，陈佑启，等，2004. 近20年黄河三角洲典型地区农村居民点景观格局 [J]. 资源科学 (5)：89-97.

曾菊新，蒋子龙，唐丽平，2009. 中国村镇空间结构变化的动力机制研究 [J]. 学习与实践 (12)：49-54.

陈放，2018. 乡村振兴进程中农村金融体制改革面临的问题与制度构建 [J]. 探索 (3)：163-169.

陈坤秋，龙花楼，马历，等，2019. 农村土地制度改革与乡村振兴 [J]. 地理科学进展，38 (9)：1424-1434.

陈文胜，2021. 论中国乡村变迁 [M]. 北京：社会科学文献出版社.

陈小卉，2007. 当前我国乡村空间特征与重构要点 [J]. 规划师 (8)：79-82.

陈雪原，周雨晴，2019. 实施乡村振兴战略须视村况分类推进 [EB/OL]. (2019-09-10) [2022-12-20]. http://journal.crnews.net/ncjygl/2019n/d9q/ggdc/929439_20190910035257.

陈彧，2021. "三交" 视域下民族村镇的振兴及其联动规划：以武陵山地区为例 [J]. 中南民族大学学报 (人文社会科学版)，41 (12)：32-38.

董磊明，2013. 农村社会的结构性变迁与治权弱化 [J]. 人民论坛 (26)：11-13.

杜志雄，2021. 农业农村现代化：内涵辨析、问题挑战与实现路径 [J]. 南京农业大学学报 (社会科学版)，21 (5)：1-10.

范和生，郭阳，2021. 新发展格局下乡村振兴机制创新探析 [J]. 中国特色社会主义研究 (2)：37-45.

方劲，2018. 内源性农村发展模式：实践探索、核心特征与反思拓展 [J]. 中国农业大学学报（社会科学版），35（1）：24-34.

房艳刚，刘继生，2015. 基于多功能理论的中国乡村发展多元化探讨：超越"现代化"发展范式 [J]. 地理学报，70（2）：257-270.

费孝通，1998. 乡土中国剩余制度 [M]. 北京：北京大学出版社.

冯文勇，陈新莓，2003. 晋中平原地区农村聚落扩展分析 [J]. 人文地理（6）：93-96.

高静，王志章，2019. 改革开放40年：中国乡村文化的变迁逻辑、振兴路径与制度构建 [J]. 农业经济问题（3）：49-60.

高培勇，袁富华，胡怀国，等，2020. 高质量发展的动力、机制与治理 [J]. 经济研究，55（4）：4-19.

辜胜阻，曹冬梅，韩龙艳，2017. "十三五"中国城镇化六大转型与健康发展 [J]. 中国人口·资源与环境，27（4）：6-15.

顾益康，邵峰，2003. 全面推进城乡一体化改革：新时期解决"三农"问题的根本出路 [J]. 中国农村经济（1）：20-26，44.

国家卫生和计划生育委员会流动人口司，2015. 中国流动人口发展报告 [R]. 北京：中国人口出版社.

海贝贝，李小建，许家伟，2013. 巩义市农村居民点空间格局演变及其影响因素 [J]. 地理研究，32（12）：2257-2269.

韩冬，2021. 国家中心城市高质量发展与生态环境耦合协调度及空间格局演进研究 [J]. 生态经济，37（6）：158-164.

韩贵锋，熊江鹏，刘高翔，等，2021. 基于Logistic模型的山区县域村分类方法研究：以重庆市巫溪县为例 [J]. 西部人居环境学刊，36（2）：46-53.

何关银，2022. 西南地区乡村振兴研究 [M]. 重庆：重庆大学出版社，94.

何仁伟，2018. 城乡融合与乡村振兴：理论探讨、机理阐释与实现路径 [J]. 地理研究，37（11）：2127-2140.

何仁伟，方方，刘运伟，2019. 贫困山区农户人力资本对生计策略的影响研究：以四川省凉山彝族自治州为例 [J]. 地理科学进展，38（9）：1282-1293.

何田，廖和平，孙平军，等，2021. 西南山区贫困家庭劳动力转移特征及乡村振兴响应策略 [J]. 地域研究与开发，40（3）：145-150.

何颖，2006. 从传统到现代：西南民族地区社会文化变迁的规律 [J]. 学术论坛（10）：149-152.

黄祖辉，2018. 准确把握中国乡村振兴战略 [J]. 中国农村经济（4）：2-12.

黄祖辉，李懿芸，马彦丽，2021. 论市场在乡村振兴中的地位与作用 [J]. 农业经济问题（10）：4-10.

黄祖辉，徐旭初，蒋文华，2009. 中国"三农"问题：分析框架、现实研判和解决思路 [J]. 中国农村经济（7）：4-11.

惠小明，张丁文，2021. 生活圈视角下川渝乡村地域系统异变与规划应对 [C] //中国城市规划学会，成都市人民政府. 面向高质量发展的空间治理：2021中国城市规划年会论文集（16乡村规划）. 北京：中国建筑工业出版社，26-32.

姜长云，2018. 推进产业兴旺是实施乡村振兴战略的首要任务 [J]. 学术界（7）：5-14.

居尔艾提·吾布力，薛东前，宋永永，等，2021. 中国村庄数量演变的地区差异与影响因素 [J]. 中国农业资源与区划，42（11）：85-96.

孔祥智，魏广成，2021. 组织重构：乡村振兴的行动保障 [J]. 华南师范大学学报（社会科学版）（5）：108-122，207.

雷明，于莎莎，2022. 乡村振兴的多重路径选择：基于产业、人才、文化、生态、组织的分析 [J]. 广西社会科学（9）：1-14.

李伯华，曾灿，窦银娣，等，2018. 基于"三生"空间的传统村落人居环境演变及驱动机制：以湖南江永县兰溪村为例 [J]. 地理科学进展，37（5）：677-687.

李伯华，刘沛林，窦银娣，2012. 转型期欠发达地区乡村人居环境演变特征及微观机制：以湖北省红安县二程镇为例 [J]. 人文地理，27（6）：56-61.

李博，2020. 乡村振兴中的人才振兴及其推进路径：基于不同人才与乡村振兴之间的内在逻辑 [J]. 云南社会科学（4）：137-143.

李承嘉，2005. 行动者网络理论应用于乡村发展之研究：以九份聚落1895—1945年发展为例. 地理学报（台湾）（39）：1-30.

李东麟，廖和平，郑萧，等，2022. 西南丘陵山区乡村经济韧性测度及空间格局研究：以重庆市为例 [J]. 西南大学学报（自然科学版），44（11）：13-24.

李红波，张小林，吴启焰，等，2015. 发达地区乡村聚落空间重构的特征与机理研究：以苏南为例 [J]. 自然资源学报，30（4）：591-603.

李松睿，曹迎，2019."乡村振兴"视角下生态宜居评价及其对农村经济转型发展的启发：以川西林盘四川都江堰精华灌区为例［J］.农村经济（6）：66-74.

李孝坤，2022.西南地区村落演变与空间优化模式［M］.北京：科学出版社.

李孝坤，李忠峰，冯敏，2013.重庆三峡库区乡村聚落空间分布探析［J］.水土保持研究，20（4）：242-247，252.

李亚静，孔雪松，何建华，等，2021.湖北省乡村地域功能评价与转向特征分析［J］.中国土地科学，35（3）：79-87.

李阳兵，刘亚香，罗光杰，2018.贵州中部峰丛洼地地区乡村聚落演变多元路径研究：以普定后寨河聚落为例［J］.自然资源学报，33（1）：99-113.

李玉恒，阎佳玉，刘彦随，2019.基于乡村弹性的乡村振兴理论认知与路径研究［J］.地理学报，74（10）：2001-2010.

李裕瑞，刘彦随，龙花楼，等，2013.大城市郊区村域转型发展的资源环境效应与优化调控研究：以北京市顺义区北村为例［J］.地理学报，68（6）：825-838.

廖彩荣，陈美球，2017.乡村振兴战略的理论逻辑、科学内涵与实现路径［J］.农林经济管理学报，16（6）：795-802.

林星，王宏波，2019.乡村振兴背景下农村基层党组织的组织力：内涵、困境与出路［J］.科学社会主义（5）：115-120.

刘海洋，2018.乡村产业振兴路径：优化升级与三产融合［J］.经济纵横（11）：111-116.

刘守英，熊雪锋，2018.我国乡村振兴战略的实施与制度供给［J］.政治经济学评论，9（4）：80-96.

刘涛，卓云霞，彭荣熙，等，2022.基于城乡人口变动视角的中国城镇化地域类型时空演变［J］.地理学报，77（12）：3006-3022.

刘彦随，2007.中国东部沿海地区乡村转型发展与新农村建设［J］.地理学报（6）：563-570.

刘彦随，2011.中国新农村建设地理论［M］.北京：科学出版社.

刘彦随，2018.中国新时代城乡融合与乡村振兴［J］.地理学报，73（4）：637-650.

刘彦随，刘玉，陈秧分，等，2010.快速城市化中的中国农村空心化（英文）［J］.Journal of Geographical Sciences，20（6）：876-888.

刘彦随，刘玉，陈玉福，2011. 中国地域多功能性评价及其决策机制 [J]. 地理学报，66（10）：1379-1389.

刘彦随，龙花楼，李裕瑞，2021. 全球乡城关系新认知与人文地理学研究 [J]. 地理学报，76（12）：2869-2884.

刘彦随，周扬，李玉恒，2019. 中国乡村地域系统与乡村振兴战略 [J]. 地理学报，74（12）：2511-2528.

刘彦随，周扬，李玉恒，等，2015. 中国村镇建设和农村发展的机理与模式研究 [J]. 经济地理，35（12）：141-147.

刘彦随，周扬，刘继来，2016. 中国农村贫困化地域分异特征及其精准扶贫策略 [J]. 中国科学院院刊，31（3）：269-278.

刘玉，冯健，2017. 城乡结合部农业地域功能实现程度及变化趋势：以北京为例 [J]. 地理研究，36（4）：673-683.

刘玉，刘彦随，郭丽英，2011. 乡村地域多功能的内涵及其政策启示 [J]. 人文地理，26（6）：103-106，132.

刘振伟，2018. 乡村振兴中的农村土地制度改革 [J]. 农业经济问题（9）：4-9.

刘自强，李静，鲁奇，2011. 国外乡村经济类型的划分及对中国乡村发展政策制定的启示 [J]. 世界农业（4）：34-38.

龙花楼，2012. 中国乡村转型发展与土地利用 [M]. 北京：科学出版社.

龙花楼，2013. 论土地整治与乡村空间重构 [J]. 地理学报，68（8）：1019-1028.

龙花楼，刘彦随，邹健，2009. 中国东部沿海地区乡村发展类型及其乡村性评价 [J]. 地理学报，64（4）：426-434.

龙花楼，屠爽爽，2017. 论乡村重构 [J]. 地理学报，72（4）：563-576.

龙花楼，屠爽爽，2018a. 土地利用转型与乡村振兴 [J]. 中国土地科学，32（7）：1-6.

龙花楼，屠爽爽，2018b. 乡村重构的理论认知 [J]. 地理科学进展，37（5）：581-590.

龙花楼，邹健，李婷婷，等，2012. 乡村转型发展特征评价及地域类型划分：以"苏南—陕北"样带为例 [J]. 地理研究，31（3）：495-506.

龙磊，2020. 川西北藏区农牧民非农就业行为研究 [D]. 成都：四川省社会科学院.

龙文军，张莹，王佳星，2019. 乡村文化振兴的现实解释与路径选择 [J]. 农业经济问题（12）：15-20.

陆大道，2002. 关于地理学的"人-地系统"理论研究 [J]. 地理研究，21（2）：135-145.

陆大道，王铮，封志明，等，2016. 关于"胡焕庸线能否突破"的学术争鸣 [J]. 地理研究，35（5）：805-824.

陆益龙，2016. 后乡土性：理解乡村社会变迁的一个理论框架 [J]. 人文杂志，（11）：106-114.

马良灿，2014. 中国乡村社会治理的四次转型 [J]. 学习与探索（9）：45-50.

马良灿，哈洪颖，2021. 新型乡村社区组织体系建设何以可能：兼论乡村振兴的组织基础建设 [J]. 福建师范大学学报（哲学社会科学版）（3）：67-75，172.

马晓冬，李全林，沈一，2012. 江苏省乡村聚落的形态分异及地域类型 [J]. 地理学报，67（4）：516-525.

孟欢欢，李同昇，于正松，等，2013. 安徽省乡村发展类型及乡村性空间分异研究 [J]. 经济地理，33（4）：144-148，185.

倪叶颖，2021. 扶贫视域下农民思想观念现代化的探讨 [J]. 农村·农业·农民（B版）（2）：26-28.

欧阳雪梅，2018. 振兴乡村文化面临的挑战及实践路径 [J]. 毛泽东邓小平理论研究（5）：30-36，107.

蒲实，孙文营，2018. 实施乡村振兴战略背景下乡村人才建设政策研究 [J]. 中国行政管理（11）：90-93.

钱再见，汪家焰，2019. "人才下乡"：新乡贤助力乡村振兴的人才流入机制研究：基于江苏省 L 市 G 区的调研分析 [J]. 中国行政管理（2）：92-97.

曲衍波，王世磊，赵丽鋆，等，2020. 山东省乡村地域多功能空间格局与分区调控 [J]. 农业工程学报，36（13）：222-232.

宋金平，谭勇剑，李利锋，1999. 中国农村社区演变的型式及动力机制 [J]. 人文地理（3）：41-45.

谭林，陈岚，2022. 乡村空间重构与土地利用转型耦合机制及路径分析 [J]. 自然资源学报，37（7）：1829-1847.

唐承丽，贺艳华，周国华，等，2014. 基于生活质量导向的乡村聚落空间优化研究 [J]. 地理学报，69（10）：1459-1472.

天力，1993. 我国各地区人口文化教育水平的比较（1990 年）[J]. 党政干部学刊（7）：48.

田甜，2021. 成渝地区双城经济圈产业结构高级化对县域经济增长的影响研究 [D]. 重庆：重庆工商大学.

屠爽爽，龙花楼，李婷婷，等，2015. 中国村镇建设和农村发展的机理与模式研究 [J]. 经济地理，35（12）：141-147.

汪三贵，冯紫曦，2019. 脱贫攻坚与乡村振兴有机衔接：逻辑关系、内涵与重点内容 [J]. 南京农业大学学报（社会科学版），19（5）：8-14，154.

王成，唐宁，2018. 重庆市乡村三生空间功能耦合协调的时空特征与格局演变 [J]. 地理研究，37（6）：1100-1114.

王丰，2016. 列宁关于社会主义农业发展的论述及其当代价值 [J]. 当代世界与社会主义（5）：60-67.

王婧，李裕瑞，2016. 中国县域城镇化发展格局及其影响因素：基于2000和2010年全国人口普查分县数据 [J]. 地理学报，71（4）：621-636.

王久齐，肖杨飞英. 新时代"乡政村治"治理模式的优化路径研究：以西南民族地区为例 [J]. 四川民族学院学报，2022，31（3）：29-36.

王先明，2011. 中国乡村史研究渐成热点[EB/OL].(2011-01-10)[2022-12-20].http://www.zgxcfx.com/Article/24515.html.

王永生，施琳娜，刘彦随，2020. 乡村地域系统环境污染演变过程及驱动机制研究 [J]. 农业环境科学学报，39（11）：2495-2503.

温暖，2021. 多元共治：乡村振兴背景下的农村生态环境治理 [J]. 云南民族大学学报（哲学社会科学版），38（3）：115-120.

温铁军，罗士轩，董筱丹，等，2018. 乡村振兴背景下生态资源价值实现形式的创新 [J]. 中国软科学（12）：1-7.

温铁军，杨洲，张俊娜，2018. 乡村振兴战略中产业兴旺的实现方式 [J]. 行政管理改革（8）：26-32.

文丰安，2022. 乡村振兴战略下农业生态治理现代化：理论阐释、问题审视及发展进路 [J]. 经济体制改革（1）：82-87.

文琦，郑殿元，2019. 西北贫困地区乡村类型识别与振兴途径研究 [J]. 地理研究，38（3）：509-521.

吴传钧，1981. 地理学的特殊研究领域和今后任务[J]. 经济地理（1）：5-10，21.

吴传钧，1991. 论地理学的研究核心：人地关系地域系统 [J]. 经济地理（3）：1-6.

吴传钧，2001. 中国农业与农村经济可持续发展问题：不同类型地区实证研究 [M]. 北京：中国环境科学出版社.

吴理财，解胜利，2019. 文化治理视角下的乡村文化振兴：价值耦合与体系建构 [J]. 华中农业大学学报（社会科学版）（1）：16-23，162-163.

吴琳娜，杨胜天，刘晓燕，等，2014. 1976 年以来北洛河流域土地利用变化对人类活动程度的响应 [J]. 地理学报，69（1）：54-63.

吴梦肖，尹洁，2007. 乡村发展九模式：以陕西省西安市村庄发展规划为例 [J]. 农村金融研究（8）：24-28.

吴桃，沙建华，2020. 文化软实力绘就武陵山区美丽乡村新图景：以石柱县金铃乡银杏村为实践标杆 [J]. 民族学刊，11（6）：36-41，157-158.

吴新叶，2022. 脱贫攻坚同乡村振兴有效衔接中的企业角色及其调适：以贵州省乌蒙山区乡土企业 X 茶园为例 [J]. 南京农业大学学报（社会科学版），22（1）：67-77.

谢高地，甄霖，鲁春霞，等，2008. 一个基于专家知识的生态系统服务价值化方法 [J]. 自然资源学报（5）：911-919.

熊肖雷，张慧芳，2021. 产业融合视角下城乡绿色农业产业链协同发展的对策研究：以贵州省为例 [J]. 经济研究导刊（13）：17-21，84.

徐凯，房艳刚，2019. 乡村地域多功能空间分异特征及类型识别：以辽宁省 78 个区县为例 [J]. 地理研究，38（3）：482-495.

徐勇，1997. 中国农村村民自治 [M]. 武汉：华中师范大学出版社.

杨忍，刘彦随，龙花楼，等，2015. 中国乡村转型重构研究进展与展望：逻辑主线与内容框架 [J]. 地理科学进展，34（8）：1019-1030.

杨忍，陆进锋，李薇，2022. 珠三角都市边缘区典型传统村落多维空间演变过程及其影响机理 [J]. 经济地理，42（3）：190-199.

杨忍，潘瑜鑫，2021. 中国县域乡村脆弱性空间特征与形成机制及对策 [J]. 地理学报，76 (6)：1438-1454.

杨忍. 基于自然主控因子和道路可达性的广东省乡村聚落空间分布特征及影响因素 [J]. 地理学报，2017，72 (10)：1859-1871.

叶敬忠，2018. 乡村振兴战略：历史沿循、总体布局与路径省思 [J]. 华南师范大学学报（社会科学版）(2)：64-69，191.

叶兴庆，2018. 新时代中国乡村振兴战略论纲 [J]. 改革 (1)：65-73.

尤琳，魏日盛，2022. 乡村振兴战略背景下提升村级党组织组织力研究 [J]. 社会主义研究 (1)：122-129.

于法稳，2019. 乡村振兴战略下农村人居环境整治 [J]. 中国特色社会主义研究 (2)：80-85.

张甘霖，朱永官，邵明安，2019. 地球关键带过程与水土资源可持续利用的机理 [J]. 中国科学：地球科学，49 (12)：1945-1947.

张环宙，黄超超，周永广，2007. 内生式发展模式研究综述 [J]. 浙江大学学报（人文社会科学版）(2)：61-68.

张敬燕，2018. 农民流动、秩序变迁与乡村治理的重塑：基于河南 G 村的调研 [J]. 求实 (1)：99-108，112.

张小林，盛明，2002. 中国乡村地理学研究的重新定向 [J]. 人文地理，17 (11)：81-84.

赵海林，2010. 统筹城乡发展必须转变城市偏向发展战略 [J]. 中国乡村发现 (2)：24-27.

赵秀玲，2018. 乡村振兴下的人才发展战略构想 [J]. 江汉论坛 (4)：10-14.

郑红娥，2005. 发展主义与消费主义：发展中国家社会发展的困厄与出路 [J]. 华中科技大学学报（社会科学版）(4)：51-55.

周立，李彦岩，王彩虹，等，2018. 乡村振兴战略中的产业融合和六次产业发展 [J]. 新疆师范大学学报（哲学社会科学版），39 (3)：16-24.

周明，许珂，2023. 乡村自治组织振兴中的乡镇政府角色研究：基于陕西省 C 镇的案例分析 [J]. 求实 (2)：94-108，112.

朱会义，李秀彬，2003. 关于区域土地利用变化指数模型方法的讨论 [J]. 地理学报 (5)：643-650.

朱启臻, 2018. 当前乡村振兴的障碍因素及对策分析 [J]. 人民论坛·学术前沿 (3): 19-25.

APRIOKU I M, 1999. Consequences of rural industrialisation: the case of the National Fertiliser Company of Nigeria [J]. GeoJournal, 48 (4): 12.

BRENDAN M, 1998. The sustainability of a car dependent settlement pattern: an evaluation of new rural settlement in Ireland [J]. The Environmentalist, 19 (2): 15-18.

BURT, R. S, 1993. Structural holes: the social structure of competition [M]. Harvard University Press: Cambridge.

COSTANZA R, D'ARGE R, DE GROOT R, et al., 1997. The value of the world's ecosystem services and natural capital [J]. Nature: International weekly journal of science, 387 (6630): 178-220.

DAVID L, JASON D, MARTA M, et al., 2012. Space versus place in complex human-natural systems: spatial and multi-level models of tropical land use and cover change (LUCC) in Guatemala [J]. Ecological Modelling, 229: 64-75.

GRANOVETTER, M. S, 1973. The strength of weak ties [J]. American Journal of Sociology, 78 (6): 112.

HOGGART K, PANIAGUA A, 2001. What rural restructuring [J]. Journal of Rural Studies, 17 (1): 1314-1521.

ILBERY B, BOWLER I, 1998. From agricultural productivism to post-productivism [M] //Ilbery B. The Geography of Rural Change. London: Longman: 57-84.

LIU Y S, 2021. Urban-rural transformation geography [M]. Singapore: Springer Nature.

LIU Y S, LI Y H, 2017. Revitelize the world's countryside [J]. Nature, 548 (7667).

LOBLEY M, POTTER C, 2004. Agricultural change and restructuring: recent evidence from a survey of agricultural households in England [J]. Journal of Rural Studies, 20 (4): 499-510.

LONG H L, TU S S, GE D S, et al., 2016. The allocation and management of critical resources in rural China under restructuring: problems and prospects [J]. Journal of Rural Studies, (47): 392-412.

LONG H L, ZOU J, PYKETT J, et al., 2012. Analysis of rural transformation development in China since the turn of the new millennium. Applied Geography, 31 (3): 1094-1105.

MARCANTROP, 2004. Landscape change and the urbanization process in Europe [J]. Landscape and Urban Planning (67): 1-4.

MURDOCH J, 2000. Networks: a new paradigm of rural development? [J]. Journal of Rural Studies, 16 (4): 407- 419.

SLEE B, 1994. Theoretical aspects of the study of endogenous development [M] //VAN DER PLOEG J D, Long A. Born from within: practice and perspectives of endogenous rural development. Van Gorcum, Assen.

TURNOCK D, 1998. Rural diversification in eastern Europe: introduction [J]. Geojournal, 46 (3): 171-181.

WASILEWSKI A , KRUKOWSKI K, 2003. Land conversion for suburban housing: a study of urbanisation around Warsaw and Olsztyn, Poland [J]. SSRN Electronic Journal, 34 (2).

WOODS M, 2010. Rural London [M]. UK: Routledge.

YANG Y Y, BAO W K, LIU Y S, 2020. Coupling coordination analysis of rural production-living-ecological space in the Beijing-Tianjin-Hebei region [J]. Ecological Indicators (36): 117.